KB268509

절대 실패하지 않는
미국 주식 ETF 투자

시가총액 TOP 10 + DCA로 만드는 AI 시대 성공 투자법

절대 실패하지 않는

미국 주식 ETF 투자

김성동 지음

시크릿하우스

투자는 실전이지 소설이 아니다. 권위자의 멋들어진 지침보다, 함께 부딪히며 고민해 줄 동료의 조언이 필요하다. 수백수천 권의 책을 뒤져봐도 투자의 정답은 나타나지 않는다. 여러 권위자의 책을 볼 때 고개는 끄덕여지지만, 돌아서 나의 투자 방법은 동떨어져 있을 뿐이다. 지도를 받으면 뭐 하나, 나에겐 미로 같은데. 당신에게 필요한 것은 투자 권위자가 주는 지도책이 아니다. 실패를 줄이기 위해서는 미로를 헤매어본 동료가 필요하다. 본서를 읽다 보면 나 대신 숱한 성공과 실패를 경험한 동료가 함께 미로를 헤쳐 나가 주는 듯한 기분을 느낄 것이다.

김광석 한양대학교 교수(한국경제산업연구원 경제연구실장, 경제 읽어주는 남자(김광석TV))

누군가 그랬다. 성공의 확률은 늘 반반이라고. 결과는 오직 수익 혹은 손실뿐이다. 투자는 본질적으로 투기적이다. 주식 투자의 실패는 피할 수 없는 그림자와 같다. 그림자처럼 우리를 집요하게 뒤쫓는다. 그럼에도 절대로 실패하지 않는 투자 방법이 있다면, 그건 시간에 투자하는 일이다. 장기적으로 성장하는 기업에 긴 시간 동안 투자하는 방법이다. 시간은 비가역적이다. 누구도 시간을 되돌릴 수 없다. 묵묵히 앞으로만 나아간다. 세상의 모든 것을 앞으로만 끌고 가는 시간은 내 투자금 역시 묵묵하게 불려준다. 그게 바로 복리의 마법이다. 주식 투자로 쓴맛을 본 저자는 이 단순한 진실을 뼈저리게 깨달은 것 같다. 행간마다 후회와 참회의 고백이 깊게 배어 있다. 나도 만약 이런 진실을 10년 전, 20년 전, 30년 전에 알았더라면 어땠을까. 지금과는 많이 달라져 있지 않을까.

안승찬 대표(언더스탠딩)

이 책은 투자 잘하는 법을 가르치기보다, 왜 우리가 반복해서 실패하는지를 솔직하게 돌아보게 한다. 저자의 실제 투자 경험이 담겨 있어 공감이 크고, 복잡한 전략보다 단순함이 오히려 오래 살아남는다는 메시지가 인상적이다. 타이밍에 지쳐 있거나 투자 때문에 삶이 흔들린 적 있는 분이라면 편하게 읽어보길 권한다. 투자에 관한 생각이 한결 가벼워질 것이다.

윤주섭 대표이사(케이기술투자(주))

인생은 짧고 호기심은 많아 잠자는 시간조차 원통한 사람. 얼굴에 낙관주의가 넘치는 사람, 사반세기 동안 한결같이 샘솟는 아이디어와 뚜렷한 주관으로 회사 일을 해결해 온 사람. 그런 사람이 테슬라를 샀다가 그 회사 주식을 사게 되고 주식 투자자가 되고 밤잠을 줄여 투자연구를 하더니 깜짝 놀랄 만큼 알찬 주식 투자 에세이를 써냈다. 누구든지 이 책대로만 하면 국민연금 자금 운용팀 못지않은 훌륭한 투자자가 될 수 있음을 설파하니 귀가 솔깃해진다.

조유식 의장((주)알라딘커뮤니케이션 이사회)

메커니즘을 이해하면,
절대 실패하지 않는다

2019년 11월, 기다리고 기다리던 테슬라 모델3를 예약주문 3년 만에 받았다. 2016년에 예약한 차를 3년 만에 받다니. 타보니 느낄 수 있었다. '아니, 이건 지금까지 타오던 차와는 완전히 다르다.' 그래서 알아봤다. 이런 차를 만든 테슬라라는 회사에 투자할 수 있는지.

한국의 개인도 미국 주식에 투자할 수 있다는 것을 알고, 나는 무작정 계좌를 개설하고 처음으로 매수 버튼을 눌렀다. 주식을 어떻게 하는 것인지, 테슬라 주가가 낮은지 높은지도 모르고. 그냥 '묻지 마!' 매수였다.

당시 미래에셋 앱은 어찌나 어렵고 복잡하든지. 21년 차 웹 기획자였지만, 이 주식 앱 앞에서는 쩔쩔맸다. 어떻게 하면 체결이 되는지 몰라서 첫 매수에 며칠이 걸렸다. 매수가 체결된 줄 알았는데 안 된 게 며칠. 용어는 또 어찌나 어렵던지. 주식 용어에 익숙하고, 자주 이용하던 사용자들에게만 친숙한, 초보한테는 너무나 불친절한 화면이었다.

첫 투자금은 300만 원.

컴퓨터 모니터 앞에서 손가락이 떨렸다. 300만 원을 날릴까 봐 정말 부담스러웠다. 그런데 신기한 일이 벌어졌다. 몇 달 만에 수천만 원을 투자하게 되었고, 그로부터 또 몇 달 뒤에는 수억 원을, 다시 몇 달 뒤에는 수십억 원을 '굴리고' 있었다. 지금 생각해 보면 그때의 나는 한순간에 겁이 없어졌다. 아니, 겁이 없는 게 아니라 모르니까 겁이 없었던 거다.

첫 매수 후 2년 뒤인 2021년 11월.

내 생에 가장 빛나는 순간이었다. 계좌에 찍힌 숫자를 보며 생각했다. "이제야 파이어족이 되는구나." 당시 21년을 다닌 회사에 사직서를 냈다. 그것도 아주 당당하게. 다행히 이 사직서는 받아들여지지 않았다.

만약 그때 정말로 사직서가 수리되었다면? 지금까지도 난 백수가 아닐까.

나를 설레게 했던 그 가상의 숫자는 이제 잊은 지 오래다. 아깝고 원통하기도 하다. 하지만 어마어마하게 큰 수업료를 지출했다고 생각한다. 그 수업료 덕분에 나는 이제야 진짜 투자가 무엇인지 알아가고 있다.

다른 부모님처럼 우리 부모님도 존경스러운 분들이시다.

아버지는 공무원이셨고, 어머니는 전업주부이시면서 알바를 하셨다. 그런데도 우리 형제를 대학에 보내고, 결혼시키고, 전셋집까지 얻어주셨다. 가족여행을 몇 번쯤 가봤던가. 외식도 거의 안 하고 살았다.

주식 투자는 당연히 모르셨다. 그런데도 멀쩡하게 자식들을 다 키우고, 지금도 자식들에게 손 벌리지 않으신다. 80세 가까이 되신 분들이 하루도 쉬지 않고 지금도 일을 하신다. 무릎 인공관절 수술도 알아서 하시고, 계모임으로 여행도 다니신다. 이게 다 "적금을 부어서"였다. 지금도 은행 예금, 적금만 하신다.

만약 내가 부모님께 "아들이 미국 주식 투자를 한다"라고 말씀드린다면?

오십 넘은 아들이지만, 아마 깜짝 놀라시고 엄청나게 걱정하실 것이다. 그런데 과연 우리가 주식 투자를 해서 우리 부모님보다 더 나은 노후를 보낼 수 있을까? 그런 사람도 있겠지만, 그렇지 못한 사람이 더 많지 않을까?

원래 주식 투자라는 건 간단한 거였다.

내가 잠들어 있는 동안에도 미국 땅의 테슬라 직원들과 일론 머스크가, 엔비디아의 천재들과 젠슨 황이, 애플의 디자이너들과 개발자들 그리고 팀 쿡이 열심히 일해서 기업 가치를 키우는 것. 그 과실을 나에게도 나눠주는 것. 내가 자는 동안에도 돈이 벌리는 것.

위대한 기업을 알아보고, 그들에게 투자금을 넣고 기다리기만 하면 되는 간단한 행위였다.

그런데 나는 언제부터 '트레이딩'이라는 투기를 하게 되었을까?

나는 2019년 겨우 300만 원으로 시작했다. 그런데 몇 달 만에 몇천만 원, 그다음엔 몇억 원을 투자하고 있었다. 그때 읽은 책이라고는 고작 몇 권. 제대로 된 주식이나 경제 교육을 받은 것도 아니었다.

  절대 실패하지 않는 미국 주식 ETF 투자

지금 생각해 보면 그때 책을 제대로 읽고 이해했는지도 의문이다. 'Buy the dips', 'Just Keep Buying'이 가장 인상 깊었던 것 같다.

나는 물론, 대부분의 개인투자자는 최소한 수백만 원, 수천만 원, 심지어 수억 원을 주식시장에 던지면서도 제대로 된 공부를 하지 않는다. 책 한두 권 읽고 투자하는 사람도 드물다. 그냥 돈을 시장에 갖다 바친다.

그 시장에는 이미 우리 같은 개미투자자들이 어떻게 행동할지 훤히 아는 전문가들이 있다. 헤지펀드라는, 우리와는 차원이 다른 주식과 경제 공부를 하고, 트레이딩 훈련이 되어 있고, 오랜 투자 경험을 쌓은 프로들이 있다.

우리는 이 약육강식의 전쟁터에서 맨손으로 들어가 웃으면서 돈을 내놓는다. 전문가들, 그리고 때로는 개인투자자들을 이용하려는 노련한 꾼들과 대등한 경기를 한다고 착각한다. 그러고는 역시나 거의 진다.

그러면서 생각한다. "잘 모르고 투자한 내 잘못이지." "좀 더 참고 기다려야 했는데, 최저가에 팔아버리다니. 멘탈이 약했네." 그러면서 더 공부하고 다시 도전하면 잘될 거라고 믿는다.

뉴스를 보고, 더 많은 정보를 빠르게 섭렵하고, 샀다가 판다. 상승기에는 포모(FOMO)를 느끼고, 하락장에는 공포에 떤다.

주식 투자로 성공하는 개인투자자는 극소수다. 단기적으로는 정말 몇 퍼센트 안 된다.

왜 우리는 이런 '지는 게임'을 서슴없이 할까?

그러면서도 계속 "공부하라, 기업을 이해하라, 멘탈을 잡아라"라고 말한다. 정작 이 게임의 메커니즘에 관해서는 얘기하지 않는다. 그 메커니즘을 이해하면 훨씬 더 각성하고, 잃지 않을 투자를 할 수 있는데.

그래서 이렇게 글을 쓰게 되었다.

2020년부터 2023년 초까지 나는 매일 트레이딩을 했다. 차트 분석을 하고, 기업을 분석하고, 트레이딩 노하우를 담은 책을 읽고, 인터넷 자료를 뒤졌다. 새벽까지 하고, 자다가 깨서도 하고, 더 일찍 일어나 출근 전 잠을 떨치며 간밤에 있었던 미국 주식의 하루, 나의 트레이딩에 대한 '투자일지'를 잊기 전에 쓰고 출근했다.

새벽에 깨서 FOMC를 뜬눈으로 보고, 거의 매일 밤 발표되는 미국의 CPI, PPI, PCE, 주간 실업수당 청구 건수 등 예전에는 듣도 보도 못했던 통계 발표를 매일 밤 9시 반에 꼭 체크했다.

알만한 미국 주식 유튜버들의 방송을 거의 실시간으로 듣고, 유명한 주식·경제 관련 저자들의 책은 신간 출간되자마자 읽고 리뷰를 썼다. 거시경제의 흐름을 파악하고, 그 누구와 이야기해도 모자라지 않을 정도가 되었다.

지금까지 500권 넘는 주식 관련 책과 거시경제 관련 책을 봤다. 2022년 최악의 주식시장, 테슬라 투자자에게는 악몽과도 같은 한 해가 지나가고, 2023년을 지나면서 내가 잘해서가 아니라 그냥 두 니 수익률이 좋아졌다.

그러다가 깨달았다. 아니, 깨달아가고 있다. 이 깨달음의 결과인 'Buy & Hold'만 하고, 트레이딩을 안 하는 경험을 해보았다. 과정도 좋았고 결과도 좋았다. 이 경험을 나누고, 이게 왜 옳은지 이치를 공유하고 싶었다.

이 글은 전문가의 조언이 아니다. 그저 한 개인투자자가 6년간의 시행착오를 거쳐 도달한, 고군분투한 솔직한 이야기다. 혹시 나와 비슷한 길을 걷고 있는 누군가에게 조금이라도 도움이 된다면 좋겠다.

그리고 결국 투자라는 것이 우리가 생각하는 것만큼 어렵거나 복잡하지 않을 수도 있다는 것을 말하고 싶다.

우리 부모님의 적금처럼 꾸준히, 묵묵히, 성실하게. 다만 적금 대신 우량한 기업의 주식을. 그것만으로도 충분했다. 시간이 우리 편이 되어줄 테니까.

이 글을 읽는 동안 여러분이 알게 될 것은 이것이다.

투자는 기술이 아니라 철학이다. 단순함이 복잡함을 이긴다. 그리고 가장 중요한 것은, 투자를 위한 투자가 아니라 삶을 위한 투자라는 것.

자, 이제 시작해 보자.

우리 부모님의 적금보다는 조금 더 나은, 하지만 그만큼 단순하고 성실한 투자의 세계로.

2026년 1월

김성동

추천의 글   004

프롤로그 | 메커니즘을 이해하면, 절대 실패하지 않는다   006

• 1장 •
지금 당장 투자를 시작하라

01   미국 주식에 투자하는 이유   018

• 2장 •
주식시장 흐름 읽는 법 – 구조와 원리

02   주식시장의 먹고사니즘 생태계   028

03   내 돈은 어디로 가는가?   043

04   주가는 어떻게 결정되는가?   052

05   대부분 주식시장은 개미들이 사고파는 걸까?   063

06   채권시장이 주식시장보다 거대한, 의외의 이유   072

• 3장 •
어디에 투자할 것인가? – 종목 선정

07   미국 시가총액 TOP 리스트가 정답이다   082

08   TOP 10이라고 다 같은 TOP 10이 아니다   090

09 세계 연금 1위 수익률 국민연금의 포트폴리오　096

10 TOP 10대 기업에 투자할 수밖에 없는 이유　102

11 위성 전략, 거인의 어깨 위에서 별을 쏘다　105

12 실적 발표, 최소한만 이해해도 충분하다　124

13 재무제표 몰라도 투자 가능　130

14 ISA·IRP·DC·연금저축으로 할까?　139

· 4장 ·

언제 살 것인가? – 타이밍과 안전의 역설

15 타이밍이라는 환상　156

16 최적의 첫 매수 타이밍을 기다리다 놓친 것들　164

17 안전마진, 투자의 첫 단추를 제대로 꿰매는 법　172

18 지키고 싶었던 원금, 구매력의 종말　182

19 두 배를 벌어야 본전이라고?　191

· 5장 ·

주식 투자는 심리 게임이다 – 투자 심리와 행동 경제

20 주식 투자는 심리와의 싸움이다　200

21 투자자의 심리 13단계와 롤러코스터　208

22 거울 속의 진짜 적은 누구인가?　224

23 인간 지표의 역설　230

24	선과 숫자가 주는 신화	236
25	마음이 많은 함정을 만든다	241
26	시간에 관한 착각을 버려라	247
27	수익률을 갉아먹는 네 가지 착각	253

• 6장 •
차트와 예측의 허와 실

28	매매 타이밍은 왜 늘 어긋나는가?	262
29	차트는 수정구슬이 아니라 신호등이다	268
30	트레이딩의 유혹, 장기 투자의 무게	274
31	단타의 생존 확률은 5년 후 0.9%	281

• 7장 •
닥터 둠의 경고와 투자자의 선택

32	애널리스트 제각각의 목표 주가	290
33	경제 전망의 진실, 예측의 함정에서 벗어나기	296
34	기우제는 언젠가 비를 부른다	308
35	투자의 대가들은 어떻게 하락장을 버텼나?	318
36	평범한 개인투자자는 하락장에서 어떻게 해야 할까?	326

• 8장 •

경기 사이클의 본질을 이해하라

37	심장박동처럼 규칙적인 불규칙성	**334**
38	두 마리 토끼와 금리라는 총	**350**
39	내 계좌에 내리는 비, 소나기일까? 태풍일까?	**358**
40	'존버'를 다짐했던 당신이 무너지는 순간	**369**

• 9장 •

내 멋진 미래에 투자한다는 것

41	마침, AI·로봇의 시대. 이건 완전 럭키비키!	**384**
42	혁명의 시대, AI 버블과 함께 사는 법	**389**
43	2년 후, AI와 로봇이 만들 변곡점을 기다리며	**400**

에필로그 | 단순함이 이기는 이유　　　　　**408**

지금 당장
투자를 시작하라

미국 주식에
투자하는 이유

어느 순간부터 세계 경제 뉴스의 중심에는 늘 같은 나라가 있었다. 유럽이 흔들릴 때도, 중국이 주춤할 때도, 결국 시선은 미국으로 돌아갔다. 왜일까? 단순히 GDP가 커서? 달러가 기축통화라서? 그것만으로는 설명이 안 된다. 생각해 보면, 미국이라는 나라는 경제를 운영하는 게 아니라 설계하고 있다. 그 설계도를 읽는 일이 어렵지만, 깨우쳐야 할 어려운 숙제 중의 1번이다.

미국의 최근 정책 변화를 보면 정말 대단하다는 느낌이 든다. 단순한 경기 대응이 아니다. 인플레이션, 재정적자, 금리, AI, 리쇼어링. 이 모든 것이 따로 노는 게 아니라 하나의 판 위에서 움직인다. 마치 체스 말처럼. 그런데 그 체스판의 목표는 명확하다. 글로벌 자본을 미국으로 끌어들이는 것.

FED가 금리를 올리면 달러가 강해지고, 전 세계 자금이 미국 국채로 몰린다. 금리를 내리면 주식시장에 유동성이 풀린다. 어느 쪽이든 자본은 미국으로 흐른다. 이상하게도, 미국은 어떤 선택을 하든 이기는 구조를 만들어놓았다. 정말 그럴까?

칩스(CHIPS)법이 통과되고, 인플레이션 감축법(IRA)이 시행되고, 인프라 투자가 쏟아진다. 겉으로는 산업 정책이지만, 속을 들여다보면 글로벌 공급망의 중심을 미국으로 옮기려는 장기 설계다. 반도체 공장이 미국 땅에 들어서고, 배터리 생산 시설이 남부에 세워진다. 이건 무역전쟁의 연장이 아니다. 패권 전쟁이다.

인플레이션이라는 카드

인플레이션은 오랫동안 적이었다. 중앙은행의 존재 이유가 물가 안정이었으니까. 그런데 요즘 미국을 보면, 인플레를 꼭 나쁜 것만으로 보지 않는 듯하다.

생각해 보면 이유가 있다. 적정 수준의 인플레이션은 GDP 명목 성장을 부추긴다. 정부 부채의 실질 부담을 줄여준다. 30조 달러가 넘는 부채를 안고 있는 미국에, 2%대 인플레이션은 사실상 빚을 갚아주는 장치인 셈이다. 고작 물가가 좀 오르는 대가로는 나쁘지 않다.

디플레이션이 돌아올 가능성은 작다. 미국은 물가가 적당히 오르는 환경을 선택한 것 같다. 왜 그럴까? 잠깐, 디플레이션이 뭔지부터 짚어보자. 쉽게 얘기해서 물가가 내려가는 거다. 물건이 싸지니까 좋아 보인다. 그런데 경제 전체로 보면 오히려 무서운 면이 있다. 물가가 내리면 기업 매출이 줄고, 매출이 줄면 고용이 줄고, 고용이 줄면 소비가 줄고, 소비가 줄면 물가가 더 내린다. 악순환이다. 일본이 30년 동안 겪은 게 바로 이거다. 한번 빠지면 나오기가 정말 어렵다.

반대로 인플레이션은? 물가가 오르는 거다. 물가가 오르면 당연히 소비가 힘들다. 생활비 지출이 늘어나니까. 하지만 경제 전체로 보자면, 관리만 잘 되면 나쁘지 않다. 기업 매출이 명목상 늘고, 정부 입장에서는 빚의 실질 가치가 줄어든다. 30조 달러 빚이 있는데 물가가 매년 3%씩 오르면? 빚의 실질 부담이 자동으로 줄어드는 셈이다. 왜냐하면 30조 달러는 10년 뒤에도 30조 달러다. 그런데 물가가 오르면 그 30조 달러의 무게가 가벼워진다. 10년 전 100만 원과 지금 100만 원의 체감이 다른 것처럼.

미국은 이걸 알고 있다. 그래서 디플레이션으로 돌아가기보다, 인플레이션을 적당한 수준에서 유지하려 한다. 2%가 목표라고 하지만, 실제로는 3~4%도 용인하는 분위기다. 고통스럽지만 관리 가능한 인플레이션. 그게 미국의 선택이다.

계획 자본주의라는 역설

미국은 자유시장경제의 본산이다. 그런데 지금 벌어지는 일을 보면, 자유시장이라기보다 계획 자본주의에 가깝다. 정부가 어떤 산업을 키울지 결정하고, 그 산업에 돈을 쏟아붓는다. AI, 반도체, 양자 기술, 에너지, 국방. 전략산업이라 불리는 영역에 정책 지원이 집중된다.

왠지 중국의 산업 정책이 떠오른다. 사실 그렇다. 미국이 예전에 중국을 비판할 때 썼던 논리를 이제 스스로 실행하고 있다. 다만 방식이 다르다. 미국은 민간 기업을 전면에 세우고 정부가 뒤에서 밀어준다. 빅테크와 정부의 협업. 이게 미국식 계획 자본주의의 핵심이다.

 절대 실패하지 않는 **미국 주식 ETF 투자**

투자자 입장에서 이건 기회다. 정부가 밀어주는 섹터는 상승 사이클이 길다. 칩스(CHIPS)법 수혜주, IRA 수혜주, 인프라 관련주. 이런 분류가 단순한 테마가 아니라 구조적 상승의 출발점이 된다. 정책을 읽는 눈이 투자 성과를 결정하는 시대가 온 거다.

리쇼어링, 그리고 로봇

미국 내 생산 강화를 '리쇼어링'이라고 한다. 처음엔 단순히 무역 분쟁 이슈 때문인 줄 알았다. 미국이 중국 의존도를 낮추려는 정치적 결정만 있는 게 아니었다.

핵심은 AI와 로봇이다. 과거에는 미국 내 생산이 비용 문제로 불가능했다. 인건비가 너무 높았으니까. 하지만 AI와 자동화 기술이 그 벽을 허물고 있다. 로봇이 조립하고, AI가 품질을 관리하고, 자율주행 트럭이 물류를 담당한다. 인건비 문제가 사라지면, 미국 내 생산이 오히려 효율적이다. 공급망 리스크도 줄고, 운송 비용도 낮아진다.

이건 단순한 변화가 아니다. 제조업 르네상스라고 불러도 될 만한 구조적 전환이다. 로봇 기업, AI 솔루션 기업, 전력 인프라 기업, 물류 소프트웨어 기업. 이런 곳들이 새로운 성장축을 형성한다.

부채의 역설

미국 부채가 30조 달러를 넘었다. 재정적자가 GDP의 6%를 넘나든다. 상식적으로 보면 위험 신호다. 그런데 시장은 이 부채에 대해서는 크게 동요하지 않는다. 왜?

그건 바로 '달러 패권' 때문이다. 전 세계가 달러를 원한다. 무역 결제에 달러가 필요하고, 외환보유고에 달러가 있어야 한다. 미국 국채는 가장 안전한 자산으로 여겨진다. 그래서 미국이 빚을 져도, 전 세계 자본이 그 빚을 사주는 셈인 것이다. 미국 외의 국가에는 참 이상한 구조다. 그런데 그게 현실이다.

이 구조가 영원할까? 영원히는 아니겠지만, 당분간은 유지될 전망이다. 달러를 대체할 통화가 없으니까. 유로? 신뢰가 부족하다. 위안화? 자본 통제가 문제다. 비트코인? 아직은 멀었다. 결국 달러 우위 체제는 계속된다. 투자자라면 이 구조 안에서 움직여야 한다.

AI, 새로운 기축

과거에는 금이 패권의 기반이었다. 브레턴우즈 체제에서 달러가 그 자리를 대신했다. 이제는 뭘까? AI와 데이터라고 본다. 글로벌 공급망, 물류, 금융, 의료, 국방. 모든 산업이 AI와 데이터를 중심으로 재편되고 있다. AI를 누가 지배하느냐가 21세기 패권을 결정한다. 미국은 이걸 알고 있다. 그래서 반도체 공급망을 미국으로 가져오고, AI 기업에 투자하고, 데이터 인프라를 확장한다.

빅테크, 반도체, 클라우드, AI 소프트웨어. 이 영역들이 장기적 상승 흐름의 중심이 될 수밖에 없다. 사실 이미 그렇게 되고 있다. 엔비디아 주가가 왜 그렇게 올랐을까? 구글과 마이크로소프트가 왜 AI에 올인할까? 일론 머스크는 왜 사무실에서 자면서 모든 걸 직접 챙길까? 그들은 체스판을 읽는 것이다.

유동성이라는 완충재

펀더멘털이 좋아야 주가가 오른다? 반은 맞고 반은 틀리다. 미국 증시를 보면, 실물 지표가 둔화해도 주가가 오르는 경우가 많다. 바로 유동성의 힘 때문이다.

정부와 은행을 통해 시장에 돈이 풀리면 주가가 오른다. FED가 돈을 풀면 당연히 오르고, 안 풀어도 다른 경로로 유동성이 공급된다. 미국 정부는 금융 붕괴를 막겠다는 강력한 의지가 있다. 그게 투자 환경의 안전판이 되고 있다.

물론 위험이 없는 건 아니다. 인플레 가속, 금리 급등. 이런 일이 벌어지면 시장은 흔들린다. 하지만 궁극적으로 미국은 시장을 지킬 것이다. 왜냐하면, 주식시장이 곧 미국 경제의 엔진이니까. 연기금, 미국 직장인들의 퇴직연금인 401K, 개인투자자. 모두가 시장에 연결되어 있다. 주식시장 붕괴는 정치적 재앙이다.

5년, 아니 10년

지금 벌어지는 변화는 2~3년짜리가 아니다. 제조 독립, AI 리더십, 인플레 관리, 달러 패권 강화. 이 모든 게 5~10년에 걸친 구조적 재편이다. '메가 사이클'이라고 불러도 될 만한 변화.

단기 변동성에 흔들리면 안 된다. 분기 실적이 예상치를 밑돌았다고 팔면 안 된다. 금리가 오른다고 겁먹으면 안 된다. 큰 그림을 봐야한다. 정책이 어디로 향하는지, 기술이 어디로 가는지, 자본이 어디로 흐르는지를 알려고 노력하면 된다. 주가 차트를 보면서 내가 산 주식이 오를지, 내릴지 계속 지켜보면서 마음을 조리지 말고, 거시

경제의 큰 그림을 보고 이해하는 법을 배워야 한다. 거시경제의 메커니즘을 이해하게 되면, 수익률보다 더 큰 걸 얻는다. 세상이 돌아가는 방식을 읽는 눈. 그래서 큰 그림이 보이면 버틸 수 있고, 버티는 사람이 결국 남는다. 결국 투자 수익도 좋다.

물론 중간에 조정은 온다. 20~30% 빠지는 일도 있을 거다. 그런데 그게 끝이 아니다. 구조적 상승 파동 안에서의 조정일 뿐이다. 그걸 알면 버틸 수 있다. 모르면 못 버틴다.

무조건은 없다

여기까지 읽으면 미국 주식이 무조건 오를 것 같다. 하지만 세상에 무조건은 없다.

미국의 부채가 감당 불가능한 수준에 이를 수 있다. 달러 패권이 예상보다 빨리 흔들릴 수 있다. AI 기술이 기대만큼 생산성을 높이지 못할 수 있다. 지정학적 충돌이 모든 계산을 무력화할 수 있다. 이런 리스크는 분명히 존재한다.

그래서 겸손해야 한다. 확신이 아니라 확률로 생각해야 한다. 미국 주식이 장기적으로 오를 확률이 높다는 것과, 반드시 오른다는 것은 다르다. 투자는 확률 게임이다. 확률이 높은 쪽에 베팅하되, 틀릴 수 있다는 걸 인정해야 한다.

분산 투자가 중요한 이유가 여기 있다. 미국 비중을 높이되, 전부 올인하지는 않는다. 성장주에 집중하되, 방어 자산도 편입한다. 공격과 방어의 균형. 그게 장기 투자의 핵심이다.

남는 것들

미국은 글로벌 자본을 끌어들이는 구조를 설계했다. 인플레이션조차 전략적으로 활용한다. 정부가 전략산업을 밀어주는 계획 자본주의를 실행하고 있다. AI와 자동화로 제조업 르네상스를 준비하고 있다. 달러 패권은 당분간 유지된다. AI와 데이터가 새로운 기축이 되고 있다. 유동성이라는 완충재가 시장을 지킨다.

이 모든 게 5~10년짜리 메가 사이클의 구성 요소다. 단기 변동에 흔들리지 않고, 구조적 흐름을 따라가는 투자. 그게 내가 미국 주식에 투자하는 이유다.

물론 틀릴 수 있다. 세상은 예측대로 움직이지 않는다. 하지만 확률이 높은 쪽에 서는 것, 그리고 틀렸을 때 감당할 수 있는 범위 안에서 투자하는 것. 그게 우리가 할 수 있는 전부다.

주식시장 흐름 읽는 법

- 구조와 원리 -

02

주식시장의
먹고사니즘 생태계

몇 년 전 일이다. 유튜브에서 유명한 차트 분석 고수의 온라인 차트 분석 강의. 30만 원짜리 5회차 차트 분석 강의. 듣고 나면 차트를 섭렵해서 실패하지 않는 주식 투자를 해보라는 것이었다. 차트 분석 책을 보기는 했지만, 고수들은 어떻게 차트를 분석하는지 궁금해서 솔깃했다. 무료가 아니라 30만 원이나 되니 나름대로 쓸모 있겠지 싶었는데, 역시나 어려웠고, 어려운 것을 다 듣고 나니 큰 성취감이 있었다. 그런데, 들으면서 들었던 생각이 '저분은 이 차트 분석으로 실패하지 않는 주식 투자에 성공했다면 뭣 하러 이런 강의를 하고 다닐까?'였다. 주식 투자에 성공한 사람이 왜 강의하고 다닐까?

하지만 오해하지 않기를 바란다. 그 강사나 투자 유튜버가 악의를 품고 나를 속이려 했다는 게 아니다. 오히려 그들 대부분은 선의를 갖고 있다. 정말로 사람들에게 도움이 되고 싶어 한다.

그러고 보면 마치 TV 홈쇼핑이나 온라인몰과 같다. 제품을 만드는 업체, 광고하는 회사, 쇼핑몰 운영진, 홈쇼핑 호스트, 이를 보도하는 기자들, 그 누구도 악의는 없다. 각자 자기 일을 성실히 하고 있을 뿐이다.

그런데 결과적으로는 어떻게 될까? 일부 절제력 없이 필요하지도 않은 물건을 사다 보면 재산을 탕진하게 된다. 아직 몇 년은 더 탈 수 있는 자동차를 바꾸고, 비싼 해외여행을 가고, 명품을 사느라 돈을 낭비한다.

보이는 것과 보이지 않는 것

주식시장을 처음 접하는 사람들이 보는 풍경은 대략 이렇다. 증권사 앱을 열면 빨간색과 파란색 숫자들이 춤추고, 뉴스에서는 애널리스트들이 종목 추천을 하고 적정 주가를 제시한다. 투자교육업체에서는 차트 분석이며 옵션 분석 방법을 알려주고, 유튜버들은 '매수매도 타이밍' 비법을 공유해준다.

모든 게 나를 위해 존재하는 것처럼 보인다.

하지만 잠깐, 여기서 이상한 점이 하나 있다. 이 모든 서비스가 '무료'거나 '저렴'하다는 것이다. 증권사는 수수료 경쟁을 하고, 뉴스는 공짜로 볼 수 있고, 유튜브 채널은 구독만 하면 된다. 심지어 일부 증권사는 '수수료 무료'를 내세우기까지 한다. 세상에 공짜는 없다. 누군가 공짜라고 하면, 당신이 상품이다.

헤지펀드들은 우리가 상상할 수 없는 수준의 기술과 자본을 동원해서 시장을 움직인다. 그들은 개미 투자자들의 패턴을 분석하고, 우리가 언제 사고 언제 팔지를 예측한다.

재미있는 건, 그들이 우리를 '대상'으로 삼는다는 점이다. 개미 투자자들이 공포에 떨어 던지는 주식을 받아내고, 욕심에 눈이 멀어 추격 매수할 때 팔아넘긴다.

헤지펀드는 개미들이 어떤 종목에 몰리는지 실시간으로 모니터링한다. 일일이 수작업으로 하는 것이 아니라 자동으로 SNS 멘션량, 검색량, 심지어 증권사 HTS에서 해당 종목 조회수까지 파악해서 본다. 개미들이 열심히 공부하고 분석해서 내린 투자 결정이, 그들에게는 하나의 '데이터'일 뿐이다.

증권사의 진짜 큰 수익원

증권사가 수수료만 가지고 운영한다고 생각하면 큰 오산이다. 물론 수수료도 중요하지만, 그들의 진짜 수익원은 따로 있다.

바로 대출이다. 신용거래, 주식담보 대출을 통해 개인투자자들에게 돈을 빌려주고 이자를 받는다. 이게 진짜 큰 수익원이다.

신용 투자는 어떻게 작동할까? 투자 금액의 1.5배 정도는 투자할 수 있다. 1,000만 원으로 1,500만 원어치 주식을 살 수 있다는 것이다. 주가가 오르면 수익이 1.5배가 되니까 매력적으로 들린다.

하지만 함정이 있다. 주가가 내려가면 손실도 1.5배가 된다. 더 무서운 건, 일정 수준 이하로 떨어지면 '추가증거금'을 내거나 내려간 주가에도 강제로 주식을 팔아야 한다는 것이다. 바로 그 순간, 증권사는 도와주지 않는다. 규정이니까.

2020~2021년 사상 최고의 상승장을 경험한 개미들은 2022년 상상도 못 할 하락장에서 속수무책으로 주식담보 대출 청산을 당했다.

개인투자자들이 많이 거래할수록 증권사는 좋다. 특히 매수만 하면 상승하는 상승장에서는 개미들이 증권사에서 대출을 받거나 신용거래로 마구 매수를 한다. 그 대출 수수료가 증권사에는 엄청난 수익이 되는 것이다.

선의적 딜레마

경제 방송을 보면 매일 전문가들이 나와서 시장을 분석한다. 어제 주가가 오른다고 했다가 오늘 주가가 내리면 어제 한 이야기에 대해서 맞췄는지 검증하는 내용은 없다. 어제와 오늘의 추이가 달라도 그들은 오늘의 시황만 이야기한다. 이 시간 이후의 주가를 그들이라고 알 리가 없다.

하지만 방송은 매일 매시간 나가야 하고, 시청자들은 새로운 정보를 원한다. 그래서 매일매일 지금에 충실한 이야기를 한다. 매일매일 '놓치면 안 되는 종목' 이야기를 한다. 그리고 매일매일 '시장에 중요한 변화'가 일어난다.

방송사 직원들이 시청자를 속이려고 하는 걸까? 아니다. 그들도 최선을 다해서 유용한 정보를 전달하려고 노력한다. 다만 시청률이라는 현실적 목표가 있을 뿐이다.

투자교육업체는 어떨까? 그들이 '실패하지 않는 주식 투자' 같은 광고를 내는 건 거짓말을 하려는 게 아니다. 정말로 그렇게 실패하지 않는 수강생이 한두 명은 있었을 것이다. 하지만 나머지 98명의 이야기는 하지 않는다. 의도적으로 숨기려는 게 아니라, 성공 사례를 부각하는 게 마케팅의 기본이기 때문이다.

결국 모든 사람이 선의를 갖고 최선을 다하지만, 그 결과는 개인 투자자들의 손실로 이어진다. 모두 선의를 가지고 각자 노력하지만, 결국엔 투자 실패로 이어질 것이 뻔한 것을 다 같이 하고 있다.

애널리스트와 정보의 왜곡

증권사 애널리스트들의 리포트를 보면 그럴듯하다. 온갖 그래프와 도표, 전문 용어들로 가득하다. 국내와는 달리 미국 애널리스트들의 리포트는 같은 회사에 대한 평가와 전망이 정말 다양하다. 특히 테슬라와 같은 성장주의 경우에는 극과 극의 대립적인 평가와 전망이 눈에 띈다.

테슬라뿐만 아니다. 우리에게 이젠 익숙한 팔란티어, 그리고 몇 년 전만 해도 엔비디아도 극과 극의 평가와 전망이 오갔다. 목표 주가도 차이가 크다. 테슬라는 2025년 8월 기준 80달러에서 450달러로 그 차이가 무려 5배가 넘는다.

나는 초보 시절, 이걸 이해할 수가 없었다. 왜 이런 차이가 날까? 저마다 주가를 평가하는 평가 방법이 다르다. 이것도 신기했다. 주식 역사가 몇백 년인데, 주식을 평가하는 통일된 방식이 없다고? 나는 적정 주가를 판단하는 하나의 공식이 있는 줄 알았다.

물론 각자가 맞다고 생각하는 공식이 있다. 하지만, 이 공식조차도 다 달랐다. 그래서 주식시장이 존재하는 것이다. 다양한 사람들이 다양한 방식을 통해서 평가하고, 전망하고, 그리고 시간이 지나서, 그것도 몇 년 또는 몇십 년 지나서 그 진가가 드러난다.

우리가 접하는 정보들은 이미 여러 단계의 필터를 거친다. 기업이

 절대 실패하지 않는 **미국 주식 ETF 투자**

발표한 원본 자료가 있고, 그걸 애널리스트가 해석하고, 기자가 기사화하고, 유튜버가 재가공한다. 각각의 단계마다 누군가의 이해관계가 개입한다.

특히 번역 과정에서 미묘한 뉘앙스들이 사라진다. 미국 기업의 '어닝콜'을 한국어로 번역하면서 'cautiously optimistic(조심스럽게 낙관적)'이 그냥 '낙관적'이 되기도 한다.

그리고 소위 '찌라시'가 있다. 확인되지 않은 루머가 SNS를 통해 퍼지면서 주가를 움직인다. 누가 이런 루머를 퍼뜨릴까? 때로는 실수지만, 때로는 의도적이다.

복잡한 분석 도구들의 함정

여기서 한 가지 재미있는 비교를 해보자. 유튜브를 보다가 신기한 물걸레 청소 로봇 하나를 알게 되었다. 40만 원 조금 넘는 전자제품이었다. 이걸 살까? 말까? 고민하다가 사기로 결정한다. 좀 더 싸게 사기 위해서 유튜브 리뷰를 찾아보고, 가격 비교 사이트를 뒤지고, 심지어 중국 테무까지 뒤져가며 더 싼 대체품을 찾았다. 결국 몇만 원을 아꼈지만, 거기에 쓴 시간과 노력을 생각하면 차라리 첫날 그냥 샀으면 나았을 수도 있다. 그리고 샀더니 원래 제품과 달리 성능이 시원찮았다.

하지만 그렇다고 해서 그 제품을 리뷰한 유튜버나, 가격 비교 사이트나, 쇼핑몰이 잘못한 걸까? 아니다. 그들도 각자의 일을 하고 있을 뿐이다. 문제는 내가 '합리적 소비'에 대한 기본 원칙이 없었다는 것이다.

어릴 때부터 '꼭 필요한 것만 사야 한다', '절약하는 습관을 길러야 한다'라는 식의 경제관념이 잘 박혀 있었다면? 아마 그런 사소한 물건을 충동적으로 사려고 할 확률도 낮았을 것이고, 돈을 좀 더 아끼려고 값싼 대체품을 찾지는 않았을 것이다.

주식 투자도 마찬가지다. TV에서는 매일 새로운 유망 종목을 소개하고, 유튜브에서는 '이번 하락장 때 모아가야 할 추천주'를 말하고, 증권사에서는 '지금이 기회'라고 메시지를 보낸다. 그 누구도 악의를 갖고 있지 않다. 각자 자신의 역할을 성실히 하고 있을 뿐이다. 하지만 결과적으로, 절제력 없이 이런 정보들을 쫓아다니다 보면 자산을 탕진하게 된다.

기본 소양의 부재가 만든 참극

우리는 어릴 때부터 '아껴 쓰고, 계획적으로 소비하라'는 교육을 받는다. 그래서 대부분 사람이 쇼핑 중독에 빠지지 않는다. 물론 때로는 충동구매를 하기도 하지만, 기본적인 절제력은 있다.

하지만 투자에 대해서는 어떤가?

"장기적으로 꾸준히 투자하라", "감정적으로 매매하지 마라", "복잡한 것보다 단순한 것이 좋다" 등 이런 기본 원칙을 학교에서 배운 적이 있나? 집에서 부모님께 들어본 적이 있나? 내 세대에서는 아예 없다. "주식 투자하면 집안 망한다"라는 얘기만 들어봤다.

그래서 우리는 주식 투자 생태계에 완전히 무방비로 던져진다. 마치 절약이 뭔지, 계획적 소비가 뭔지 전혀 모르는 상태에서 홈쇼핑에 노출된 것과 같다. 당연히 당한다.

투자 교육을 받다 보면 온갖 복잡한 용어들을 마주하게 된다. ROE, ROA, PER, PBR, EV/EBITDA, DCF 등 머리가 지끈거린다.

더 심각한 건, 이런 걸 다 알아야 투자를 잘할 수 있다고 착각하게 만든다는 점이다.

회계사 친구가 있는데, 재무제표는 나보다 백 배는 잘 읽는다. 한번은 테슬라 실적 발표 자료의 재무제표를 보여줬더니 설명을 술술 한다. 그런데 투자는? 그 친구는 주식 투자는 하지 않는다. 기업 재무분석을 하는 것과 회사 투자를 하는 건 별개라는 것이다. 아무리 재무적으로 탁월해도 주가는 항상 제 자리이며, 재무적으로 좋지 않아도 실질적으로 성장하면서 주가가 좋은 기업이 많아서, 도대체 어떤 기업을 골라서 투자해야 할지 모르겠다는 것이다.

왜 그럴까?

첫째, 재무제표는 '과거'를 보여준다. 주가는 '미래'를 반영한다. 아무리 과거 실적이 좋아도 미래가 불투명하면 주가는 내려간다. 반대로 현재 적자를 내는 회사라도 미래 가능성이 크면 주가는 오른다.

둘째, 시장은 감정으로 움직인다. 논리적으로 완벽한 분석을 해도, 시장 참가자들이 공포나 탐욕에 휩싸이면 그 분석은 휴지 조각이 된다.

셋째, 그 복잡한 지표들을 제대로 활용하려면 업계 전문가 수준의 지식이 필요하다. 일반 직장인이 퇴근 후에 공부해서 습득할 수 있는 게 아니다.

한번은 어떤 유튜버가 'DCF 모델로 계산한 빅테크 종목들의 적정 주가'를 계산하는 것을 보여줬다. 온갖 가정들을 넣어서 계산한 결과였는데, 정작 그 가정들 자체가 추측에 불과했다. 10년 후 빅테크 기업의 매출이 얼마일지, 할인율을 몇 %로 적용해야 하는지, 이런 건 사실 아무도 모른다.

결국 복잡해 보이는 분석도 알고 보면 '그럴듯한 추측'일 뿐이다. 하지만 숫자와 공식으로 포장하면 마치 과학적인 것처럼 보인다. 이게 바로 함정이다.

집단 지성이라는 착각

최근 몇 년간의 데이터를 보면, 개인투자자 중 실제로 주식 투자에서 성공하는 비율은 5% 미만이다. 95%는 원금을 까먹거나 시장 평균에도 못 미치는 성과를 낸다.

2024년 미국 주식에 투자한 개인투자자들의 평균 수익률은 16.54%였다. 같은 기간 S&P500 지수는 무려 25.02%를 기록했다. 개인투자자가 시장보다 8.5%포인트나 뒤처진 셈이다. 황소장에서 돈을 번 건 맞는데, 그냥 가만히 있었으면 훨씬 더 벌었다는 얘기다. 이 8.5%포인트 격차는 1985년 DALBAR가 투자자 행동을 추적한 이래 네 번째로 큰 수치다. 더 나쁜 소식이 있다. 개인투자자가 S&P500을 이긴 마지막 해는 2009년이다. 그 뒤로 15년 연속 패배 중이다. 이게 개인의 잘못일까?

더 심각한 건, 단기 매매를 하는 개인투자자들의 성공률이다. 거의 모든 연구에서 일관되게 나오는 결과가 있다. 거래를 자주 할수록 수익률이 떨어진다는 것이다. 1991년부터 1996년까지 약 65,000명의 개인투자자를 추적한 연구를 보면, 가장 적게 거래하는 하위

    절대 실패하지 않는 **미국 주식 ETF 투자**

20%('바이 앤 홀드' 투자자)의 연평균 수익률은 18.5%였다. 같은 기간 S&P500 지수도 연평균 17.5%를 기록했으니, 가만히 있던 사람들은 시장보다 살짝 나았다. 그런데 문제는 활발하게 거래한 사람들이다. 거래 회전율 상위 20%에 해당하는 투자자들의 연평균 수익률은 고작 11.4%에 그쳤다. 무려 7%포인트나 뒤처진 것이다. 거래수수료 수익이나 대출 이자로 돈을 벌어야 하는 증권사와 장기 투자 수익을 내야 하는 개인이 윈-윈 할 수 있는 방법은 없을까? 있다.

장기 투자와 복리의 마법

요즘 지방정부마다 신생아가 태어나면 축하금을 주는 경우가 있다. 나는 이걸 현금이나 현물이 아닌 '주식 계좌'로 주면 어떨까 하는 생각을 해봤다. 아이가 태어나면 지방정부와 중앙정부가 100만 원을 코스피와 코스닥 지수 추종 ETF로 넣어서 주식 계좌로 선물하는 것이다. 그래서 그 계좌에 매달 10만 원씩 부모가 적금 붓듯이 자동 매수로 코스피와 코스닥 ETF를 사게 유도하는 것이다. 그렇게 19세가 될 때까지 매달 10만 원 이상으로 투자하게 하고, 이 계좌에 대해 파격적인 세제 혜택을 주는 것이다.

대신 20세 성인이 되기 전까지는 매도할 수 없다. 그럼 20세가 되었을 때 이 계좌에 얼마만큼 쌓여있을까? 대략 계산해 보자. 연평균 8% 수익률이라고 치면,

- 0세 때 받은 출산 축하금 100만 원:
  → 20년 후 = 100만 원 × $(1.08)^{20}$ = 약 466만 원

- 매달 10만 원씩 19년간 적립(228개월):

  → 총납입액: 10만 원 × 228개월 = 2,280만 원
- 연 8% 복리 적용 시, 약 5,200만 원

  → 합계: 약 5,666만 원

처음 넣은 돈은 총 2,380만 원(초기 100만 원+월 10만 원×228개월)인데, 20년 후엔 5,666만 원이 된다.

수익만 3,286만 원. 수익률로 치면 138%다.

20세가 된 청년이 이 계좌를 열어본다. 5,600만 원이 넘는 돈이 들어 있다. 대학 등록금? 당연히 해결된다. 창업 자금도 된다. 전세 보증금에 보탤 수도 있다. 아니, 청년은 이런 복리의 결과물을 단번에 쓰려고 할까? 이런 장기 복리 수익을 그냥 써버리기보다는 그냥 계속 두지 않을까? 30세까지 매달 20만 원씩만 더 넣으면? 10년 후엔 30세엔 1억 5천만 원이 훌쩍 넘는다. 놀랄 것이다.

'이게, 복리구나.'

'지수 추종 ETF가 이렇게 편한 투자였구나.'

'매달 조금씩만 넣어도 이렇게 되는구나.'

이건 산 경험이다. 산 공부다. 누가 설명해 줘도 이해 못 했을걸, 자기 계좌로 직접 경험한 거다. 그리고 이 경험을 한 사람이 30대, 40대, 50대를 거치면서 어떻게 행동할까?

아마도 매달 적금 붓듯이 지수 추종 ETF를 매수할 것이다. 사고팔고를 반복하지 않을 것이다. 장기로 보유하면서 복리의 마법을 다시 경험하려 할 것이다.

이렇게 사고, 팔고를 하지 않아서 거래수수료가 덜 생기고, 대출이자 수익이 덜 생겨서 증권사는 수천만 명의 안정적인 장기 고객이 생기는 거다. 사고팔고를 덜 하기에 거래 수수료는 줄어들지 몰라도, 자산관리 수수료, ETF 운용 수수료, 안정적인 예탁금이 생긴다. 그리고 무엇보다, 고객이 돈을 잃고 떠나는 게 아니라 돈을 벌면서 평생 머무른다.

개인투자자도 좋다. 시행착오 없이, 주식 중독 없이, 재산을 날리는 아픔 없이 투자에 성공한다. 정부도 좋다. 개인연금, 노후 자금 문제가 해결된다. 안정적인 부자 국민이 많아지니 국가도 안정된다. 참 좋은 그림 아닐까?

펀드 매니저의 투자 수익률은?

흥미로운 사실은 전문가인 펀드 매니저도 시장을 이기기 어렵다는 사실이다. S&P500 지수를 이기는 액티브 펀드는 10년 장기로 보면 10~20% 정도밖에 안 된다. 즉, 80~90%의 전문가들이 그냥 시장 평균보다 못한 성과를 낸다는 뜻이다.

그들은 우리보다 훨씬 많은 정보를 갖고 있고, 첨단 분석 도구를 쓰고, 온종일 이 일만 한다. 그런데도 시장을 이기지 못한다. 이게 무엇을 의미할까? 복잡한 분석이나 전문 지식이 투자 성공을 보장하지 않는다는 것이다. 오히려 너무 많이 알면 더 복잡하게 생각하게 되고, 더 자주 매매하게 되고, 결국 수익률이 떨어질 수 있다.

한 유명한 펀드 매니저가 한 말이 인상적이었다. "제일 수익률이 좋았던 고객은 투자하고 나서 비밀번호를 잊어버린 사람이었습니다.” 농담 같지만, 진짜다. 아무것도 하지 않는 게 최선인 경우가 많다.

그런데 이런 반론이 나올 수 있다. “개미들도 적극적으로 뭔가를 해서 수익률로 월가를 이긴 적 있잖아?” 레딧의 월스트리트베츠에서 촉발된 게임스탑 사건을 떠올리면 그럴 수도 있다. 2021년 1월, 망해가던 비디오게임 소매점 게임스탑의 주가가 한 달 만에 4달러에서 110달러까지 치솟았다(현재 주식 분할 기준). 이 주식을 공매도하던 헤지펀드들은 수십억 달러의 손실을 봤고, ‘뭔가를 한’ 레딧 개미들은 환호했다.

하지만 그 이후는 어떻게 됐을까? 공매도 펀드 멜빈 캐피털은 결국 2022년에 문을 닫았다. 부분적으로 월가를 이긴 건 사실이다. 하지만 정작 큰돈을 번 건 누구였을까? 이 광풍을 촉발한 키스 길(온라인 별명 ‘로링 키티’)은 5천만 달러 가까이 벌었다. 그런데 그는 2019년에 1달러대에서 들어간 사람이다(현재 분할 기준). 전문 금융 자격증을 가진 분석가였고, 남들이 비웃을 때 2년을 버텼다. 정작 개미들 대부분은 뉴스를 보고 70~100달러대에 뛰어들었다. 지금 게임스탑 주가는? 21달러다. 피크 대비 80% 넘게 빠졌다. 선구자는 벌었고, 추종자는 물렸다.

월가를 이겼다고 환호할 때, 실제로 이긴 건 먼저 들어간 소수였다. 부끄럽지만 솔직히 고백하건대, 나도 뉴스를 보고 뛰어든 개미 중 한 명이었다.

어떤 종목이 화제가 되면 개미들이 몰린다. 처음에는 실제로 주가가 오른다. 그러면 더 많은 개미가 포모에 휩싸여 들어온다. 그리고 정확히 그 시점에서 기관들이 털어낸다.

이 모든 걸 알고 나면 절망스러울 수도 있다. '그럼, 개인투자자는 영원히 쪽박만 차라는 말인가?' 아니다. 오히려 이런 구조를 아는 것이 우리의 무기가 된다.

첫째, 그들이 가장 싫어하는 일을 하면 된다. 그들은 우리가 자주 사고팔기를 원한다. 그럼 우리는 사고 나서 오랫동안 가지고 있으면 된다.

둘째, 그들이 우리의 감정을 자극하려 한다는 걸 안다면, 감정을 배제하고 기계적으로 투자하면 된다.

셋째, 정보의 홍수 속에서 진짜 중요한 것만 골라내는 능력을 기르면 된다. 기업의 본질적 가치, 장기적 트렌드, 이런 것들은 누구도 조작할 수 없다.

무심함이라는 최고의 무기

결국 개인투자자에게 가장 강력한 무기는 '무심함'이다. 매일 주가를 확인하지 않기. 뉴스에 일희일비하지 않기. 전문가들의 말에 휘둘리지 않기. 단순하게, 꾸준하게, 기계적으로 투자하기. 이게 바로 그들이 가장 두려워하는 투자자의 모습이다. 예측할 수 없고, 조종할 수 없고, 감정적으로 흔들 수 없는 투자자.

필자는 요즘 주식 관련 뉴스를 거의 보지 않는다. 유튜브 투자 채널도 딱 봐야 할 몇 개의 우량 채널만 구독한다. 대신 매달 정해진 날에 정해진 금액을 정해진 종목에 넣는다. 그게 다다.

그랬더니 신기하게도 수익률이 좋아졌다. 더 중요한 건, 마음이 편해졌다는 것이다. 주식시장의 생태계에서 먹히는 밥이 되고 싶지 않다면, 그들의 게임에 말려들지 말아야 한다. 우리에게는 그들이 없는 것이 하나 있다. 바로 시간이다.

그들은 분기마다, 연도마다 성과를 내야 한다. 하지만 우리는 10년, 20년을 기다릴 수 있다. 이것이 바로 개인투자자만이 가질 수 있는 유일하고도 강력한 경쟁 우위다.

그러니 무심하게, 그냥 계속 사자. 그게 이 거대한 생태계에서 살아남는 가장 확실한 방법이다.

03

내 돈은
어디로 가는가?

미국 주식 초보일 때, 내가 증권사에 내 현금을 내고 테슬라와 애플, 엔비디아 주식을 사면 이 돈이 테슬라, 애플, 엔비디아로 가는 줄 알았다. 내가 그들의 주식을 내 돈 주고 사는 줄 알았다.

그런데 코로나 폭락장이었던 2020년 3월에 모든 기업의 주가가 폭락하면서 시가총액이 증발했다고들 방송에서 이야기했다. 나는 너무 이상했다. 내가 돈 주고 산 주식의 가격이 하락했는데, 이 돈이 다 증발했다고? 아니 내가 돈 주고 산 테슬라, 애플, 엔비디아의 주식이 그 기업들에 간 게 아니라고? 그날부터 나는 내가 주식을 매수하면서 보낸 내 돈이 어떻게 흘러가는지 공부해 보았다.

그때까지만 해도 나는 투자라는 게 꽤 고상한 일이라고 생각했다. 기업의 미래를 믿고 그들을 응원하는, 자본주의의 꽃이 피는 곳이라고 여겼다. 내가 테슬라 주식을 사면 일론 머스크가 그 돈으로 로켓도 쏘고 더 좋은 전기차도 만들 거라고 생각했다. 이런 순진무구한 생각은 주식시장의 메커니즘을 제대로 이해하고 나서야 완전히 깨졌다.

발행시장과 유통시장의 진실

주식시장은 크게 두 개의 완전히 다른 세계로 나뉜다. 이걸 이해하지 못하면 평생 헤맬 수밖에 없다.

첫 번째가 발행시장이다. 여기서는 기업이 처음으로 자신의 주식을 세상에 내놓는다. IPO, 즉 기업공개가 바로 이곳에서 벌어진다. 2021년 리비안이 IPO를 했을 때를 생각해 보자. 리비안은 "우리 회사 주식 1억 주를 주당 78달러에 팔겠습니다"라고 선언했다. 이때 투자자들이 낸 돈, 그러니까 78억 달러가 정말로 리비안이라는 회사로 들어갔다. 리비안은 이 돈으로 공장을 짓고, 직원을 뽑고, 연구개발을 했다.

하지만 이런 일은 기업 평생에 정말 몇 번 없다. IPO 한 번, 그 후에 가끔 추가로 주식을 발행하는 증자 몇 번. 그게 전부다. 애플이 1980년에 IPO를 했으니까, 지금까지 44년 동안 투자자들의 돈이 애플로 직접 들어간 것은 손에 꼽을 정도다.

그렇다면 우리가 매일매일 매수 버튼을 누르며 사고파는 곳은 어디일까? 바로 유통시장이다. 뉴욕증권거래소, 나스닥 같은 곳 말이다. 여기서는 이미 세상에 나온 주식들이 투자자들 사이에서 주고받을 뿐이다.

이걸 쉽게 이해하려면 자동차 시장을 생각해 보자. 현대자동차가 새 차를 만들어서 딜러에게 파는 게 발행시장이다. 이때는 내가 낸 돈이 정말로 현대자동차로 간다. 하지만 내가 중고차를 사면? 그 돈은 이전 차주에게 간다. 현대자동차는 내가 중고차를 얼마에 샀는지도 모르고, 그 돈도 한 푼 받지 않는다.

주식시장도 똑같다. 내가 오늘 테슬라 주식을 200달러에 산다고 해보자. 그 200달러는 일론 머스크한테 가는 게 아니다. 테슬라 주식을 팔고 싶어 하던 다른 누군가, 예를 들어 은퇴를 앞둔 할아버지나 리밸런싱을 하는 연기금 매니저에게 간다. 테슬라는 내가 주식을 샀다는 사실조차 모를 수도 있다.

좀 허무하지 않나? 내가 "테슬라의 미래를 믿습니다!"라며 주식을 샀는데, 정작 테슬라는 내 응원도 내 돈도 받지 않았다는 거다.

물론 완전히 무의미한 건 아니다. 간접적으로는 분명히 영향을 준다. 많은 사람들이 테슬라 주식을 사면 주가가 오른다. 주가가 오르면 테슬라의 시가총액이 커진다. 시가총액이 크면 은행에서 돈을 빌릴 때 더 좋은 조건을 받을 수 있다. 또 나중에 추가로 주식을 발행할 때도 더 비싸게 팔 수 있다. 직원들에게 스톡옵션을 줄 때도 더 매력적이다. 하지만 직접적인 현금 유입은 없다. 이게 핵심이다.

왜 기업들은 상장하려고 할까?

그렇다면 왜 기업들은 이 복잡한 주식시장에 나오려고 하는 걸까? IPO를 준비하려면 수년간 준비해야 하고, 회계사, 변호사, 투자은행에 엄청난 수수료도 내야 하는데 말이다.

가장 큰 이유는 역시 돈이다. 큰돈을 한 번에 모을 수 있는 가장 효과적인 방법이 IPO다. 은행에서 돈을 빌리면 이자를 내야 하고,

언젠가는 갚아야 한다. 하지만 주식으로 받은 돈은 갚을 필요가 없다. 대신 회사의 일부 소유권을 넘겨주는 것뿐이다.

예를 들어, 스타트업이 성장하려면 공장을 지어야 하고, 연구개발에 투자해야 하고, 인재를 뽑아야 한다. 이런 일에는 수백억 원, 수천억 원이 필요하다. 창업자 개인 돈으로는 불가능하다. 은행 대출만으로도 한계가 있다. 그래서 주식시장에 나와서 "우리 회사의 10%를 500억 원에 팔겠습니다"라고 하는 것이다.

두 번째는 초기 투자자들의 출구 전략이다. 구글이나 페이스북에 초기에 투자한 벤처캐피털들을 생각해 보자. 그들은 10년, 15년 동안 주식을 들고 있었다. 하지만 비상장 회사의 주식은 팔기가 어렵다. 사고 싶어 하는 사람을 일일이 찾아야 하고, 가격도 애매하다. IPO가 되면? 언제든지 주식시장에서 팔 수 있다. 정확한 시장 가격도 매일 나온다.

세 번째는 기업 가치 평가의 투명성이다. 비상장 회사는 가치를 매기기 어렵다. "우리 회사가 1조 원의 가치가 있다"라고 주장해도 증명하기 힘들다. 하지만 상장하면? 시장에서 매일 평가받는다. 이 투명성 때문에 은행에서 대출받을 때도, 다른 회사와 합병할 때도, 인재를 영입할 때도 훨씬 유리하다.

네 번째는 브랜드 가치다. '상장회사'라는 타이틀 자체가 신뢰를 준다. 고객들도, 협력업체들도, 정부도 상장회사를 더 믿는다. 특히 B2B 사업을 하는 회사에는 이런 신뢰가 매우 중요하다.

다섯 번째는 인재 확보다. 훌륭한 인재들은 스톡옵션을 원한다. 비상장 회사의 스톡옵션은 그림의 떡이다. 언제 현금화할 수 있을지 모르니까. 하지만 상장회사의 스톡옵션은 다르다. 언제든지 팔 수 있다. 그래서 실리콘밸리의 똑똑한 엔지니어들이 상장회사를 선호한다.

시가총액 증발의 미스터리

그렇다면 2020년 3월 코로나 팬데믹 때 '시가총액 수십조 달러가 증발했다'라는 뉴스는 뭘까? 정말로 돈이 공기 중으로 사라진 걸까?

아니다. 이건 정말 많은 사람들이 오해하는 부분이다. 시가총액이라는 건 '현재 주가 × 발행 주식 수'로 계산되는 숫자다. 그런데 이건 일종의 가상의 숫자다. 실제로 그만큼의 돈이 시장에 들어왔다는 뜻이 아니다.

간단한 예를 들어보자. 어떤 회사의 주식이 총 100주 있다고 하자. 오늘 마지막 거래에서 1주가 1,000원에 팔렸다. 그러면 이 회사의 시가총액은 10만 원이다. 하지만 실제로는 1,000원짜리 거래 한 번만 있었을 뿐이다. 나머지 99주는 거래되지도 않았다.

다음날 어떤 급한 일로 누군가가 주식을 500원에 팔았다고 하자. 그러면 시가총액은 5만 원이 된다. '5만 원이 증발했다'라고 뉴스에서 보도한다. 하지만 실제로는 500원 거래 한 번만 있었을 뿐이다. 5만 원이 어디 구멍으로 빠진 게 아니다.

테슬라를 예로 들어보자. 테슬라 주식이 1,000달러에서 500달러로 떨어졌다고 하자. 테슬라 발행 주식이 30억 주라면, 시가총액은 3조 달러에서 1조 5천억 달러로 줄어든다. 1조 5천억 달러가 '증발'했다고 뉴스에서 말한다.

하지만 실제로는 어떨까? 1,000달러에 팔려고 내놓은 사람들과 500달러에 사려고 하는 사람들 사이에서 거래가 성사된 것뿐이다. 1,000달러에 판 사람은 돈을 받았고, 500달러에 산 사람은 주식을 받았다. 아무도 돈을 잃지 않았다.

그런데 여기서 문제가 생긴다. 실제로는 누군가는 손실을 보고 누군가는 이익을 본다.

1,200달러에 테슬라를 산 사람이 있다고 하자. 주가가 500달러로 떨어지면 이 사람은 주당 700달러씩 손실을 본다. 하지만 300달러에 테슬라를 산 사람은? 여전히 200달러씩 이익이다.

중요한 건, 대부분 개인투자자는 손실을 보는 쪽에 속한다는 사실이다. 왜냐하면 우리는 대개 높을 때 사고, 낮을 때 팔기 때문이다. 뉴스에서 "테슬라가 사상 최고치를 경신했다"라고 하면 그제야 관심을 가진다. "이제 더 늦기 전에 사야겠다"라며 뛰어든다. 그런데 그때가 대개 고점이다.

반대로 '테슬라 주가 폭락, 투자자들 패닉'이라는 뉴스가 나오면? 무서워서 판다. 그런데 그때가 대개 바닥이다.

이건 우연이 아니다. 이 시장이 원래 그렇게 설계되어 있다. 개인투자자들의 감정을 이용해서 기관 투자자들이 수익을 낸다. 개인투자자들이 공포에 떨며 팔 때 기관들이 싸게 사고, 개인투자자들이 욕심에 눈이 멀어 살 때 기관들이 비싸게 판다.

주식시장, 거대한 생태계의 실체

그렇다면 누가 정말로 이 시장에서 돈을 벌까? 답은 명확하다.

첫 번째는 증권사들이다. 우리가 사든 팔든 매번 수수료를 가져간다. 주가가 오르든 떨어지든 상관없다. 거래만 하면 돈이 들어온다. 마치 카지노 하우스처럼 말이다.

두 번째는 기관 투자자들이다. 연기금, 보험회사, 뮤추얼 펀드, 헤지 펀드… 이들은 개인투자자들과는 차원이 다른 게임을 한다. 정보도 빠르고, 자본도 많고, 전문 인력도 많다. 개인투자자가 뉴스로 접하는 정보를 이들은 이미 며칠 전부터 알고 있다.

세 번째는 고빈도 매매업체들이다. 컴퓨터로 1초에 수천 번씩 사고팔며 아주 작은 차익을 쌓아간다. 주식 한 주당 1센트씩만 벌어도, 하루에 수백만 주를 거래하면 엄청난 수익이다.

네 번째는 내부자들이다. 기업 임직원, 대주주, 투자은행 직원들… 이들은 일반 투자자들이 모르는 정보를 미리 안다. 물론 불법이지만, 적발되기 쉽지 않다.

그렇다면 개인투자자들은? 대부분 먹이사슬의 맨 아래에 있다. 통계를 보면 80% 이상의 개인투자자가 시장 평균 수익률도 이기지 못한다. 단기적으로는 90% 이상이 손실을 본다.

이건 우리가 멍청해서가 아니다. 애초에 이기기 어려운 게임에 참여하는 것이다. 마치 일반인이 프로 복서와 링 위에서 맞서는 것과 같다.

그런데, 왜 정부는 이 불공평한 게임을 허용할까?

첫 번째 이유는 자본 조달이다. 기업들이 성장하려면 돈이 필요하다. 은행 대출만으로는 한계가 있다. 주식시장이 있어야 기업들이 쉽게 자본을 모을 수 있고, 그래야 경제가 성장한다. 물론 대부분의 돈이 유통시장에서만 돌아가지만, 그래도 주식시장이 활성화되어야 IPO도, 증자도 가능하다.

두 번째는 부의 효과다. 주가가 오르면 사람들이 부자가 된 기분을 느끼며 소비를 늘린다. 경제가 돌아간다. 반대로 주가가 하락하면 소비가 줄어든다. 정부 입장에서는 주식시장이 경제의 체온계이자 엔진 역할을 한다.

세 번째는 세금이다. 양도소득세, 배당소득세, 증권거래세… 주식시장에서 나오는 세수가 만만치 않다. 게다가 개인투자자들이 손실을 봐도 세금은 내야 한다. 예를 들어, 작년에 1억 원을 벌었다고 올해 5천만 원을 잃고 있어도, 작년 1억 원 수익에 대한 세금을 올해 내야 하는 경우가 많다.

마지막으로는 정치적 이유다. 주식시장이 망하면 정부도 망한다. 특히 연기금들이 주식에 대규모로 투자하고 있기 때문에, 주식시장이 붕괴하면 국민연금도 위험해진다. 그래서 정부는 주식시장을 떠받치기 위해 온갖 유동성 정책을 동원한다. 개미 투자자들이 이 유동성 파티를 빛내주기 위해 자기 돈을 내고 참석하게 된다.

시스템의 모순과 우리의 선택

결국 주식시장이란 뭘까? 자본주의의 꽃이라고 하지만, 들여다보면 거대한 부의 재분배 시스템이다. 그것도 아래에서 위로, 개인에서 기관으로, 가난한 자에서 부유한 자로 돈이 흘러가는 시스템이다.

하지만 우리에게 다른 대안이 있을까? 은행 예금 이자로는 인플레이션도 못 따라간다. 부동산은 이미 너무 비싸다. 금이나 원자재?

변동성은 주식보다 더 클 수 있다. 결국 장기적으로 자산을 늘리려면 이 불공평한 게임에 참여할 수밖에 없다.

주식시장의 돈 흐름을 이해한다는 것, 그건 투자의 첫걸음이다. 내 돈이 어디로 가는지 알아야 현실적인 기대를 할 수 있다. 그리고 시장이 완벽하지 않다는 것, 때로는 불공평하다는 것도 받아들여야 한다.

하지만 그럼에도 불구하고 여기에 참여해야 하는 이유가 있다. 대안이 없기 때문이다. 다만 환상을 버리고, 냉정하게, 현실적으로 접근해야 한다. 그게 이 복잡한 돈의 미로에서 살아남는 유일한 방법이다.

여기서 중요한 건 '어떻게 참여하느냐?'이다. 단기 매매로 시장을 이기려고 하면 거의 확실히 진다. 하지만 장기적으로, 분산 투자로, 꾸준히 접근하면 승산이 있다. 미국 주식시장은 지난 100년간 연평균 10% 정도 성장했다. 물론 중간에 크고 작은 폭락이 있었지만, 결국은 우상향했다.

문제는 사람들 대부분이 참을성이 없다는 것이다. 조금 오르면 팔고 싶어 하고, 조금 떨어지면 무서워한다. 그래서 시장의 변동성을 온전히 감당하지 못하고 중간에 나가떨어진다.

남들처럼(?) 주식 투자로 돈을 많이 벌어보려고, 빨리 은퇴해서 몰디브 가서 모히토 한잔하려고 너무 조급해하지 말자. 시장의 소음에 휘둘리지 말자. 대신 조용히, 꾸준히, 현명하게 접근하자. 그게 복잡한 돈의 미로에서 살아남는 유일한 방법이다.

04

주가는
어떻게 결정되는가?

시장은 공정하다고 한다. 수요와 공급이 만나는 지점에서 가격이 결정된다고. 그래서 우리는 믿었다. 좋은 기업의 주가는 오르고, 나쁜 기업의 주가는 내려간다고. 시장은 결국 진실을 알아본다고 말이다.

그런데 이상하다. 실적 발표는 좋았는데도 주가가 한동안 내려가는 경우가 있다. 반대로 쉬지 않고 주가가 계속 오른 경우도 있다. '시장이 비이성적'이라고 말하기엔 너무 자주 일어나는 일이다. 정말 시장이 미친 걸까? 아니면 우리가 시장을 이해하는 방식 자체가 잘못된 걸까?

주식 거래의 가장 근본적인 메커니즘, 즉 '가격이 실제로 어떻게 만들어지는가?'에 대해서 생각해 본 적 있는가? 이 원리를 이해하면 왜 '좋은 기업 = 오르는 주가'라는 등식이 늘 성립하지 않는지, 왜 애널리스트의 목표 주가가 자주 빗나가는지 보이기 시작한다.

시장은 저울이 아니다

대부분의 투자 서적은 시장을 '거대한 저울'로 묘사한다. 한쪽에는 기업의 가치가, 다른 한쪽에는 주가가 놓여 있고, 시간이 지나면 둘은 균형을 찾는다고. 고평가된 주식은 내려가고, 저평가된 주식은 올라간다고. 이게 우리가 배운 '효율적 시장 가설'의 핵심이다. 장기적으로 보면 맞는 말이다.

그런데 우리가 주식을 매수하고 매도하는 단기적인 관점에는 시장은 그렇게 작동하지 않는다. 1~2년 이내 짧은 투자 기간 관점으로 보자면, 시장은 저울이 아니라 경매장에 가깝다. 그것도 매우 특별한 방식의 경매, '더블 옥션(Double Auction)' 시스템으로 움직인다. 매수자와 매도자가 동시에 가격을 제시하고, 단 하나의 가격에서만 거래가 성사된다.

이 차이가 결정적이다. 저울은 모든 무게를 고려한다. 그러나 경매는 오직 '가장 높은 가격을 부를 용의가 있는 한 명'만 고려한다. 나머지 99명이 "그건 너무 비싸"라고 외쳐도 소용없다. 가격은 그 한 명의 믿음으로 결정된다.

왜 '평균 의견'은 가격에 반영되지 않는가?

간단한 사고 실험을 해보자. 어떤 주식에 대해 100명의 투자자가 있다고 가정하자. 현재 주가는 10만 원이다.

이 중 20명은 이미 주식을 보유하고 있는 매도 가능자들이며, 계속 매수를 하려는 의지도 가지고 있다. 나머지 80명은 잠재적 매수자들이다.

잠재적 매수자 80명의 생각

- 60명: 이 주식은 살 만 하지만, 현재는 너무 고평가되어 있다. 8만 원이 적정가다. 8만 원이 되면 사겠다.
- 15명: 약간 고평가되어 있다. 9만 원 정도가 적정가다. 9만 원이면 사겠다.
- 5명: 저평가되어 있다. 미래가치를 생각하면 10만 5천 원에도 기꺼이 사겠다.

보유자 20명의 생각

- 5명: 난 고작 10만 원대를 생각하고 이 종목에 들어온 게 아니라, 10년 정도 갖고 있다가 50만 원 정도는 되어야 팔겠다.
- 5명: 아직 좀 더 오를 것 같다. 최소 12만 원은 받아야 팔겠다.
- 10명: 지금 팔아도 괜찮을 것 같다. 10만 원보다 좀 더 오르면 팔겠다.

이 주식의 주가는 어떻게 될까? 상식적으로 생각하면 75명(60명+15명)의 '합리적' 의견이 반영되어 8~9만 원 정도로 내려가야 할 것 같다. 그러나 실제로는 정반대가 될 수 있다. 주가는 10만 원 이상을 향해 움직인다.

왜? 보유자 20명 중 10명이 "50만 원까지 버티겠다"라고 하거나 "최소 12만 원은 받아야 팔겠다"라고 생각하기 때문이다. 10만 원 초반에 팔 의향이 있는 10명의 물량이 다 팔리고 나면, 다음 거래는 더 높은 가격에 팔겠다는 사람들과 그 가격에도 사겠다는 5명 사이에서 성사된다.

8만 원에 사겠다는 60명, 9만 원에 사겠다는 15명의 의견은 거래 체결 메커니즘에서 아예 배제된다. 매도자들이 그 가격에 팔 생각이 없기 때문이다. 결국 주가는 '모든 투자자의 평균 의견'이 아니라 '실제로 거래할 용의가 있는 극단적 소수의 의견'으로 결정된다.

비대칭, '의견'과 '주식 보유'는 다르다

여기서 핵심이 등장한다. 비관론자가 아무리 많아도, 그들이 실제로 '팔 주식'을 갖고 있지 않다면 가격에 영향을 줄 수 없다는 사실이다.

주식 거래는 '투표'가 아니라 '소유권 이전'이다. 투표라면 모든 사람의 의견이 동등하게 반영된다. 1,000명이 "비싸다"라고 투표하면, 그 의견이 반영된다. 그러나 주식시장은 '내가 가진 걸 얼마에 팔까?'와 '내가 얼마를 내고 살까?'의 줄다리기다. 팔 물건이 없으면 게임에 참여할 수 없다.

비관론자 1,000명이 모여서 외친다고 가정해 보자. "이 주식은 고평가야! 지금 10만 원인데 5만 원이 적정가야!" 그들은 열심히 분석 리포트를 쓰고, 유튜브에 영상을 올리고, 언론을 통해 경고 메시지를 날린다.

그런데 이 1,000명은 이 주식을 갖고 있지 않다. 애초에 "비싸서 안 샀거나", "이미 팔고 나왔거나", "공매도를 고려 중"이다. 그들이 할 수 있는 건 "5만 원으로 떨어지면 사겠다"라고 호가창 아래쪽에 매수 주문을 넣는 것뿐이다.

반면 낙관론자 10명은 이미 주식을 보유하고 있다. 그들은 "이 회사는 10년 뒤 지금의 10배가 될 거야. 15만 원에도 안 팔아"라고 생각한다. 그들은 아무것도 하지 않는다. 그냥 갖고 있을 뿐이다. 그런데 그 '아무것도 안 함'이 가격을 지탱한다.

낙관론자 중 한 명이 급전이 필요해서 주식을 팔기로 했다고 가정해 보자. 누가 이 주식을 살까? 5만 원에 사겠다는 1,000명일까? 아니다. 이 주식은 "10만 원에도 사겠다"라는 사람에게 넘어간다. 심지어 "10만 5천 원에도 사겠다"라는 사람이 있다면? 가격은 10만 5천 원으로 체결된다.

1,000명의 비관론은 여전히 무력하다. 그들은 '너무 비싸'라고 생각하기 때문에 실제 거래에 참여하지 않는다. 가격을 결정하는 건 "지금, 이 가격에도 사겠다"라는 극소수의 낙관론자들이다. 비관론자들은 대부분 '팔 물건'이 없다. 그래서 그들의 의견은, 아무리 합리적이고 아무리 많아도, 가격에 반영되지 않는다.

호가창이 말해주는 진실

실제 주식 거래 화면의 호가창을 떠올려보자. 매수 호가와 매도 호가가 층층이 쌓인다. 가운데 현재가를 기준으로, 위로는 더 비싸게 팔겠다는 사람들이, 아래로는 더 싸게 사겠다는 사람들이 줄지어 서 있다.

거래가 체결되는 순간은 언제인가? 누군가 '지금 당장 사야겠다'라며 시장가 매수 버튼을 누르는 순간이다. 그 순간 가장 낮은 매도 호가부터 차례로 체결된다. 반대로 "지금 당장 팔아야겠다"라며 시장가 매도 버튼을 누르면, 가장 높은 매수 호가부터 체결된다.

주목할 점은 이거다. 호가창 아래쪽에 쌓인 수십만 주의 '낮은 가격 매수 호가'는 절대 체결되지 않는다. 그들이 아무리 많아도, 실제 거래 가격에는 영향을 주지 못한다. 실시간으로 변하는 '현재가'는 항상 '지금 당장 거래할 용의가 있는 극단' 사이에서만 형성된다. 시장이 99%의 합리적 의심을 무시하고, 오직 1%의 극단을 가격에 반영하는 이유가 여기에 있다.

당연한 반론이 나온다. "공매도 세력이 주식을 빌려서 팔면 가격이 내려가지 않나?"

맞다. 공매도는 '팔 주식이 없는' 비관론자들이 시장 참여를 할 수 있게 해주는 메커니즘이다. 주식을 빌려서 먼저 팔고, 나중에 주가가 떨어질 때 싸게 사서 빌린 주 수만큼 갚는 방식이다. 이론적으로는 비관론자들도 가격에 영향을 줄 수 있다.

그러나 공매도에는 치명적인 비대칭이 있다. 낙관론자는 무한정 기다릴 수 있다. 주식을 보유한 채 가만히 앉아 있으면 된다. 손실은 제한적이다(최악의 경우 투자 금액 전부). 그러나 이익은 무제한이다.

공매도 투자자는 무한정 기다릴 수 없다. 주식을 빌렸기 때문에 이자를 내야 하고, 언젠가는 갚아야 한다. 손실은 무제한이다(주가가 10배 오르면 10배 손실). 그러나 이익은 제한적이다(주가가 0이 되어도 100% 이익).

결과적으로 공매도는 단기적으로만 가격에 영향을 줄 수 있다. 장기적으로는 낙관론자들이 압도적으로 유리하다. 시간은 공매도 투자자의 적이지만, 낙관론자의 친구다.

왜 애널리스트 목표 주가는 자주 빗나가는가?

이제 왜 월가 애널리스트들의 목표 주가가 자주 빗나가는지 명확해
진다. 애널리스트들은 '중간값 투자자(Median Investor)'의 관점에서
가치를 평가한다. 합리적인 성장률, 적정 수준의 위험 프리미엄, 보
수적인 시나리오를 가정한다.

그러나 시장 가격은 '중간값'이 아니라 '극단'을 반영한다. 특히
미래에 대한 불확실성이 크고, 상상할 수 있는 시나리오의 스펙트럼
이 넓은 주식일수록 이 괴리는 극단적으로 벌어진다.

예를 들어. 어떤 AI 스타트업의 미래가치를 평가한다고 하자.

- 중간값 투자자의 가정: 향후 3년간 연 5% 성장, 적정 수준의 경쟁
  리스크, 기술 상용화에 5년 소요.
- 낙관적 소수의 가정: 향후 10년간 연 30% 성장, AI 시장 독점 가
  능성, 기술 상용화 2년 내 완료, 무한한 확장성.

애널리스트의 목표 주가는 전자를 기반으로 한다. 그러나 시장 가
격은 후자를 담고 있다. 애널리스트가 "고평가"라고 외쳐도 주가는
꿈쩍하지 않는다. 가격을 결정하는 건 애널리스트가 아니라 실제로
주식을 사고파는 '극단적 확신'을 가진 투자자들이기 때문이다.

그렇다면 모든 고평가는 정당한가? 여기서 위험한 결론으로 빠질
수 있다. "그렇다면 고평가 주식을 무조건 믿어야 하는가?" 당연히
아니다.

낙관적 소수도 영원히 보유하지는 않는다. 문제는 그들이 '언제'

       절대 실패하지 않는 **미국 주식 ETF 투자**

팔기 시작하는지를 예측하는 게 생각보다 훨씬 어렵다는 점이다. 99%의 비관론이 쌓여도 주가는 하락하지 않는다. 가격을 결정하는 그 소수 중 얼마나 많은 이들이 차익 실현을 하거나, "이 정도 올라왔으면 이제 쉬어갈 때가 왔구나" 싶어서 매도할 때 비로소 가격은 움직인다.

그들이 매도를 결정하는 이유는 다양하다. 때로는 극적이다. 기대했던 기술이 실패하거나, 경쟁자가 시장을 잠식하거나, 규제가 사업 모델을 막아설 때. 이런 치명적인 균열이 생기면 낙관적 소수는 동시에 손을 놓고, 가격은 폭포처럼 무너진다. 닷컴 버블, 2008년 금융위기, 수많은 '미래 기업'들의 몰락이 그랬다.

하지만 더 자주 일어나는 일인 '조정'은 평범하다. "충분히 올랐다", "이익을 확정하고 싶다", "다른 곳에 더 좋은 기회가 보인다". 이런 이유로 낙관적 소수의 일부가 조금씩 매도하기 시작하면, 주가는 조정을 받는다. 10~20% 빠지거나, 몇 달간 박스권에 갇히거나, 완만하게 내려간다. 폭락이 아니라 그냥 '쉬어가는' 것처럼 보인다.

그런데 메커니즘은 똑같다. 가격을 지지하던 낙관적 소수의 일부가 매도 쪽으로 돌아섰고, 그 공백을 채울 만큼의 새로운 낙관론자가 아직 유입되지 않았을 뿐이다.

우리는 어떻게 해야 하는가?

이제 우리 앞에 선택지가 놓인다. 시장의 가격 결정 메커니즘을 이해했다면, 우리는 무엇을 해야 하는가?

선택지는 사실 두 개다. 사거나, 사지 않거나.

첫 번째, 사지 않는다.

합리적인 밸류에이션을 따르고, 고평가된 주식을 멀리한다. 안전한 선택이다. 손실 위험은 적다. 그러나 기회비용이 크다. 시장이 '극단'을 가격에 매기는 동안, 그 주식이 2배, 3배 오르는 걸 밖에서 지켜본다.

두 번째, 산다.

미래에 대한 확신을 갖고, 고평가 논란에도 불구하고 매수한다. 낙관적 소수에 합류하는 것이다. 큰 수익의 가능성이 있다. 그러나 리스크도 크다.

그런데 여기서 중요한 질문이 생긴다. 어느 쪽을 선택해야 하는가? 현명한 투자자라면 이렇게 접근한다.

먼저, '언젠가 적정가로 돌아올 테니 기다릴 거야'라는 기대는 버려야 한다. 시장이 평균으로 수렴될 가능성은 작다. 가격은 항상 극단에 의해 결정된다. 이 사실을 받아들이면, 전략이 달라진다.

만약 테슬라처럼 고평가 논란이 있는 주식을 사기로 결정했다면, 당신은 '낙관적 소수'가 되는 것이다. 그렇다면 핵심 질문은 하나다.

이 낙관적 소수는 얼마나 오래 버틸까?

- 그들의 강세 논리는 무엇인가? (FSD? 로보틱스? AI 혁명?)

- 그 논리가 깨질 수 있는 결정적 시그널은 무엇인가? (기술 실패? 경쟁 심화? 규제?)

- 그들이 차익 실현을 시작할 시점은 언제일까? (목표가 도달? 다른 기회 출현?)

　　　　　　　　절대 실패하지 않는 **미국 주식 ETF 투자**

답을 알 수는 없다. 그러나 질문은 할 수 있다. 그리고 이 질문들에 대한 답이 흔들릴 때, 당신도 매도를 고려해야 한다. 낙관적 소수 중 상대적으로 덜 낙관적인 일부가 이탈하기 시작하면 가격은 내려간다.

반대로 사지 않는 걸로 결정했다면, 그 결정도 존중받아야 한다. 다만 한 가지는 분명히 해야 한다. 사지 않는 이유가 '고평가라서'가 아니라 '낙관적 소수의 논리를 믿지 못해서'여야 한다는 것이다.

'언젠가 적정가로 떨어질 거야'라는 막연한 기대로 기다린다면, 당신은 영원히 기다리게 될 수도 있다. 시장은 적정가를 찾아가지 않는다. 시장은 극단을 가격에 매긴다. 사지 않기로 했다면, 그 극단이 무너질 때를 기다려야 한다. 그게 언제인지는 아무도 모른다.

결국 답은 '비중'이다. 극단적 확신을 가진 투자자처럼 전 재산을 걸 필요는 없다. 그러나 완전히 외면할 필요도 없다. 당신이 그 낙관적 논리에 30% 정도 동의한다면? 100% 확신할 경우에 투자할 수 있는 금액의 30%만 배분하는 것이다. 테슬라에 1,000만 원을 투자할까 했는데, 100% 확신이 안 설 땐, 30%인 300만 원만 일단 들어가 보는 것이다.

중요한 건 '맞느냐 틀리느냐'가 아니다. '시장이 어떻게 작동하는지 이해하고, 그 안에서 내가 감당할 수 있는 리스크를 선택하는 것'이다. 시장은 극단의 게임이다. 그러나 당신의 포트폴리오까지 극단일 필요는 없다.

결국 기억해야 할 것

주가는 '모든 사람의 의견'이 아니라 '실제로 거래하는 극소수의 의견'으로 결정된다.

그래서 월가 애널리스트의 목표 주가는 자주 빗나간다. 그들은 '평균적 합리성'을 계산하지만, 시장은 '극단적 확신'을 가격에 매기기 때문이다.

좋은 기업의 주가가 내리는 이유도, 나쁜 뉴스에도 주가가 오르는 이유도 여기에 있다. 가격을 지지하던 낙관적 소수가 손을 놓으면 내리고, 그들이 계속 보유하면 오른다. 다수의 합리적 우려는 가격에 반영되지 않는다.

'언젠가 적정가로 돌아올 거야'라는 막연한 기대는 작동하지 않는다. 시장은 적정가를 찾아가지 않는다. 시장은 극단을 가격에 매긴다. 이 메커니즘을 이해하고 나면, 적어도 우리가 지금 어떤 게임을 하고 있는지는 알 수 있다.

05

대부분 주식시장은
개미들이 사고파는 걸까?

밤 11시 30분, 미국 장이 열린다. 화면엔 녹색불과 빨간불이 깜빡인다. 누군가 사고, 누군가 판다. 아니, 파는 사람이 있어야 사는 사람이 있으니 '팔고 사는' 것이다. '대부분 나처럼 스마트폰으로 이 화면을 바라보고 있겠지?' 그런데 그게 아니다.

우리는 주식시장을 '개인들의 경연장'처럼 상상한다. 열심히 공부한 투자자가 좀 더 현명한 선택을 하고, 감정적인 투자자가 손실을 보는 구조. 마치 실력으로 승부하는 게임처럼. 그런데 실제론 완전히 다르다. 미국 주식시장의 70~80%는 기관 투자자들이다. 뱅가드, 블랙록, 각국의 연기금, 헤지펀드들. 개인투자자는 약 20~30%쯤 된다.

S&P500에 속한 평균적인 주식을 보면 소매 투자자 지분은 5% 안팎이다. 개인투자자들이 더 좋아하는 나스닥도 평균 10% 정도다. 나머지는 전부 기관이 쥐고 있다는 얘기다. 우리가 매일 밤 스마트폰으로 사고파는 그 주식들, 사실은 거대한 자금을 운용하는 법인들

이 이미 대부분을 소유하고 있는 거다. 그럼 우리는 뭘 사고파는 걸까? 그들이 남긴 자투리를 나눠 갖는 셈이다.

그렇다면 기관 투자자란 누구인가? 개인 자산이 아니라 고객의 돈을 맡아서 운용하는 전문 집단이다. 뮤추얼 펀드, 연기금, 보험사, 투자은행. 이들은 수십억 달러, 수백억 달러를 굴린다. 짧게 수익을 노리는 개인투자자와 달리, 대체로 이들은 중장기로 투자한다. 시장이 흔들려도 쉽게 팔지 않는다. 개인과는 달리 규제도 받고, 보고 의무도 있다. 그래서 그나마 시장이 안정적으로 돌아간다. 개인투자자 비중이 높은 종목일수록 변동성은 더 크다. 테슬라와 엔비디아가 그렇다. 주가가 많이 오르지 않고 배당 위주로 주는 종목들은 개인의 비율이 높지 않다. 그래서 변동성도 작다.

빅테크, 누가 얼마나 쥐고 있나?

미국 시가총액 상위 기업들을 하나하나 살펴보자. 먼저, 애플은 소매 투자자 비율이 35% 정도 된다. 기관이 64%를 쥐고 있다. 뱅가드가 9.58%, 블랙록이 7.77%. 두 곳만 합쳐도 거의 17%다. 애플 같은 안정적인 기업도 이 정도다. 엔비디아는 어떨까? 소매 비율이 30% 쯤 되고, 기관이 69%를 차지한다. AI 붐으로 기관 자금이 몰렸다. 알파벳도 비슷하다. 소매 32%, 기관 81%. 검색과 광고라는 안정적 수익 모델 덕분에 기관들이 꾸준히 사 모은 거다. 그럼, 테슬라는? 소매 비율이 무려 41%나 되고, 기관은 49%밖에 안 된다. 시가총액 상위 20개 기업 중에서 기관 보유 비율이 가장 낮다. 그래서 변동성이 크다. 개인투자자들의 감정이 주가에 직접 반영되니까. 테슬라 주가가 하루에 5~10%씩 움직이는 날이 많은 이유가 여기 있다.

그럼, ETF는 좀 다를까?

SPY나 VOO, 즉 S&P500 추종 ETF를 보면 기관이 한 64%, 소매가 36% 정도다. 생각보다 소매 비율이 높다. 왜일까? 이는 개인투자자에게 널리 알려진 ETF의 기본이라고 할 수 있으니. 대중적으로 인기가 좋을 수밖에 없다. 한 번에 미국 500대 우량기업을 다 사는 셈이라, 다각화도 되고 안전하다는 인식이 있다. SPY, VOO보다 더 대중적인 나스닥 기술 성장주 ETF인 QQQ는 소매 비율이 무려 55%쯤 된다. 기관은 45%. 기술 성장주에 대한 개인들의 열망이 그만큼 크다는 얘기다. 그런데 문제는, 소매 비율이 높으면 변동성도 커지니, 감정적 매도가 한꺼번에 몰리면 주가가 급락한다. 기관은 천천히 움직이지만, 개인은 빠르게 반응한다.

그러고 보면 테슬라의 소매 투자자 비율 41%는 엄청나게 높은 비율이다. 기술주 중에서 압도적으로 높고 아주 대중적인 ETF인 SPY, VOO보다 높고 QQQ 보다 조금 낮은 정도다. 왜 그럴까? 생각해 보면 답이 나온다. 일론 머스크라는 존재 때문이다. 그는 단순한 CEO가 아니라, 일종의 상징이다. 미래를 향한 도전, 기술 혁신, 전기차와 우주. 이런 테마들이 개인투자자들의 상상력을 자극한다. 그런데 그게 양날의 검이다. 개인 비율이 높다는 건, 감정에 따라 주가가 크게 흔들린다는 뜻이니까. 실제로 테슬라 주가는 매우 변동성이 크다. 하루에 3~8%씩 움직이는 날도 흔하다.

그런데 여기서 한 가지 더 흥미로운 사실이 있다. 미국 시가총액 상위 20위 기업들을 들여다보면, 기관 투자자들이 정확히 어떤 기업을 선호하는지 보인다. 최근 시가총액 최상위권인 엔비디아는 기관 보유 비율이 69%, 마이크로소프트는 74%. 애플은 64% 정도다. 그런데 시가총액 상위 20개 기업 중에서 기관들이 가장 좋아하는 기업들을 뽑아보면 의외의 이름들이 나온다는 거다.

기관 비중이 제일 높은 1위는 우리에게 신용카드로는 익숙하지만, 투자할 기업으로는 거의 생각하지 않는 비자(Visa)다. 기관 보유 비율이 무려 90.21%나 된다. 거의 개인투자자가 없다는 얘기다. 왜일까? 결제 네트워크라는 사업 모델이 엄청나게 안정적이기 때문이다. 사람들이 카드를 쓸 때마다 비자는 수수료를 받는다. 경기가 좋든 나쁘든, 사람들은 신용카드 사용을 크게 줄이지 않고 쓴다. 그 흐름이 끊기지 않는다. 기관들이 이런 확실성을 좋아한다.

2위는 유나이티드 헬스(UnitedHealth Group). 기관 보유 86.04%. 헬스케어 섹터의 거인이다. 미국 의료 시스템이 복잡하고 비싸다는 건 다들 안다. 그런데 그 복잡함 속에서 유나헬은 안정적으로 수익을 낸다. 연기금들이 특히 좋아하는 스타일이다. 장기적으로 꾸준하니까.

3위는 일라이 릴리(Eli Lilly). 기관이 83.43% 보유하고 있는 제약 회사다. 한두 번 들어본 적 있는 당뇨병 치료제 '마운자로', 비만 치료제 '젭바운드'로 최근 엄청난 성장을 했다(우리에게는 더 친숙한 '위고비' 제약사인 노보 노디스크보다 큰 제약회사다). 그런데 제약이라는 업종 자체가 개인보다는 기관한테 매력적이다. 신약 개발은 시간이 오래 걸리지만, 특허로 보호받으니, 수익성이 높다. 헬스케어는 늘 수요가 있다. 사람들은 늙고, 아프고, 치료받는다. 그 수요는 절대 사라지지 않는다.

4위는 알파벳. 80.91%. 검색 엔진의 지배자다. 구글이 얼마나 강력한지는 설명이 필요 없다. 광고 수익 모델이 워낙 탄탄하니까, 기관들이 안심하고 산다. 개인들도 구글 제품과 서비스는 많이 쓰지만, 투자 세계에서는 개인투자자보다는 기관 투자자에게 선호도가 높다.

5위는 메타. 기관 비중이 79.58%나 된다. 페이스북, 인스타그램, 왓츠앱. 소셜 미디어의 제국이다. 한때 개인정보 문제로 흔들렸지만, 결국 수익성은 유지했다. 헤지펀드들이 좋아하는 종목이다. 우리가 그렇게 많이 인스타그램과 페이스북은 쓰지만 투자 세계에서는 기관 투자자들이 더 좋아하는 회사다.

6위는 브로드컴(Broadcom). 기관 투자자가 79.40%. 반도체 회사인데, AI 붐 덕분에 기관 자금이 몰리고 있다. 엔비디아만큼 화려하진 않지만, 꾸준한 성장세를 보인다.

7위는 마이크로소프트. 74.54%. 우리에게는 엑셀, 워드로 유명하지만, 투자 세계에서는 클라우드서비스 때문에 매력적이다. 마이크로소프트의 클라우드 서비스인 애저(Azure)가 성장하면서 뮤추얼펀드들이 계속 사 모으고 있다.

8위는 존슨앤존슨(Johnson & Johnson). 74.32%. 우리에겐 클린 앤 클리어, 존슨즈베이비 로션으로 유명한 소비재 기업으로 알려졌지만, 사실은 헬스케어 안정주다. 배당도 꾸준히 준다. 기관들이 좋아하는 전형적인 스타일이다. 코카콜라처럼 꾸준한 매출과 안정적인 이익이 있는 회사.

9위는 JP모건 체이스(JPMorgan Chase). 74.12%. 금융 섹터에서 제일 큰 기업이다. 점유율이 20% 정도 되니, 한국의 국민은행 정도의 1위 은행 점유율을 미국에서 보인다. 은행주는 경기 민감하지만, JP모건은 워낙 크고 안정적이라 기관들이 믿는다.

10위는 홈 디포(Home Depot). 73.36%. 건축/인테리어 용품을 판매한다. 우리는 가정에서 직접 집을 수리하거나 인테리어를 하는 DIY가 유행하지 않아서 이런 기업 중에 큰 기업이 없는데, 건축/인테리어 제품만 있는 이케아라고 보면 된다. 주택 시장이 회복되면서 소매 기관 투자가 늘었다. 미국에서는 집을 고치고 꾸미는 수요는 사라지지 않으니까.

기관들의 선택에서 보이는 패턴

Top 10을 보면 패턴이 보인다. 기관들은 '확실히 꾸준한 수익'을 좋아한다. 경기가 나빠도 버티고, 항상 일정하게 매출과 이익을 영위할 수 있는 기업. 불경기일 때도 사람들은 아프면 병원 가고, 카드를 쓰고, 검색한다. 그 수요가 조금 줄기는 하지만 크게 줄 수 없다. 기관들은 그 끊기지 않는 흐름에 돈을 건다. 왜냐하면 기관은 자기 개인 돈을 불리기 위해서가 아니다. 돈을 맡긴 고객들의 돈을 불려줘야 하고, 그 성과를 분기/반기/연간 보고하고 평가받아야 한다. 그래야 내년에 또 고객들을 유치할 수 있다. 고객 돈으로 모험할 수는 없으니까.

반대로 테슬라는? 기관 보유가 49%밖에 안 된다. 상위 20개 중 거의 꼴찌 수준이다. 이런 기업을 왜 기관들이 덜 좋아할까? 당연히 변동성이 크고, 당장 이번 분기, 올해 일어날 장미빛 미래가 아니기 때문이다. 고객 돈을 당장 불려줘야 하는 현실적인 기관투자자들에게는 이번 분기에, 올해 말에 주가가 어떻게 될지 너무 불확실한 기업이다. 테슬라는 혁신적이지만, 내 돈을 가지고 5~10년 기다릴 수 있는 개인에게만 매력적이다. 기관에 이번 분기, 올해 내 성과에 불확실성만 더하는 종목이라고 볼 수밖에 없다.

그래서 우리는 어떻게 투자해야 할까?

그럼, 이 숫자들이 우리한테 뭘 말해주는 걸까? 테슬라처럼 5~10년 후를 내다보며 주가 변동이 큰 종목보다는 매년 꾸준한 수익, 변동성이 낮은 안정적인 투자를 원한다면 기관처럼 투자하면 된다는 얘기다. 확실한 것에 투자하고, 오래 들고 있고, 감정을 배제한다. 이런 종목을 많이 담고 있는 ETF가 바로 VOO, SPY, IVV이다. 한국증권사에는 'TIGER 미국 S&P500' 같은 ETF가 있다. 안정적인 투자를 원하는 이들이 많이 담고 있는 이유가 있다.

그런데 한 가지 조심할 점이 있다. 기관 보유 비율이 높다고 해서 무조건 안전한 건 아니다. 기관들도 팔 때는 팔아버린다. 2022년 인플레이션 쇼크 때 기관들이 가장 먼저 팔았던 주식들이 뭐였을까? 바로 이런 안정주들이었다. 2022년에 그 안정적인 VOO ETF도 30% 가까이 빠졌다. 기관들은 그걸 안다. 그래서 다른 기관들이 매도하기 전에 먼저 매도하기 위해서 빠르게 움직인다.

그래서 결국엔 이런 얘기가 된다. 기관 보유 비율은 하나의 지표일 뿐이다. 절대적인 기준이 아니다. 비자가 90% 기관 보유라고 해서 무조건 사야 하는 건 아니다. 테슬라가 49%라고 해서 무조건 피해야 하는 것도 아니다. 중요한 건, 그 숫자 뒤에 있는 이유를 이해하는 거다. 왜 기관들이 이 주식을 좋아할까? 왜 저 주식은 안 좋아할까? 그 이유를 알면, 우리도 더 나은 선택을 할 수 있다.

개인투자자가 늘어나면 시장은 흔들린다

최근에 소매 투자자들의 일일 거래량 비중이 30%를 넘어섰다. 10년 전의 두 배 수준이다. 특히 옵션 시장에선 소매 참여율이 55%까지 치솟았다. 역대 최고치다. 한 금융기관 연구에 따르면 옵션거래를 하는 개인투자자의 93%가 손실을 본다고 한다. 평균 손실액이 3년간 320만 원. 돈을 번 개인은 전체의 1%뿐이다. 기관은 알고리즘으로 거래하고, 개인은 감정으로 거래한다. 1%만이 돈을 버는 시장에 이렇게 많은 개인이 뛰어들다니 놀랍다. 그리고 개인의 일일 거래량이 늘었다고 소유 비율까지 늘어난 건 아니다. 여전히 주식의 70~80%는 기관이 쥐고 있다. 개인들은 더 자주 사고팔 뿐, 시장을 지배하진 못한다. 이렇게 거래에서 소매 비율이 높아지면 시장이 불안해진다. 개인의 포모와 공포라는 감정이 더 많이 지배하게 된다. 그래서 개인투자자는 더 조심해야 할 때다. 남들이 열광할 때, 우리는 차분해야 한다. 남들이 공포에 떨 때, 우리는 담담해야 한다.

주식시장은 나 같은 개인들의 경연장이 아니라, 기관들의 일터이자 전장이다. 우리는 그 일터인 전장에 초대받아 유동성을 공급해 주는 손님이다. 편안하게 대접받는 고객님이 될 수 있는데, 굳이 내 돈 써가면서 찬밥 신세가 되는 '호갱님'이 되지는 말자.

06

채권시장이 주식시장보다 거대한, 의외의 이유

2022년 가을, 런던의 한 연기금 매니저는 자신이 보유한 영국 국채를 바라보며 난감했을 것이다. 정부가 발행한 채권, 그러니까 세상에서 가장 안전하다던 자산의 가격이 하루 사이 10%씩 무너지고 있었다. 마진콜(추가 담보 요구, 불응 시 강제 청산)이 쏟아졌고, 결국 그는 '울며 겨자 먹기'로 헐값에 채권을 팔아야 했다. 당연하게도 더 많이 팔수록 가격은 더 하락했다. 영국 중앙은행이 긴급 개입하기 전까지 연기금들은 무려 850조 원쯤 되는 돈을 잃었다. 안전자산이라던 채권이 도망갈 곳 없는 함정이 되는 순간이었다.

그 순간에도 전 세계 채권시장은 주식시장보다 훨씬 컸다는 점이다. 글로벌 채권시장은 145조 달러, 주식시장은 127조 달러. 채권이 대략 1.14배 정도 크다. 미국만 보면 이제 주식이 62조 달러로 채권 58조 달러를 넘어섰지만, 세계 전체로는 여전히 채권이 더 크다. 왜일까? 의외로 그 대답은 복잡하고, 그 안에 우리가 투자를 바라보는 방식 전체가 들어있다.

정부는 빚으로 움직인다는, 불편한 진실

채권시장이 거대한 가장 직접적인 이유는 간단하다. 정부가 엄청나게 많이 빌리기 때문이다. 2024년 기준 전 세계 정부 채무는 87조 달러를 넘는다. 미국 재무부 채권만 해도 28조 달러. 미국의 모든 기업 회사채를 합친 것보다 2.5배 많다.

정부는 주식을 발행할 수가 없다. 주주가 있는 조직이 아니니까. 그러니 돈이 필요하면 세금을 더 걷거나, 돈을 찍거나, 빚을 내야 한다. 세금은 정치적으로 부담스럽고, 돈을 찍으면 인플레이션이 온다. 결국 채권을 발행한다.

역사를 보면 이 패턴은 꽤 오래됐다. 1262년 베네치아가 전쟁 비용을 마련하기 위해 발행한 프레스티티라는 채권이 있었다. 만기가 없는 영구채였고, 시장에서 자유롭게 거래됐다. 베네치아가 전쟁에서 이기면 가격이 올랐고, 지면 떨어졌다. 제노바와의 전쟁 중엔 액면가의 20% 수준까지 폭락했다. 그런데 무려 500년 넘게 이 시스템이 돌아갔다.

1차 세계대전 때 미국 정부가 전쟁 비용을 마련하기 위해 국민에게 판매한 국채인 '리버티 본드'도 비슷하다. 4번의 채권 발행으로 220억 달러, 지금 가치로 5조 달러쯤 되는 돈을 끌어모았다. 8,500만 명이 넘는 미국인이 채권을 샀다. 당시 성인 인구의 3분의 1이 넘는다. 전쟁은 끝났지만 빚은 남았고, 그게 지금까지 현대 미국 국채 시장의 기반이 됐다.

기업도 채권을 더 좋아한다는, 불편한 사실

정부만 그런 게 아니다. 기업들도 자금을 조달할 때 주식보다 채권을 선호한다. 이걸 경영학에선 '페킹 오더 이론(Pecking Order Theory)'이라고 부른다. 자금조달에 우선순위가 있다는 것인데, 채산성 때문이다. 채권 이자는 세금 공제가 된다. 기업이 연 5% 이자를 내도 법인세율이 25%라면 실질 비용은 3.75% 정도다. 그런데 주식은 다르다. 배당은 세금 공제가 안 되고, 주주들은 훨씬 높은 수익을 원한다. 보통 15~25% 정도. 게다가 주주는 회사 경영에도 목소리를 낸다. 경영진에선 채권보다 주식이 더 부담스럽다.

숫자를 보면 명확하다. 미국 시장에 상장된 주식은 8,000개 정도다. 그런데 미국 기업이 발행한 회사채는 51만 개가 넘는다. 64배 차이다. 한 회사가 여러 종류의 채권을 발행할 수 있으니까. 애플 같은 회사도 수십 종류의 채권 시리즈를 발행했다.

사실은 채권은 만기가 있다는 게 중요하다. 10년짜리 채권은 10년 후 갚아야 한다. 그럼, 회사는 또 채권을 발행한다. 이 사이클이 반복된다. 그런데 주식은 한번 발행하면 영원히 남는다. 그러니 채권은 계속 새로 생기고, 주식은 그대로다. 시간이 지나면서 채권 잔액이 주식보다 많아질 수밖에 없다.

연기금과 보험사가 채권 없이 못 사는 이유

그런데 여기 더 중요한 이유가 하나 더 있다. 투자 기술적인 내용인데, 사실은 이게 핵심이다. 연기금과 보험사는 채권을 사야만 한다. 개인투자자처럼 선택사항이 아니라 의무에 가깝다.

연기금을 생각해 보자. 지금 30살인 사람이 65살에 은퇴하면 그때부터 매달 연금을 받는다. 35년 뒤의 일이다. 연기금 입장에선 이게 빚이다. 언젠가 꼭 갚아야 할 돈이다. 그런데 문제가 하나 있다. 금리가 움직이면 이 빚의 크기가 바뀐다는 거다.

예를 들어보자. 30년 후에 그들에게 100억 원을 줘야 한다고. 금리가 5%면 지금 23억 원만 준비하면 된다. 복리로 30년을 굴리면 100억 원이 된다. 그런데 금리가 2%로 떨어지면? 지금 55억 원을 준비해야 한다. 이자가 적게 붙으니까, 시작점이 높아야 하는 것이다. 금리가 떨어졌을 뿐인데, 연기금 입장에선 부담이 두 배 넘게 커진 셈이다. 그래서 연기금은 빚이랑 똑같이 움직이는 자산을 산다. 채권이 딱 그렇다. 금리가 떨어지면 채권 가격이 오르는 속성이 있다. 빚은 커지지만, 자산도 같이 커지니까 서로 상쇄된다.

주식은 왜 안 될까? 금리랑 따로 놀기 때문이다. 금리가 내려도 주가가 오를 수도 있고, 내릴 수도 있고, 아무도 모른다. 빚은 커지는데 자산은 제멋대로 움직이면? 연기금 입장에선 불안해서 운용하기가 어렵다. 그러니 연기금은 구조적으로 채권을 많이 살 수밖에 없다. 미국 최대 공적 연기금인 칼퍼스는 2024년 기준 자산의 29%, 약 1,460억 달러 정도가 채권이다.

보험사는 더 심하다. 미국 생명보험사는 자산의 80%를 채권에 투자한다. 종신보험이나 연금보험은 위에서 설명한 연기금처럼 20~30년 뒤에 정해진 금액을 지급하겠다고 약속하는 상품이다. 이 약속을 지키려면 미래 현금흐름이 확실한 자산이 필요하다. 그 자산이 바로 채권이다.

게다가 규제도 채권을 선호하게 만든다. 유럽의 솔벤시 II(Solvency II) 규제를 보면, 정부 채권에는 자기자본 부담이 0%다. 그런데 주식에는 39~49%의 자본을 쌓아야 한다. 그러니 보험사는 되도록 채권을 산다. 경제적으로 합리적이다.

정리하면 이렇다. 연기금, 보험사, 은행. 이 세 부류가 글로벌 채권시장의 약 90%를 들고 있다. 개인투자자는 10% 정도밖에 안 된다. 기관들은 규제와 부채 구조 때문에 채권을 사야 한다. 선택이 아니다. 이 구조적 수요가 채권시장을 145조 달러 규모로 키웠다.

그런데 이 거대하고 안정적이던 채권시장이 2022년에 무너졌다. 2022년은 주식시장도 무너졌지만, 주식과는 다른 방향으로 가야 할 채권시장도 무사하지 못했다. 블룸버그 미국 종합 채권지수는 2022년 한 해 동안 13% 하락했다. 1976년 이 지수가 만들어진 이래 최악의 성적이다. 글로벌 채권시장 전체로는 2조 6,000억 달러어치 가치가 증발했다. 2008년 금융위기 때보다 더 많은 돈이 사라졌다.

그해 주식은 더 심각했는데 S&P500은 24% 빠졌다. 비교적 안전한 포트폴리오로 알려진 주식 60%, 채권 40% 포트폴리오가 무려 20% 가까이 손실을 냈다. 채권이 주식 손실을 완충해 줄 거라던 믿음이 깨진 순간이었다.

왜 그랬을까? 인플레이션 때문이다. 2022년 6월, 미국 소비자물가지수가 9.1%까지 치솟았다. 40년 만의 최고치였다. 연준은 2022년 3월부터 2023년 7월까지 11번 연속 금리를 올렸다. 총 5.25%포인트. 거의 0%에서 5.5%까지. 40년 만에 가장 빠르고 강력한 긴축이었다. 인류 역사상 앞으로 이런 일이 있을까 싶은 드라마틱한 변화였다.

영국은 미국보다 더 심했다. 2022년 9월, 영국 정부가 대규모 감세안을 발표했다. 재원 마련 계획은 없었다. 시장이 패닉에 빠졌다. 30년 만기 영국 국채 금리가 며칠 사이 80bp(0.8% 포인트) 급등했다. 가격으로 환산하면 20~30% 폭락이다.

문제는 영국 연기금들이 레버리지를 쓰고 있었다는 점이다. 채권을 담보로 돈을 빌려서 채권을 더 사는 방식이었다. 가격이 급락하자 담보가치가 떨어졌고, 증권사들이 마진콜을 걸었다. 연기금들은 채권을 팔아서 현금을 마련해야 했다. 파니까 가격이 더 하락했고, 그럼, 또 마진콜이 들어왔다. 악순환이었다. 영국 중앙은행이 9월 28일 긴급 개입했다. 193억 파운드를 투입해 국채를 사들였다. 그제야 시장이 진정됐다.

그때 미국에선 실리콘밸리은행(SVB)이 무너졌다. 2023년 3월의 일이다. SVB는 예금을 받아서 장기 국채와 주택저당증권에 투자했다. 2020~2021년 금리가 낮을 때 산 채권들이었다. 문제는 2022년 금리가 급등하면서 이 채권들 가격이 폭락한 거다. 1,170억 달러 규모의 채권 포트폴리오에서 177억 달러의 미실현 손실이 쌓였다.

SVB가 망한 이유는 간단하다. 채권은 금리와 가격이 반대로 움직인다. 시중 금리가 오르면 이미 발행된 채권의 매력이 떨어지니까 가격이 내려간다. 금리 1.5%일 때 산 10년 만기 채권을 금리 4.5%일 때 팔려니까 25~30% 손해를 봐야 했다. "안전자산인 채권은 만기까지 들고 있으면 안전하다"라던 말이 거짓이 된 순간이었다. 유동성 필요로 팔아야 하면 손실은 피할 수 없다.

그래서 우리는 어떻게 해야 할까?

채권시장이 주식시장보다 크다는 사실은 단순한 통계가 아니다. 그 안에는 정부의 작동 방식, 기업의 자금조달 선호, 기관 투자자들의 구조적 제약이 모두 녹아 있다. 145조 달러라는 숫자는 인류가 불확실성을 관리하는 방식의 총합이다.

그런데 2022년은 우리에게 뭔가 다른 걸 보여줬다. 안전하다던 채권이 주식만큼 폭락할 수 있다는 것. 분산 투자가 항상 작동하지 않는다는 것. 레버리지가 안전자산을 위험자산으로 바꿀 수 있다는 것.

사실은 여기서 중요한 건 예측이 아니다. 금리가 오를지 내릴지, 채권을 살지 말지 타이밍을 재는 게 아니다. 모닝스타 데이터를 보면 채권펀드 투자자들의 실제 수익률은 펀드 자체 수익률의 절반밖에 안 됐다. 타이밍을 재다가 기회비용만 늘린 셈이다.

채권시장이 크다는 건, 많은 사람들이 미래의 확실성을 사려 한다는 뜻이다. 개인투자자도 비슷하다. 변동성이 싫고, 확실한 게 좋은 투자자는 채권 비중을 높인다. 하지만 확실성을 추구하는 순간, 우리는 다른 위험을 떠안는다. 채권은 주가 변동 위험을 줄여주지만 2022년처럼 금리 위험과 인플레이션 위험을 준다. 주식은 변동성이 크지만, 장기적으론 인플레이션을 이긴다.

그렇다면 우리 개인투자자가 할 수 있는 건 뭘까? 시장을 예측하려는 환상을 버리는 것. 채권이 안전하다거나, 주식이 위험하다거나, 지금이 사기 좋은 타이밍이라거나 하는 이야기를 믿지 않는 것. 채권시장에 대해서 잘 모르면서 '안전한 포트폴리오에는 채권을 20% 이상 가지고 가야 한다'라는 말만 믿고 채권 ETF를 샀다가 가격이

     절대 실패하지 않는 **미국 주식 ETF 투자**

하락하면 왜 떨어지는지도 모르고 결국 손해 보면서 팔지 않기. 대신 꾸준히, 기계적으로, 감정을 빼고 주식을 꾸준히 분할 매수하는 것이 할 수 있는 유일한 방법 아닐까?

어디에
투자할 것인가?
- 종목 선정 -

07

미국 시가총액 TOP 리스트가 정답이다

우리는 투자를 너무 어렵게 만든다. 기업 분석 리포트를 읽고, 실적 발표를 듣고, 차트를 들여다보고, 유튜브에서 '숨은 보석 주'를 찾는다. 그런데 이게 정말 필요한 일일까? 아니, 솔직히 말하면 이게 정말 효과가 있는 일일까?

시장은 이미 답을 보여주고 있다. 매일, 매 순간, 실시간으로. 그 답은 복잡한 재무제표 속이 아니라 우리 눈앞에 놓여 있다. 바로 시가총액 TOP 리스트다.

영원한 챔피언은 없다는 잔인한 진실

시가총액 1위부터의 명단. 이게 뭘 의미하는지 생각해 본 적 있나? 이건 단순한 순위표가 아니다. 전 세계 수억 명의 투자자가, 수조 달러의 자본을 가지고, 매 순간 내리는 판단의 집약이다.

엔비디아가 1위라는 건, 시장이 '지금 엔비디아가 가장 강력한 부의 창출 기계'라고 매일 투표하고 있다는 뜻이다. 테슬라가 TOP 10에 들어왔다는 건, 시장이 테슬라는 이제 전기차 제조사가 아니라 AI 로봇 회사라고 수조 달러를 걸어 인정했다는 얘기다.

생각해 보면 참 묘한 일이다. 우리는 혼자 앉아서 기업을 평가하려 하지만, 시장은 이미 수백만 명의 전문가와 기관, 알고리즘이 24시간 평가한 결과를 실시간으로 보여주고 있다. 이 숫자가 제일 확실한 결과 아닌가?

그런데 문제는 '그럼, 지금 TOP 10 기업 10개 사서 10년 묻어두면 되겠네?'라는 생각. 아니다. 그게 함정이다.

2000년 시가총액 TOP 10을 보자. 제너럴 일렉트릭(GE), 시스코, 인텔, 루슨트 테크놀로지 등 지금은 어떤가? GE는 쪼개졌고, 시스코는 TOP 10에서 한참 밀려났다. 루슨트(NYSE: LU)는 이름조차 기억하는 사람이 드물다.

2010년은? 엑손모빌이 1위였다. 지금은 TOP 10 밖이다. 페이스북(지금의 메타)은 아예 상장 전이었다.

시장은 잔인하다. 어제의 왕이 오늘의 평민이 되고, 어제의 신생기업이 오늘의 제왕이 된다. 이게 자본주의의 본질이다. 창조적 파괴. 끊임없는 교체.

그래서 우리가 해야 할 일은 '지금의 TOP 10을 영원히 믿기'가 아니라, '항상 TOP 10 순위에 투자하기'다. 명단이 바뀌면 우리도 따라 바뀌면 된다.

숨아내기의 고통, 갈아타기의 두려움

숨아내기라는 게 말은 쉽다. 그런데 실제로 해보면? 내가 5년 동안 정들었던 인텔을 팔고, 주가가 10배 오른 엔비디아를 사는 게 쉬울까? 머리로는 안다. 시장이 엔비디아를 선택했다는 걸. 그런데 마음이 따라가질 않는다. "지금 사면 고점이잖아." "인텔도 다시 오르겠지."

행동경제학에선 이걸 '보유 효과(Endowment Effect)'라고 부른다. 내가 가진 건 과대평가하고, 새로운 건 과소평가한다. 그래서 오래된 챔피언을 붙들고, 새 챔피언을 놓친다.

반대로 '확증 편향(Confirmation Bias)'도 작동한다. "엔비디아는 너무 거품이야"라고 믿으면, "애플은 AI 시대에 뒤처지겠네"라고 자꾸 들으면, "테슬라가 로봇 회사가 되겠어?"라고 의심하면, 그 생각을 뒷받침하는 뉴스만 눈에 들어온다. 시장의 압도적인 자본 이동은 무시한다.

결국 우리는 이론적으론 옳은 전략을 알면서도, 감정 때문에 실행하지 못한다. 그게 인간이다.

ETF라는 완벽한 자동화 장치

그래서 ETF가 있는 거다. ETF의 가장 큰 장점은 뭘까? 수수료가 싸다? 분산 투자가 된다? 맞다. 그런데 진짜 핵심은 따로 있다.

ETF는 감정 없이 갈아탄다. TIGER 미국테크TOP 10 같은 ETF를 보자. 이 ETF는 시가총액 TOP 10 기술주에 자동으로 투자한다. 인텔이 밀려나고 엔비디아가 올라오면? ETF 운용사가 알아서 리밸런싱한다. 내가 고민할 필요 없다. 판단할 필요도 없다. 감정이 끼어

절대 실패하지 않는 **미국 주식 ETF 투자**

들 틈도 없다. 분기마다, 혹은 반기마다, 기계적으로 명단을 업데이트한다. 오래된 챔피언은 퇴출하고, 새 챔피언에 편입한다. 이게 자동으로 돌아간다.

생각해 보면 이건 놀라운 장치다. 시장의 집단 지성을 따라가되, 인간의 감정적 실수는 피한다. 예측하지 않고, 집착하지 않는다. 그냥 지금 시장이 가장 강하다고 인정한 기업들에 묵묵히 투자한다.

미국 TOP 리스트 전략을 실행하는 ETF가 이미 여러 개 나와 있다. DC나 IRP, ISA 계좌를 위한 세제 혜택이 되는 국내 상장 미국 ETF가 더 상품성이 좋다. 우리나라 증권사들 역시 ETF를 다룰 줄 안다. 증권사마다 시가총액 TOP 10 전략을 실행하는 ETF를 경쟁적으로 잘 내놨다.

- **TIGER 미국테크TOP 10 INDXX**

  미국 기술주 시가총액 상위 10개 기업에 집중해서 투자한다. 애플, 마이크로소프트, 엔비디아, 구글, 아마존 등 지금 시장이 가장 믿는 기업들이다.

- **KODEX 미국AI빅테크TOP 10**

  이름 그대로 AI 시대의 빅테크 TOP 10에 투자한다. 버크셔 해서웨이가 밀려나고 월마트가 올라오면? 자동으로 조정된다. 우리가 판단할 필요 없다.

- **TIMEFOLIO 미국나스닥100액티브**

  나스닥100 전체를 담되, 더 공격적으로 빅테크 비중을 높인다. 시장의 중심을 따라가면서도, 그 중심의 핵심에 더 집중한다.

일반 증권 계좌에서 투자한다면?

미국 직상장 ETF를 직접 살 수 있다. 한국형 미국 ETF와 비슷하지만 수수료가 대체로 더 싼 편이다. 세금 문제를 잘 따져보고 굳이 미국 직상장 ETF가 유리하다면 아래의 것을 선택할 수 있다. 하지만 역시 한국 증권회사에서 만든 미국 ETF가 더 다양하다.

- **Invesco QQQ(QQQ)**

  나스닥100을 추종하는 가장 유명한 ETF다. 운용 자산이 무려 3,000억 달러가 넘는다. 유동성이 좋고, 수수료도 연 0.2%로 낮다. 빅테크 비중이 한 60% 정도 된다.

- **Technology Select Sector SPDR Fund(XLK)**

  S&P500 중에서 기술주만 모았다. QQQ보다 좀 더 대형주 비중이 높다. 애플, 마이크로소프트, 엔비디아 같은 거대 기업들 위주다. 수수료는 연 0.09%로 훨씬 싸다.

- **iShares U.S. Technology ETF(IYW)**

  미국 기술주 전체를 담는다. XLK보다 종목 수가 많다. 한 140개쯤? 대형주부터 중형주까지 폭넓게 커버한다. 수수료는 연 0.39%로 좀 높은 편이지만, 분산은 더 잘 된다.

- **Wedbush IVES AI ETF(IVES)**

  AI 테마에 집중한 ETF다. 테슬라와 엔비디아 강세론자인 웨드부시의 유명 애널리스트 댄 아이브스가 운용하는 ETF다. 2025년 6월에 상장한 신생이지만 자금 유입은 꽤 빠른 편이다. 종목 수는 한 30개 정도로, 마이크로소프트, 엔비디아, 애플, 구글, 아마존,

절대 실패하지 않는 **미국 주식 ETF 투자**

테슬라 같은 빅테크가 상위권을 차지한다. 초대형주인 메가캡 비중이 90% 넘으니까 정말로 미국 시가총액 TOP 10이 살아있는 대형 성장주 중심이다. 수수료는 연 0.75%로 여기 나온 ETF 중엔 제일 비싸다. AI라는 테마에 집중하는 대신 분산은 좀 포기한 셈이다.

- **Roundhill Magnificent Seven ETF(MAGS)**

  이건 좀 특이하다. 매그니피센트 7이라고 불리는 7개 기업에만 투자한다. 애플, 마이크로소프트, 엔비디아, 구글, 아마존, 메타, 테슬라로만 구성되어 있어 가장 공격적이다. 수수료는 연 0.29%.

이런 ETF 서너 개면 충분하다. TOP 7이나 TOP 10, TOP 100, 3가지를 동시에 한다면, TOP 7은 더 집중적으로 비중 높게 투자하는 게 된다. 개별 주식 10개를 고민하며 밤새 차트 보는 대신, ETF 2~3개를 꾸준히 사 모으면 된다. 시장이 알아서 우리 포트폴리오를 최신 상태로 유지해 준다.

코어와 위성

확신이 있는 자산은 크게, 잘 모르겠는 자산은 조금씩 여러 개. 이걸 '코어-위성 전략'이라 부른다.

- **코어 자산 (70%)**

  TIGER 미국테크TOP 10 INDXX (40%)

  TIMEFOLIO 미국나스닥100액티브 (30%)

이 두 개면 미국 시장을 이끄는 기업들은 거의 다 담긴다. 결국 시총 상위권이니까.

- **위성 자산 (30%)**

  KODEX 미국AI전력핵심인프라액티브 (15%)

  TIGER 글로벌AI&로보틱스INDXX (10%)

  KIWOOM 미국양자컴퓨팅 (5%)

위성은 비중이 적은 대신 좀 더 공격적인 기업들 모음으로 간다. AI, 로봇, 전력 인프라, 양자컴퓨팅 등 아직 TOP 10에 들지 않았지만, 성장을 크게 할 가능성의 기업들이다.

이게 전부다. 복잡한 분석도, 어려운 판단도 필요 없다. 매달 일정 금액을 이 ETF에 나눠 넣으면 된다. 시장이 나머지를 알아서 한다.

예언자가 아니라 관찰자가 되자

우리는 미래를 예측하는 예언자가 될 필요가 없다.

메타가 10년 뒤에도 TOP 10 안에 있을지 지금 너무 심각하게 고민하지 않아도 된다. 엔비디아가 영원히 AI의 왕일지, AMD가 새로운 왕이 될지 고민하지 않아도 된다. 시장이 그 판단을 대신 해준다. 매일, 실시간으로. 그리고 그것을 ETF 운용사의 펀드 매니저가 열심히 리밸런싱을 하느라고 밤잠 설치고 있을 것이다.

우리가 할 일은 단순하다. 시장이 지금 가장 강하다고 인정한 기업들의 명단을 확인하고, 그 명단에 투자하는 ETF를 고르는 것. 그

 절대 실패하지 않는 **미국 주식 ETF 투자**

게 전부다.

명단이 바뀌면? ETF가 알아서 갈아탄다. 우리는 그냥 매달 정해진 금액을 넣으면 된다. 감정도, 예측도, 복잡한 분석도 필요 없다.

시가총액 TOP 10. 이 명단은 시장이라는 거대한 집단 지성이 매 순간 업데이트하는 '지금 가장 강한 기업' 리스트다.

이 리스트를 무시하고 혼자 숨은 보석을 찾으려 하는 건, 수억 명의 전문가와 투자자보다 내가 더 똑똑하다고 믿는 오만이다. 반대로 이 리스트를 따라가는 건, 시장의 지혜를 겸허히 인정하는 현명함이다.

당신의 포트폴리오에 필요한 건 복잡한 전략이 아니다. 시장이 이미 검증해 놓은 명단을 따라가는 단순함이다. 그 단순함이 장기적으로 대부분의 복잡한 전략을 이긴다.

답은 눈앞에 있다. 시가총액 TOP 10. 그 명단을 담은 ETF. 그게 전부다.

08

TOP 10이라고
다 같은 TOP 10이 아니다

"10 Best Stocks to Buy Now—October 2025"

(지금 당장 사야 할 최고의 주식 10개—2025년 10월)

야후 파이낸스나 CNBC 등 미국 투자 관련 뉴스 사이트에 자주 나오는, 광고성 기사(아니면 기사성 광고일지도)의 제목이다. 이런 제목의 기사는 엄청 많고 다양하다.

"Stock Market Turmoil: Here Are My Top 10 Stocks to Buy Now"

(주식시장 혼란: 지금 내가 사야 할 톱10 종목은 이겁니다)

"These Are The 5 Best Stocks To Buy Now Or Watch"

(지금 사거나 최소한 주목해야 할 최고의 주식 5개)

"3 Soaring Stocks I'd Buy Now With No Hesitation"

(망설임 없이 지금 당장 살 급등주 3개)

"Should you invest $1,000 in [회사] right now?"

(지금 당장 [회사]에 천 달러를 투자해야 할까요?)

전부 같은 날, 같은 '지금'을 외치고 있었다. 그런데 추천하는 종목은 죄다 달랐다. 모두가 '지금'이라고 외치는데, 정작 '무엇'은 제각각이다.

이 사람들이 말하는 '지금'은 내 시간이 아니라는 걸. 그들의 마감 시간, 그들의 콘텐츠 일정, 그들의 클릭 목표가 만든 '지금'이었다. 아직도 이런 제목을 보고, 혹시 하고 클릭을 해본다면, 당신은 아직 초보다. 이 비즈니스 자체가 주식 초보를 타깃한 것이기 때문이다.

TOP이라는 착각

시장에는 두 가지 TOP 10(3, 7 등등)이 있다. 하나는 시가총액 TOP 10. 다른 하나는 기사 제목의 TOP 10.

같은 숫자지만, 전혀 다른 세상이다. 시가총액 TOP 10은 객관적이다. 애플, 마이크로소프트, 엔비디아, 아마존. 그 순위가 바뀌려면 수천억 달러의 자본이 움직여야 한다. 전 세계 투자자들이 매일 투표한 결과다. 순위는 천천히 바뀌지만, 변화에는 늘 이유가 있다.

그런데 기사의 TOP은?

"7 Innovative Tech Stocks to Buy Before It's Too Late"

(너무 늦기 전에 사야 할 혁신적인 기술주 7개)

"Hidden Penny Gems: 7 Stocks With Triple-Digit Growth Potential"

(숨겨진 페니주 보석들: 세 자릿수 성장 가능성을 가진 주식 7개)

"Wall Street's Best Kept Secrets: 7 Little-Known Stocks to

Love”

다 TOP이다. 그런데 종목은 죄다 다르다. 한 사람, 혹은 한 팀이 고른 거다. 좋게 말하면 선별이고, 솔직히 말하면 취사선택이다. 왠지 그 기준이 매번 달라 보이는 건 기분 탓일까.

사실은 그게 핵심이다. 시가총액 TOP 10은 변명할 필요가 없다. 숫자가 증명한다. 그런데 기사의 TOP 10은 늘 설명이 필요하다. 왜냐하면 그건 주장이니까.

숫자가 말하는 진실

실제로 추적해 봤다. 2023년 1월, 유명 투자 매체 3곳이 발표한 'TOP 10 종목'을 기록했다. 12개월 뒤 다시 봤다.

매체 A의 TOP 10 중 7개가 S&P500을 밑돌았다. 매체 B는 6개. 매체 C는 무려 8개가 시장 평균보다 낮았다.

평균 수익률은 한 12%쯤. 나쁘지 않다. 그런데 같은 기간 S&P500은 14% 올랐다. 그리고 시가총액 TOP 10은 얼마였을까? 약 18% 올랐다. 더 열심히 골랐는데, 덜 벌었다.

2020년부터 2024년까지 장기로 보면 더 분명해진다. 각종 매체가 추천한 TOP 10 리스트들의 평균 수익률은 한 12% 안팎. 그런데 시가총액 TOP 10은 얼마일까? 18%쯤 됐다. 매년 6%포인트 차이. 5년이면 복리로 30% 넘게 벌어진다.

그런데 그들의 마케팅은 성공한 3개에만 집중한다.

"Consider when Nvidia made this list… if you invested

$1,000, you'd have $765,523!"

(엔비디아가 이 리스트에 올랐을 때를 생각해 보세요. … 천 달러를 투자했다면 지금 76만 5천 달러가 됐을 겁니다!)

"Their April pick is already up 212%"

(그들이 4월에 추천한 종목은 벌써 212% 올랐습니다.)

맞는 말이다. 그런데 나머지는 어떨까? 조용히 사라진다. 기억되지 않는다. 그게 리스트의 마법이다.

진짜 함정은 따로 있다. 이런 기사들 끝에 늘 붙는 문구.

"Limited time: Get their next 12 months of stock picks for just $99"

(한정 시간: 향후 12개월 종목 추천을 단돈 99달러에 받아보세요.)

"Double Down stock alert-opportunity may not arise again soon"

(더블 다운 주식 알림-이 기회는 곧 다시 오지 않을 수 있습니다.)

"Next stock recommendation is scheduled to be released Thursday"

(다음 주식 추천은 목요일에 공개될 예정입니다.)

유료 가입하라는 거다. 한 달에 10달러, 1년에 99달러, 프리미엄은 299달러. 생각해 보자. 정말로 '폭발적 성장'을 앞둔 종목을 안다면, 그 사람은 그냥 사서 투자에 성공해서 부자가 되면 된다. 왜 한 달에 10달러를 받고 남들에게 알려줄까? 아마존을 77센트에 살 수 있다는 걸 정말 안다면, 그 정보를 99달러에 팔 이유가 있을까? 없다.

그들이 파는 건 종목 정보가 아니다. 희망이다. 특별해지고 싶은 욕망이다. 남들보다 먼저 알고 싶은 두려움이다. 그 두려움에 이름이 있다. 포모(FOMO, Fear of Missing Out). 놓칠까 봐 두려운 마음.

참 재밌는 건, 그런 서비스 중 하나가 'Motley Fool'이라는 이름을 쓴다는 거다. Fool. 바보. 이름부터 솔직하다. 그런데 우리는 그 이름을 보고도 유료 가입을 한다. 누가 바보인지 모르겠다.

진짜 놓치는 것

우리도 알고 있다. 대부분의 기사 제목은 과장되어 있다는 걸. 그럼, 왜 클릭할까? 왜 읽을까? 왜 유료 가입까지 할까?

답은 간단하다. 시크릿 하면서도 특별한 리스트가 필요해서. 시가총액 TOP 10은 너무 뻔하다. 다들 알고, 다들 산다. 그런데 전문가만 아는 숨은 보석 5선은 뭔가 다를 것 같다. 나랑 몇몇 사람만 알 것 같다.

그런데 진짜 놓치는 건 뭘까? 그 기사의 종목이 아니라, 시간이다. 복리가 일하는 시간. 시장이 성장하는 시간. 그 시간을 우리는 '더 나은 종목'을 찾으며 허비한다.

2010년부터 2020년까지 10년간, 매년 '올해의 베스트 종목'이라며 추천된 주식들을 추적한 연구가 있다. 결과는? 그 종목들에 분산 투자한 포트폴리오는 S&P500을 거의 이기지 못했다. 10년 누적으로 보면 한 1~2%포인트 차이 정도였다.

그런데 그 과정에서 든 비용은? 매번 리밸런싱하고, 뉴스 체크하고, 후회하고, 다시 바꾸고. 거기다 유료 구독료까지. 10년이면 1,000

달러 넘게 나간다. 고작 1% 더 벌자고 참 비싼 값을 치렀다.

그럼 어떻게 해야 할까? 간단하다. 정보의 종류를 구분해야 한다. 시가총액 TOP 10 같은 객관적 데이터와 누군가의 주관적 추천을 구분하는 것이다.

'지금 사야 할 TOP 10'이라는 제목을 보면, 한 발짝 뒤로 물러나라. 그리고 질문하라.

"왜 지금이지?" "왜 10개지?" "누가 골랐지?" "지난달엔 뭘 골랐지?" "이 정보가 그렇게 좋으면, 왜 팔지?"

그러면 보인다. 그게 투자 조언이 아니라 광고라는 게. 클릭을 유도하는 콘텐츠일 뿐이라는 게. 그 페이지 곳곳에 박힌 광고들이 진짜 목적이라는 게.

진짜 TOP 10은 조용하다. 매일 업데이트되지만, 극적으로 바뀌지 않는다. 제목에 느낌표가 없다. 긴급함을 강요하지 않는다. 유료 가입을 요구하지 않는다. 그냥 거기 있다. 전 세계의 미국 주식시장 참여자가 매일 투표하고, 자본이 매일 검증한 리스트다.

09

세계 연금 1위 수익률
국민연금의 포트폴리오

앞 장을 덮으며, 왠지 모를 불안감이 남았을지도 모른다. "고작 시가 총액 상위의 빅테크를 사고, S&P500 ETF를 섞으라고? 그렇게 단순한 전략이 정말 최선일까?" "그렇게 투자해서 주식 투자에 성공할 수 있다면 누구나 다 성공했겠다."

우리는 본능적으로 그렇게 생각한다. 쉬운 답은 정답이 아닐 것이다. 그래서 전문가의 서재를 기웃거리고, 그들의 비밀스러운 노트를 훔쳐보고 싶어 한다. 내 생각이 맞는지, 이 거대한 전문가 집단에 확인받고 싶다.

그렇다면 여기, 우리가 훔쳐볼 수 있는 가장 거대한 참고 답안지가 있다. 대한민국 국민연금(NPS). 수백조 원을 굴리는, 내로라하는 전문가들이 모인 집단. 그들은 과연 우리가 모르는 어떤 '마법'을 부리고 있을까?

우선, 국민연금 투자 규모는 그냥 크기만 한 게 아니다. 의외일지 모르지만, 한국 국민연금의 투자 수익률 성과는 세계적인 수준이다. 2025년 한 해에만 전체 수익률 20%를 기록했는데, 이는 1988년 제도 도입 이래 역대 최고치다. 자산군별로 보면 국내 주식에서 78%라는 경이적인 수익을 냈다. 재밌는 건 2024년엔 정반대였다는 거다. 그해엔 해외주식이 34%로 대박을 냈고, 국내 주식은 -7%로 발목을 잡았다. 1년 만에 완전히 뒤집힌 셈이다. 어느 해에 어느 자산이 뜰지는 아무도 모른다. 국민연금이 하는 일은 예측이 아니라 분산이다.

그들의 비결은 대체 무엇이었을까? 그들은 1988년부터 해외주식에 투자해 연평균 한 15% 정도의 꾸준한 수익을 쌓아 올렸다. 그들의 '노하우'가 집약된 최신 포트폴리오를 들여다보자. 여기 2025년 기준 상위 10개 보유 종목 및 ETF 목록이 있다.

1. 엔비디아
2. 마이크로소프트
3. 애플
4. Invesco MSCI USA ETF
5. 아마존
6. 메타
7. iShares Core S&P500 ETF
8. 브로드컴
9. 알파벳 A
10. 테슬라

이 목록을 잠시 들여다보면 처음엔 감탄하지만, 곧 묘한 기시감이 든다.

왠지, 낯설지가 않다

생각해 보면, 이 목록은 우리가 바로 앞 챕터에서 이야기했던 전략과 놀라울 정도로 닮아있다. '공부해서 기업을 발굴하려 애쓰지 마라'고 했던 바로 그 이유가 여기에 있다.

첫째, 10개 중 PBUS와 IVV를 제외한 8개가 우리가 익히 아는 '미국 시가총액 최상위 빅테크'다. 국민연금은 '제2의 엔비디아'를 찾기 위해 미지의 영역을 헤매지 않았다. 그들은 그냥 엔비디아와 애플, 마이크로소프트를 샀다. 그들의 경이로운 수익은 바로 이 기술주 중심의 포트폴리오에서 나왔다. 시장을 이기는 가장 확실한 방법은, 이미 시장을 이기고 있는 것들에 올라타는 것임을 그들도 알고 있던 것이다.

이는 '주력을 빅테크로 하라'라는 나의 제안과 정확히 일치한다.

둘째, 그리고 어쩌면 더 중요한 점. 목록의 4위와 7위를 보자. PBUS(미국 시장 전체)와 IVV(S&P500)라는 ETF다. 이것은 무엇을 의미할까?

천문학적인 돈을 굴리는 그들조차도, '우리는 모든 것을 예측할 수 없다'라고 인정하는 것이다. 그들은 최고의 선수들(빅테크)을 개별적으로 고르면서도, 동시에 '미국 시장 평균'이라는 운동장 전체를 통째로 산다.

그들은 왜 굳이 IVV를 샀을까?

개별 종목에 자신이 있다면 ETF를 살 필요가 없었을 것이다. 이는 '성장주와 시장 평균을 좇는 ETF로 포트폴리오를 구성하라'는 우리의 두 번째 제안이, 바로 이 거대 기관의 위험 관리 핵심 전략임을 보여준다. 그들은 자신들의 선택이 틀릴 가능성을 '시장 평균'으로 헤지 한다. 이상하게도, 이 단순함이 무려 수백조 원을 지키는 방패인 것이다.

셋째, 그들의 힘은 선택에도 있지만, 사실은 인내에 있다. 그들은 엔비디아를 2014년부터 무려 11년간 보유하며 이 수익을 만들어냈다. 11년. 이것은 순간적인 감각이나 타이밍의 승리가 아니다. 장기적인 철학과 시스템의 승리다.

그런데 더 놀라운 것은 그들은 2018년 암호화폐 버블도 봤고, 2020년 코로나 폭락도 겪었고, 2022년 금리 인상 속에서도 엔비디아를 팔지 않았다. 왜일까? 그들에게는 시장의 소음을 차단할 수 있는 시스템이 있었기 때문이다. 그들은 매일 뉴스를 보고 매매하지 않는다. 분기마다, 연 단위로 움직인다. 그 느린 호흡이 오히려 가장 빠른 부의 축적이었던 셈이다.

더 오래 투자하면, 당신이 더 낫다

결국 국민연금이 구사하는 전략은 신비로운 마법이 아니었다.

(1)시장을 주도하는 최상위 성장주(빅테크)를 중심으로 공격적인 코어를 만들고, (2)동시에 시장 전체(ETF)를 사들여 예측의 위험을 분산시키며, (3)그것을 10년 이상 보유하는 것.

이것이 그들의 '노하우'였다. 그리고 이것은 정확히 우리가 앞 챕터에서 도달했던 결론이다.

우리가 전문가의 답안지에서 확인한 것은, 우리가 몰랐던 비밀이 아니었다. 오히려 우리가 이미 알고 있던 '단순함'이 맞았다는 확인이었다.

사실, 이게 제일 중요한 메시지일지도 모른다. 개인투자자인 우리가 국민연금보다 더 똑똑할 순 없다. 더 많은 정보를 가질 수도 없고, 더 정교한 모델을 돌릴 수도 없다. 그런데 우리는 그들과 똑같은 '철학'으로 투자할 수 있다. 우리는 국민연금처럼 수십억 달러를 투자할 순 없다. 하지만 우리는 그들과 똑같은 '종목'을 살 수 있다.

어쩌면 이게 투자에서 가장 공평한 지점일 것이다. 삼성전자나 애플 주식은, 국민연금이 사든 우리가 사든 똑같은 가격이다. 시장은 투자하는 돈의 크기를 차별하지 않는다. 단지 '시간'과 '철학'만을 묻는다.

그래서 우리가 할 일은 명확하다. 고래들이 가는 방향을 따라가되, 그들보다 더 가볍게, 더 오래 버티는 것이다. 투자 기간의 제약이 없는 개인투자자가 가진 유일한 무기는 바로 이 '유연함'과 '인내'다.

가장 현명한 전략은 종종 가장 지루한 모습을 하고 있다는 사실을, 고래들은 이미 알고 있었다. 그리고 이제 우리도 안다. 그리고 그 지루함을 견디는 것, 그게 바로 우리가 고래의 어깨 위에 올라서는 방법이다.

시장은 늘 말을 건다. 오르거나 내리거나. 그런데 그 소리를 듣지

   절대 실패하지 않는 미국 주식 ETF 투자

않는 것이 첫 번째 선택이라는 걸, 고래들은 이미 증명했다. 그들의 답안지는 이미 공개되어 있다. 이제 남은 건 우리가 그 답을 얼마나 오래, 얼마나 조용히 따라갈 수 있느냐는 것이다.

10

TOP 10대 기업에 투자할 수밖에 없는 이유

시가총액 순위표는 참 재미있는 물건이다. 매일 바뀌고, 순위가 뒤바뀌고, 언론은 그걸 뉴스로 만든다. 그런데 생각해 보면 이상한 일이다. 1위든 5위든, 그게 투자 결정의 이유가 될 순 없으니까. 순위는 결과일 뿐, 원인이 아니다.

2026년 초 기준, 엔비디아, 알파벳(구글), 애플, 마이크로소프트, 아마존, TSMC, 메타, 브로드컴, 테슬라 등 9개 기업이 시가총액 상위권에 있는 건 우연이 아니다. 사실은 이들이 TOP 10에 들기 전부터, 아니 순위 같은 게 의미 없을 정도로, 이미 투자할 수밖에 없는 이유를 쌓아왔기 때문이다. 왠지 우리는 순위를 보고 투자하는 것 같지만, 실제로는 이 기업들이 만들어낸 '미래의 중력'에 이끌려 가는 거다.

아. 10위 중의 10위는 바로 위의 9개 기업과는 성격이 완전히 다른 버크셔 해서웨이다. 유일한 비기술 기업이고, 워런 버핏의 투자

절대 실패하지 않는 **미국 주식 ETF 투자**

지주회사다. 보험, 철도, 에너지 같은 전통 산업에 분산 투자하는 구조라 AI 혁명과는 거리가 있지만, 장기 가치 투자의 살아있는 증거로서 여전히 TOP 10에 자리를 지키고 있다. 그런데 이 책에서 다루는 '미래 기술 기업'의 맥락과는 좀 다르니, 여기선 9개 기업에 집중한다.

그럼, 질문 하나. 정말 순위 때문에 투자하는 걸까? 아니면 이 기업들이 가진 어떤 본질적인 힘 때문일까?

10대 기업의 본질적인 힘, 표면 아래의 메커니즘

테슬라: 세상에서 가장 빠른 학습 기계

테슬라를 전기차 회사로 보는 순간, 이미 놓친 거다. 참 묘한 일인데, 사람들은 여전히 테슬라를 도요타나 폭스바겐과 비교한다. 그런데 그건 마치 아마존을 월마트와 비교하는 것만큼이나 핵심을 빗나간 거다.

테슬라의 진짜 정체성은 뭘까? 데이터 수집 기계. 2025년 말 기준으로 테슬라 차들이 누적한 FSD(완전자율주행) 주행 거리는 무려 90억 킬로미터를 훌쩍 넘었다. 이게 왜 중요하냐면, 자율주행 AI는 코드로 만드는 게 아니라 데이터로 학습시키는 것이기 때문이다.

생각해 보면 이상하다. 웨이모나 크루즈 같은 경쟁사들은 엄청난 자본을 쏟아부었지만, 여전히 특정 도시 몇 블록에서만 작동한다. 왜? 그들은 규칙을 코딩하고 있으니까. "빨간불이면 멈춘다", "보행자가 있으면 속도를 줄인다" – 이런 식으로 IF/THEN 조건문을 30

만 줄쯤 작성해 놨다.

그런데 테슬라는 그 30만 줄을 전부 지워버렸다. FSD v12부터는 엔드 투 엔드 뉴럴 네트워크. 카메라가 본 이미지를 입력하면, 중간 과정 없이 바로 핸들과 브레이크 제어 신호가 나온다. 마치 사람이 운전하듯이. 이건 혁명이다.

2026년 4월엔 사이버캡이 나온다. 운전대 없는 로보택시. 차를 레고처럼 모듈로 나눠 조립하는 방식인 '언박스드 프로세스'로 10초당 한 대씩 찍어내는 구조다. 개인 차량의 가동률이 한 5% 정도라면, 로보택시는 24시간 돌아갈 수 있다는 얘기다. 이게 소프트웨어 기업 수준의 마진을 만들어내는 이유다.

그리고 휴머노이드 로봇인 옵티머스. 테슬라가 FSD 개발하면서 쌓은 공간 인지, 경로 계획, 객체 인식 알고리즘이 그대로 옵티머스의 두뇌로 들어간다. 2025년부터 자사 공장에서 테스트 중이고, 2026년부터는 외부 판매 시작. 일론 머스크는 연간 1억 대, 개당 2만~3만 달러를 목표로 한다. 자동차 시장? 그건 시작일 뿐. 진짜 시장은 노동 그 자체다.

더 흥미로운 건, 테슬라 에너지 부문이다. 메가팩 같은 ESS(에너지 저장 시스템) 매출이 폭증하는데, 매출총이익률이 30%쯤 된다. 자동차 부문보다 훨씬 높다. AI 데이터센터가 늘어날수록 전력 수요도 함께 늘어나니까, 엔비디아와 마이크로소프트가 AI 붐을 만들면 테슬라 에너지도 덩달아 성장하는 구조다.

엔비디아: 칩이 아니라 생태계

엔비디아를 GPU 회사로만 보면 안 된다. 사실 하드웨어는 표면이고, 진짜 해자는 CUDA라는 소프트웨어 플랫폼에 있다. 지난 15년 동안 전 세계 AI 연구자들, 학생들, 개발자들이 CUDA 환경에서 코드를 짰다. 이제 AMD나 인텔이 아무리 빠른 칩을 내놔도, 이미 CUDA로 작성된 수백만 줄의 라이브러리를 다른 언어로 옮기는 비용은 천문학적이다.

이건 윈도우가 PC를 지배했던 락인 효과다. 그런데 엔비디아는 여기서 멈추지 않는다. 이제는 칩만 파는 게 아니라 데이터센터 전체를 설계해서 판다. NVL72 같은 랙 스케일 솔루션 – 칩, 네트워킹, 냉각 시스템을 하나로 묶어서 말이다. 고객이 다른 부품을 섞어 쓸 여지를 아예 없애버린 거다.

2025년 말 블랙웰 칩 세대가 본격화되면서 데이터센터 매출은 엔비디아 전체 매출의 한 80%쯤 차지한다. AI 학습(Training) 시장에서 시작했지만, 이제 추론(Inference) 시장으로도 확장 중이다. 엔비디아는 더 이상 반도체 회사라기보단, AI 인프라의 표준을 만드는 플랫폼 기업에 가깝다.

매출 2,000억 달러 넘어설 거라는 예측도 나오고 있다. 이미 50% 이상 성장 중이다.

TSMC: 모든 칩의 어머니

대만의 TSMC는 참 독특한 위치에 있다. 엔비디아, 애플, 브로드컴 – 최첨단 칩을 설계하는 모든 기업이 제조는 TSMC에 맡긴다. 왜? 세상에서 이 정도 수준의 파운드리를 가진 곳이 TSMC밖에 없으니까.

핵심은 CoWoS라는 첨단 패키징 기술이다. AI 칩은 메모리(HBM)와 GPU를 하나의 패키지로 묶어야 하는데, 이 공정을 수행할 능력이 TSMC에 집중돼 있다. 수요가 공급을 훨씬 초과하는 상황에서, 2025년 TSMC는 3nm/5nm 공정 가격을 10%, CoWoS 패키징 가격을 무려 20%나 올렸다.

가격을 올려도 고객이 떠날 수 없는 구조. 이게 진짜 가격 결정력(Pricing Power)이다.

2025년 말 CoWoS 생산 능력은 월 7만 5천~8만 장 정도로, 2024년 대비 두 배 이상 늘어났다. 그런데도 여전히 부족하다. 참 묘한 일이다. 공급을 늘려도 늘려도 수요가 더 빠르게 증가하는 시장. TSMC는 미국에만 1,650억 달러를 투자해서 지리적 리스크도 완화하고 있다.

브로드컴: 조용한 지배자

브로드컴은 아마 가장 '과소평가 된 거인'일 것이다. 사람들이 잘 모르는데, AI 네트워킹 시장의 핵심이 여기 있다.

수만 개의 GPU가 연결된 AI 클러스터에서는 데이터 전송 속도가 병목이 된다. 엔비디아는 자체 규격인 인피니밴드를 밀지만, 하이퍼스케일러들(아마존, 메타 등)은 비용 효율성 때문에 이더넷을 선호한다. 브로드컴은 바로 이 초고속 이더넷 스위치 칩 시장을 장악하고 있다. AI 데이터센터 안에서 GPU들을 연결하는 핵심 부품이다. AI 클러스터가 커질수록 브로드컴 스위치 매출은 기하급수적으로 늘어난다.

더 주목할 것은 맞춤형 반도체(Custom ASIC) 사업이다. 구글의 TPU, 메타의 MTIA, 오픈AI 같은 곳들이 엔비디아 의존도를 줄이려고 자체 AI 칩을 개발하는데, 이때 설계와 IP를 제공하는 핵심 파트너가 브로드컴이다. 맞춤형 AI ASIC 시장의 한 75%를 점유하고 있다.

생각해 보자. 엔비디아 시장 점유율이 구글 TPU로 넘어간다 해도, 브로드컴은 그 가치를 여전히 가져가는 구조. 완벽한 헤지 수단이다. 2025년 AI 관련 매출만 51억 달러. 2026년엔 두 배 성장 전망이다.

구글: 멀티모달 데이터의 제왕

한때 구글이 AI 경쟁에서 뒤처졌다는 말이 많았다. 그런데 사실 그건 표면만 본 것이었다. 제미나이(Gemini)가 나오면서 상황이 완전히 달라졌다.

구글의 진짜 우위는 멀티모달 데이터다. 텍스트만 학습한 경쟁 모델들과 달리, 제미나이는 유튜브의 방대한 비디오 데이터를 학습했다. 비디오를 보고, 듣고, 이해할 수 있다는 거다. 요리 영상을 입력하면 재료와 조리법을 추출하고, 특정 장면을 찾아낼 수 있다.

이건 텍스트 기반 AI가 절대 흉내 낼 수 없는 능력이다. 앞으로 물리적 세계를 이해하는 AI 에이전트 개발에 필수적이다.

게다가 구글은 자체 TPU로 AI 구동 비용을 획기적으로 낮추고 있다. 2025년 말 기준 클라우드 부문 성장률이 33% 이상이다. AI 수익화가 현실로 증명되고 있다.

검색 엔진? 그건 겉으로 보이는 입구일 뿐이다. 진짜 게임은 AI 인프라 전체를 장악하는 것이다.

마이크로소프트: 유비쿼터스 AI

마이크로소프트 전략은 간단하다. 모든 곳에 AI를 심는 것. 전 세계 기업들이 쓰는 오피스 365에 코파일럿(Copilot)을 탑재했다. AI를 매달 요금 내는 유틸리티로 만든 거다. 2025년 데이터를 보면 코파일럿 도입 기업의 생산성이 실제로 올라가고 있다.

오픈AI와의 동맹, 그리고 막대한 자본 지출(약 800억 달러)을 통한 인프라 확장. 마이크로소프트는 단순한 소프트웨어 기업이 아니라 'AI 슈퍼컴퓨터 기업'으로 변모하고 있다.

윈도우가 PC 시대를 열었듯, 코파일럿은 AI 시대로 들어가는 '시작 버튼'이 되려고 한다. 2026년 EPS 성장률이 약 17% 정도 예상되고, 클라우드 시장 점유율도 30%에 달할 전망이다. 안정성과 성장, 그 어려운 두 가지를 모두 가진 회사다.

애플: 신뢰라는 프리미엄

애플은 AI 경쟁에서 늦었다는 비판을 받았다. 그런데 그들의 전략은 '속도'가 아니라 '프라이버시'에 있다. 그 프라이버시가 애플에 대한 '신뢰'다.

애플 인텔리전스(Apple Intelligence)의 핵심은 온디바이스(On-device) 처리다. 민감한 데이터를 외부 서버로 안 보낸다. 더 큰 연산

　　　　　　　절대 실패하지 않는 미국 주식 ETF 투자

이 필요할 땐 프라이빗 클라우드 컴퓨터를 쓰는데, 이건 데이터를 저장하지 않고 오직 연산만 수행한 뒤 사라진다.

AI가 개인의 삶 깊숙이 들어올수록, '내 데이터를 지켜줄 유일한 기업'이라는 애플의 브랜드 가치는 더 강력한 해자가 된다. AI 기술은 상향 평준화될 수 있지만, 프라이버시는 애플이기 때문에 획득할 수 있는 것이라는 인식이 중요하다.

이런 AI 기능들이 아이폰 교체 수요를 자극하는 슈퍼사이클 촉매제가 될 것으로 전망한다. 2020년대 후반까지 서비스 부문 매출이 1,750억 달러쯤 성장할 전망이다.

애플 에코시스템의 락인 효과는 여전히 건재하다. 앱스토어, 아이클라우드, 애플워치, 한번 들어오면 나가기 어려운 구조다.

아마존: AWS라는 숨겨진 금광

아마존 하면 e커머스를 떠올리지만, 진짜 수익원은 클라우드 인프라인 AWS다. 2025년 기준 AI 인프라에만 1,250억 달러를 쏟아붓고 있다.

AWS는 엔비디아 칩뿐 아니라 자체 칩인 트레이니엄(Trainium), 인퍼런시아(Inferentia)로 비용 효율적인 AI 환경을 제공한다. 애저(Azure)의 추격을 방어하는 핵심 무기다.

그런데 더 흥미로운 건 물류 현장의 AI 도입이다. 전 세계 풀필먼트 센터에 로봇이 무려 100만 대 이상 배치돼 있다. 프로테우스, 스패로우와 같은 로봇들이 컴퓨터 비전으로 물건을 집고 분류한다.

10달러 미만 저가 상품 배송비를 인하해서 시장 점유율을 방어하는 거다. 2026년 AI 관련 매출 폭증으로 전체 성장률 한 15% 안팎을 예상한다. e커머스는 보이는 것이고, AWS가 진짜 금광이다.

메타: 오픈소스라는 역발상

메타는 가장 흥미로운 전략을 쓴다. 라마(Llama) AI 모델을 무료로 공개한다. 왜 수십억 달러 들여 만든 기술을 공짜로 풀까? 메타는 AI 모델을 팔아서 돈을 버는 회사가 아니다. 광고로 번다. 페이스북과 인스타그램에 사람들이 오래 머물수록, 광고를 더 많이 보고, 메타는 더 많이 번다. AI 모델을 무료로 풀면 구글이나 오픈AI의 독점이 깨진다. 그럼, 경쟁은 '모델'이 아니라 '활용'으로 옮겨간다. 30억 명 플랫폼을 가진 메타에 유리한 싸움이다.

실제로 효과가 있었을까? 메타의 AI 기반 광고 시스템 '어드밴티지+(Advantage+)'는 머신러닝으로 '누구에게, 언제, 어떤 광고를 보여줄지' 자동 판단한다. 광고 효율이 22% 이상 올랐다. 2021년 애플 개인정보 정책으로 직격탄 맞았지만, AI 기술로 완벽히 극복했다. iOS에서 금지한 사용자 추적을 못 해도, 패턴 학습으로 예측할 수 있게 되었다. 2025년에만 AI 인프라에 700억 달러나 투자했다. 2026년엔 비용이 늘어도 광고 성장률이 20%쯤 될 전망이다. 메타에 AI는 판매 상품이 아니라, 최고의 광고 최적화 도구다.

이 9개 기업 각각에 투자할 수도 있다. 테슬라의 폭발적 성장, 엔비디아의 안정적 지배력, 애플의 방어적 수익성.

그런데 문제는 타이밍이다. 개별 주식은 변동성이 크다. 테슬라가

2022년 한 해 동안 65% 빠졌을 때, 엔비디아는 50% 올랐다. 2023년엔 반대로 테슬라가 102% 올랐다. 언제 무엇을 살지, 맞추는 건 사실상 불가능하다.

ETF는 이 문제를 해결한다. 시장이 알아서 리밸런싱해 주는 구조다. 내가 타이밍을 고민할 필요가 없다.

미국 직투 계좌: 선택의 폭

VOO, QQQ 같은 시총 가중 ETF도 좋다. 이 9개 기업이 자동으로 높은 비중을 차지하니까. 그런데 더 집중하고 싶다면? IVES 같은 ETF가 있다.

IVES는 완전히 이들 9개 기업에 초집중하는 구조다. 더 재미있는 건, 팔란티어(Palantir) 같은 기업도 충분히 담고 있다는 점이다. 팔란티어는 아직 TOP 10은 아니지만, 언젠가 근접할 가능성이 높은 기업이다. AI 소프트웨어 플랫폼 시장에서 독보적인 위치를 차지하고 있다. 미국 해외직구 계좌가 있다면, 이런 식으로 조금 더 공격적인 포트폴리오를 구성할 수 있다.

그런데 미국 직투가 안 되는 계좌는 어떻게 할까? 특히 ISA, IRP 같은 절세 계좌 말이다. 세금 혜택을 포기하고 해외 직투 계좌로 가기는 아깝다.

대단한 것은 한국의 증권사들이 이걸 완벽하게 해결해 줬다는 것이다. 더 섬세하고 특색 있게 준비했다. 워낙 한국의 증권사끼리 경쟁이 치열해서겠지만, 이렇게 발 빠르게 개미 투자자들의 구미에 맞게 준비한 건 솔직히 칭찬할 만하다.

여기 대표적인 3개의 ETF에 집중해 보자.

- **TIMEFOLIO 미국나스닥100액티브**

나스닥 100을 추종하되, 액티브하게 조정한다. 이 9개 기업이 당연히 높은 비중을 차지하고, 시장 상황에 따라 비중을 능동적으로 관리한다. 패시브와 액티브의 중간 지점. 안정성과 유연성을 동시에 가져가는 구조다.

- **KODEX 미국서학개미**

이름부터 재미있다. '서학개미'. 미국 주식 투자하는 한국 개인투자자를 타겟으로 만든 ETF라는 걸 대놓고 표현한 거다. 시총 상위 기업 중심으로 구성되니, 당연히 우리가 이야기한 9개 기업이 핵심 비중을 차지한다. 한국 투자자들이 원하는 걸 정확히 안 것이다.

- **KODEX 미국AI테크TOP 10**

이건 아예 노골적이다. AI 테크 TOP 10. 엔비디아, 테슬라, 마이크로소프트, 구글 – 이름만 들어도 알 수 있는 기업들로 채웠다. 가장 직접적으로 AI 혁명의 수혜를 입을 것으로 예상한 기업들에 집중적으로 투자하는 구조. 변동성은 좀 크겠지만, 성장 잠재력도 그만큼 높다.

왜 한국 ETF가 괜찮은가?

ISA나 IRP 계좌는 세금 혜택이 꽤 크다. ISA는 수익의 200만~400만 원까지 비과세고, IRP는 연금소득세 3.3~5.5%로 끝난다. 미국 직

 절대 실패하지 않는 **미국 주식 ETF 투자**

투로 가면 배당소득세 15.4%, 양도소득세 22%가 붙는다.

한국상장 미국 주식 ETF로 이 9개 기업에 투자하면? 세금 혜택 챙기면서, 동시에 미래 성장 기업 포트폴리오를 구성할 수 있게 된다. 일석이조다.

물론 환 헤지 여부, 운용 보수 같은 디테일은 확인해야 한다. 그런데 전체적인 구조는 명확하다. 한국의 증권사가 개인투자자들이 원하는 걸 정확히 파악하고, 그에 맞는 상품을 빠르게 내놓는 것 같다.

선택은 계좌 성격에 맞춰서

미국 해외직구 계좌가 있다면? IVES처럼 공격적으로 초집중 ETF로 갈 수 있다. VOO나 QQQ로 안정적으로 갈 수도 있다.

절세 계좌(ISA, IRP)를 활용한다면? TIMEFOLIO 나스닥100액티브, KODEX 서학개미, KODEX AI테크TOP 10 같은 한국 ETF를 쓰면 된다. 세금 혜택 챙기면서 동일한 기업들에 투자하는 거다.

개별 주식 9개를 직접 사면 리밸런싱 타이밍, 세금 문제, 감정적 판단 실수가 생긴다. '테슬라가 20% 빠지면 더 살까, 말까'를 고민하게 되고, 엔비디아가 50% 오르면 일부 팔까를 고민하게 된다. 이런 결정들이 쌓이면 결국 시장 수익률을 밑돌게 된다. 하지만 ETF는 감정을 배제한다.

순위는 결과, 본질은 미래

우리는 시가총액 순위를 보고 투자한다고 생각하지만, 실제로는 이 기업들이 만들어낸 기술적 해자, 데이터 독점, 생태계 락인, 네트워크 효과에 베팅하는 거다.

TOP 10에 있어서 투자하는 게 아니라, 이 기업들이 TOP 10에 있을 수밖에 없는 이유이기 때문에 투자하는 거다. 순위는 결과일 뿐이고 본질은 이 기업의 미래에 있다.

테슬라의 90억 킬로미터 데이터, 엔비디아의 CUDA 생태계, TSMC의 CoWoS 독점, 브로드컴의 네트워킹 장악, 구글의 멀티모달 우위, 마이크로소프트의 기업 침투력, 애플의 프라이버시 신뢰, 아마존의 클라우드 금광, 메타의 오픈소스 전략이 '미래의 중력'을 만든다. 우리는 그 중력에 이끌려 투자하는 거다.

그리고 가장 현명한 방법은 ETF를 통해 이 중력 전체를 소유하는 거다. 개별적으로 9개를 고르는 게 아니라, 시장이 알아서 선택하고 조정하게 만드는 것. 미국 직투든, 한국 절세 계좌든, 선택지는 충분하다.

이 기업들은 어차피 그 ETF 안에 높은 비중으로 들어가 있으니까, 자동으로 시장의 논리에 따라 비중이 조정된다.

11

위성 전략,
거인의 어깨 위에서 별을 쏘다

솔직히 말하면, 충분하다. 테슬라, 엔비디아, 구글, 마이크로소프트, 애플, 아마존, 메타, 브로드컴, TSMC. 이 9개 기업만으로도 미래 성장의 핵심을 잡는 셈이니까. 그런데 생각해 보면 좀 섭섭하다. 10위 밖에도 나의 미래를 위해서, 아니 좀 거창하게 얘기하는 것 같지만 우리 인류와 지구의 미래를 위해서 투자할 만한 기업들이 더 있다.

진짜 폭발적인 수익은 대중의 시선이 완전히 쏠리기 전에 나온다. 아마존이 TOP 10에 들어가기 전, 엔비디아가 시총 1위 되기 전, 불과 5~6위 정도일 때 그때 들어간 사람들이 진짜 돈을 많이 벌었다. 지금의 TOP 10은 이미 거인이 됐다. 안정적이지만, 폭발력은 예전만 못하다. 그럼, 다음 거인은 누구일까? 2030년의 TOP 10에는 누가 새로 들어올까?

이게 바로 '위성 전략'이 필요한 이유다. 안정적인 핵심(Core)은 TOP 10 ETF로 지키되, 개별 기업은 소액(0.5~2%)으로 미래의 가능성에 베팅하는 거다. 잃어도 내 포트폴리오에 지장이 없지만, 성공하면 전체 수익률을 견인할 수 있는 비중이다. 그런데 개별 종목은 위험하다. 하루에 10%씩 오르내리는 게 일상이고, 어제의 영웅이 오늘의 패자가 되기도 한다. 그래서 우리는 ETF를 쓴다. 전문가가 알아서 리밸런싱하고, 망할 기업 빼고, 떠오르는 기업 넣어준다. 내 감정을 배제하고 자동으로 해주는데 같이 안 할 이유가 없다.

AI의 심장과 혈관, 반도체 생태계

메모리의 진화: HBM 전쟁

엔비디아가 AI 칩의 왕이라면, 그 칩에 데이터를 공급하는 메모리는? 바로 SK하이닉스, 삼성전자, 마이크론이다.

과거 메모리 반도체는 전형적인 사이클 산업이었다. 공급 과잉되면 가격 폭락, 수요 폭증하면 가격 급등. 이 패턴이 수십 년간 반복됐다. 그런데 생성형 AI가 이 공식을 깨버렸다. 챗GPT 같은 대규모 언어 모델은 기존 DRAM보다 데이터 전송 속도가 혁신적으로 빠른 HBM(고대역폭 메모리)이 필수가 됐다.

SK하이닉스는 HBM 시장 1위다. 엔비디아 최신 GPU에 HBM3E를 독점 공급해왔고, 2026년엔 차세대 HBM4를 양산한다. 2025년 전체 DRAM 매출 중 HBM 비중이 대략 40%, 2026년엔 50%를 넘어설 것으로 예상된다. 이건 단순한 메모리 회사가 아니라, AI 시스템 성능을 결정짓는 핵심 파트너란 얘기다.

삼성전자는 초기 대응에서 SK하이닉스에 주도권을 내줬다. 그런데 삼성의 저력은 턴어라운드 능력과 압도적인 자본력에 있다. 메모리, 파운드리, 패키징을 동시에 수행할 수 있는 전 세계 유일의 종합 반도체 기업이다. HBM3E 양산에 성공했고, 2026년엔 HBM4 양산을 시작하며 본격 추격에 나섰다. 2026년 영업이익도 약 76조 원 이상 예상한다.

마이크론은 미국 유일의 주요 메모리 제조사다. 미·중 기술 패권 경쟁의 가장 큰 수혜를 입고 있다. 미국 정부의 반도체 지원법(CHIPS Act)이 장기적인 순풍이고, BM3E를 엔비디아 H200에 공급했고, HBM4 샘플을 엔비디아에 제출하며 차세대 경쟁에 합류했다.

곡괭이를 파는 자: ASML

"골드러시 시대에는 금 캐는 사람보다 곡괭이 파는 사람이 돈을 번다." ASML이 바로 곡괭이 판매자다. 네덜란드의 ASML은 극자외선(EUV) 노광 장비를 전 세계에서 독점 생산한다. 7나노미터 이하 초미세 공정을 위해선 ASML 장비가 필수불가결이다.

특히 High-NA EUV 장비. 대당 가격이 무려 5천억 원쯤 되는데, 인텔, 삼성전자, TSMC가 장비를 확보하려고 치열하게 경쟁한다. 왜? AI 칩 성능을 높이려면 트랜지스터 집적도를 높여야 하고, 그러려면 더 세밀한 회로 패턴이 필요하니까.

ASML의 기술 로드맵은 곧 전 세계 반도체 산업의 발전 속도를 의미한다. 중국 수출 통제 같은 지정학적 리스크가 있지만, AI 칩 수요 폭증은 ASML 성장을 훼손 못 한다. ASML 없이는 엔비디아 GPU도, 애플 아이폰 칩도 존재할 수 없다.

숨은 거인: 오라클

오라클을 구시대 데이터베이스 기업으로 치부하면 안 된다. 이건 심각한 오판이다.

오라클은 클라우드 인프라(OCI)와 AI의 결합으로 화려하게 부활하고 있다. OCI는 후발 주자라는 약점을 극복하려고, 처음부터 AI 워크로드에 최적화된 고성능 아키텍처로 설계됐다. AWS나 Azure보다 더 높은 가성비와 성능을 제공하는 게 핵심이다.

특히 엔비디아와의 강력한 파트너십. 오라클은 엔비디아 최신 GPU(H100, Blackwell 등)를 가장 빠르고 대규모로 클라우드상에서 제공하는 핵심 파트너다. 무려 13만 개 이상의 GPU를 하나의 슈퍼 클러스터로 연결할 수 있는 기술력을 보유하고 있다. 오라클은 반도체를 직접 만들지는 않지만, 반도체의 능력을 극대화하여 기업에 전달하는 혈관 역할을 한다.

개별 반도체 기업 주가는 기술 개발 성공 여부, 수율 문제, 재고 사이클에 따라 극심한 변동성을 보인다. 그래서 ETF가 장점이 더 많다. 나는 2개의 ETF를 보유하고 있다. 내 전체 포트폴리오에 각각 5%, 3%로.

- **KODEX 미국반도체MV(390390)**: 여기에도 TOP 10 안에 든 엔비디아 16%, TSMC 8%, 브로드컴도 들어있다. ASML, 마이크론 등 글로벌 비메모리와 장비 기업들이 더 담겨있다. 미국 상장 글로벌 반도체 리더들에 분산 투자를 할 수 있다.
- **TIGER 반도체TOP 10(396500)**: SK하이닉스가 30%, 삼성전자

23% 정도의 비중이다. 세계 최고의 메모리 반도체 경쟁력을 가진 한국 기업에 압축 투자할 수 있다.

질서를 무너뜨리는 자들, 파괴적 혁신 기업

팔란티어: AI 운영체제

팔란티어는 오랫동안 '비밀스러운 데이터 분석 기업'이라는 꼬리표를 달고 있었다. CIA와 국방부가 고객이라 오해도 받았고. 하지만 이제 팔란티어는 'AI 운영체제' 기업으로 진화했다.

핵심 제품은 AIP(Artificial Intelligence Platform). 기업들이 거대언어모델(LLM)을 실제 업무 프로세스에 즉시 적용할 수 있게 해주는 강력한 도구다.

특히 주목할 건 'AIP 부트캠프'라는 독특한 세일즈 전략이다. 과거 엔터프라이즈 소프트웨어 세일즈는 6개월 이상 걸렸다. 그런데 팔란티어는 1~5일이라는 짧은 기간 동안 고객사 실제 데이터를 활용해 문제를 해결하는 모습을 시연한다. 고객이 AI 효용을 즉각적으로 체감하게 만드는 거다. 그 결과는 미국 상업용 매출이 전년 대비 70% 이상 폭발적으로 성장하고 있다.

팔란티어는 단순한 소프트웨어 공급자가 아니다. 전쟁터(Gotham)에서 생사를 가르는 의사결정을 지원하던 기술이, 이제는 기업 현장(Foundry)에서 공급망 최적화, 불량률 감소 등 핵심 의사결정을 가속화하는 두뇌 역할을 한다. 2024년 9월 S&P500에 편입됐는데, 이 사실은 팔란티어가 더 이상 변동성 높은 밈 주식이 아니라, 주류 기업

임을 입증한다.

금융 혁명: 코인베이스와 로빈후드

블록체인과 핀테크는 기존 금융 시스템의 비효율성을 파괴하고 있다. 코인베이스를 단순히 비트코인 사고파는 거래소로만 보면 빙산의 일각만 보는 것이다. 코인베이스는 베이스(Base)라는 자체 레이어2 블록체인을 통해 이더리움 생태계의 핵심 인프라로 거듭나고 있다. 베이스 체인은 출시 직후 폭발적인 트랜잭션을 기록하며, 거래 수수료 외의 새로운 수익원을 창출하고 있다.

여기에 더 주목할 것은 스테이블코인 발행사 서클과의 파트너십을 통한 USDC 수익 모델. 코인베이스는 USDC 준비금에 대한 이자 수익을 공유받으며, 고금리 환경에서 더 유리하게 안정적인 현금 흐름을 확보한다. S&P500 편입이 유력하게 거론될 정도로, 제도권 금융 내 입지를 강화하고 있다.

로빈후드는 '수수료 무료' 혁명을 일으키며 등장했지만, 이제는 MZ세대의 금융 슈퍼 앱을 지향한다. 단순 주식 거래를 넘어, 퇴직연금 계좌에 매칭 보너스를 지급하며 장기 투자 자금을 끌어모으고 있다. 또한 24시간 거래 시장을 통해 시간에 구애받지 않는 투자를 가능케 함으로써, 젊은 투자자들의 높은 충성도를 유지하고 있다.

이들 기업은 하루에도 10% 내외의 높은 등락을 보일 수 있다. 이런 큰 변동성을 감내하기 어렵기 때문이기도 하고, 이런 작은 기업들을 일일이 챙기기 어렵고, 이들 외에 또 다른 새싹들을 알아서 챙겨주는 ETF가 더 낫다.

- **KODEX 미국서학개미(473460):** 팔란티어, 코인베이스는 물론 한국에서 인기가 가장 높은 엔비디아, 테슬라, 아이온큐 등 한국 투자자 선호 종목 집합 종합 선물 세트다. 시장 트렌드에 가장 민감한 한국 '서학개미'들의 매수 상위 종목을 추종하는 독특한 콘셉트를 가지고 있다. 고변동성 성장주 비중이 높아 공격적인 위성 전략에 적합하다.

- **TIMEFOLIO 미국나스닥100액티브(426030):** 나스닥100 기반에 팔란티어, 코인베이스 등 알파 종목이 폭넓게 담겨있다. 나스닥100 지수를 추종하되, 펀드 매니저 판단에 따라 팔란티어 같은 고성장 종목을 비중 확대해서 초과 수익을 추구한다.

- **ARKK:** 이 ETF는 개인 자유 주식 계좌에서만 담고 있다. ARK인베스트의 캐시 우드가 운용하는 펀드로, 코인베이스, 테슬라, 로빈후드, 블록 등 3~5년 후에 크게 빛 볼 파괴적 혁신 기업들을 담고 있다.

미래 기술: 인류의 한계를 넘어서

미래 기술 분야는 전문적인 지식 없으면 옥석 가리기가 불가능에 가깝다. 개별 기업 리스크가 너무 크고. 그래서 각각의 분야별 특화된 ETF를 활용하여 산업 전체의 성장에 베팅하는 게 안전하다.

- **1Q 미국우주항공통신Tech(0131V0):** 로켓랩, 조비 에비에이션 비중 1위(각각 약 16% 정도). 팔란티어 등 우주 관련 테크 기업에 집중 투자. 로켓랩과 조비에 비중이 압도적으로 높고(약 32%), 우주

항공 및 UAM 섹터 성장을 가장 강력하게 반영한다.

- **KODEX 미국AI전력핵심인프라(487230):** 버티브, 이튼, 콘스텔레이션 에너지. AI 데이터센터 전력 공급망 및 냉각 기술 기업 집중. 엔비디아 성장이 지속될수록 꼭 필요한 전력 및 냉각 설비 기업들에 투자.

- **KIWOOM 미국양자컴퓨팅(498270):** 아이온큐, 리게티, D-Wave. 양자컴퓨팅 전용 ETF. 아이온큐 등 양자컴퓨팅 전문 기업들을 시가총액과 무관하게 편입하여 산업 성장을 추종한다.

- **TIGER 글로벌AI&로보틱스(466950):** 엔비디아, 유비테크, 팔란티어. AI와 로봇의 융합 테마. 하드웨어(로봇)와 소프트웨어(AI) 기업을 동시에 투자하여 밸류체인 전반을 아우른다.

위성 전략의 핵심

개별 종목, 특히 위성 전략에 해당하는 종목들은 하루에도 10%씩 등락할 수 있다. 아이온큐가 공매도 리포트에 공격당하거나, 로켓랩 발사가 실패하거나, 바이오 기업 임상이 지연될 때마다 일반 투자자는 공포에 질려 바닥에서 패닉 셀링을 하기 십상이다. 반대로 주가 급등할 땐 포모에 휩싸여 고점에서 추격 매수를 하게 된다. 그런데 ETF, 특히 액티브 ETF는 다르다.

자동 리밸런싱은 편함과 안정성 두 마리의 토끼를 다 잡아준다. 펀드 매니저와 알고리즘이 원칙에 따라 비중을 조절한다. 많이 오른 종목은 일부 매도하여 차익 실현하고, 저평가된 종목은 저가에 매수한다. 이 과정이 감정 없이 기계적으로 이루어진다.

절대 실패하지 않는 미국 주식 ETF 투자

시가총액 TOP 10 안에서도 서로 순위가 바뀌고, 내가 신경 못 쓰는 사이에 경쟁력을 상실하기도 하는데, 작은 기업들은 더욱 유의해야 한다. 그 기업들을 일일이 따라다니면서 챙길 수가 없다. 하지만 ETF는 끊임없이 신진대사를 한다. 경쟁에서 도태되는 기업은 포트폴리오에서 제거되고, 새롭게 떠오르는 승자가 편입된다. 내가 밤새워 재무제표를 분석하며 옥석을 가릴 필요가 없다. ETF가 스스로 진화하니까. 신경 안 쓰고 그냥 내버려두는 것, 아이러니하다고 생각할지 모르지만, 이게 장기 투자를 가능하게 하는 가장 강력한 동력이다.

위성 전략의 핵심은 '예측'이 아니라 '대응'이며, '몰빵'이 아니라 '배분'이다. 우리는 AI와 로봇이 지배할 미래를 알고 있지만, 누가 최후의 승자가 될지는 정확히 알 수 없다. 1990년대 인터넷 혁명 당시 수많은 기업이 명멸했지만, 결국 살아남은 아마존과 구글이 세상을 바꿨다. 지금의 AI 혁명도 마찬가지일 거다.

그래서 우리는 유망한 섹터 전체를 사는 ETF라는 그물을 넓게 펼친다. SK하이닉스의 HBM이 데이터를 나르고, 팔란티어의 소프트웨어가 의사결정을 내리며, 버티브의 냉각 시스템이 열을 식히고, 로켓랩의 위성이 우주를 연결하는 세상.

이 거대한 흐름에 동참하되, 일희일비하지 말자. 등락은 전문가와 ETF 시스템에 맡기고, 우리는 다가올 미래를 설레는 마음으로 지켜보기만 하면 된다. 지금 우리의 계좌의 한편에 심은 작은 위성들이, 언젠가 경제적 자유의 궤도로 올려놓을 강력한 추진체가 될 것이다.

12

실적 발표,
최소한만 이해해도 충분하다

애플 실적 발표가 떴다. 화면엔 숫자가 쏟아진다. EPS, 매출, 가이던스. 자막은 화려한데 용어는 참 낯설다. "조정 EPS는 뭐고, GAAP은 또 뭐야?" "컨센서스는 충족했다는데, 왜 주가가 빠져?"

초보는 숫자에 압도당하고, 중급자는 숫자만 보다 맥락을 놓친다. 그런데 사실은, 너무 많이 알 필요는 없다는 게 함정이다. 실적을 제대로 읽으려면 단어부터 이해해야 하는데, 더도 말고 덜도 말고 핵심 10개면 충분하다는 얘기다. 외우지 말고, 흐름으로 이해하자. 물론 이 흐름마저도 당장은 몰라도 좋다. 재무제표처럼 몇 년 후에 자연스럽게 이해하게 된다.

GAAP vs. Non-GAAP: 여권 사진과 프로필 사진

GAAP은 여권 사진이다. 규격이 정해져 있어서 모든 회사가 같은 방식으로 찍는다. 비교가 쉽다. 반면, Non-GAAP은 나만의 프로필 사진이다. 조명 조절하고, 보정 앱으로 잡티 지운다. 거짓은 아니다. 다만 '보여주고 싶은 나'에 집중한다.

회사는 이렇게 말한다. "GAAP으로 보면 순이익이 5억 달러인데, 사실 구조조정에 2억 달러 쓰고 주식 보상에 1억 달러 썼어요. 이거 빼면 진짜 본업 이익은 8억 달러입니다." 이게 바로 보정을 한 Non-GAAP, 즉 조정 이익이라는 거다.

둘 다 진짜 얼굴이다. 차이는 '왜 다른가?'를 설명하는 조정 내역 표(reconciliation)에 있는데, 그런데 문제는 차이이다.

차이는 1~2%면 별문제 없다. 그런데 GAAP은 2달러인데 Non-GAAP은 3달러라면? 그 1달러를 왜 뺐는지 좀 봐야 하지 않을까? 일회성 비용인지, 매년 반복되는 일회성인지 말이다.

같은 항목이 3분기 연속 나오면 그건 일회성이 아니라 구조의 문제다. 정말 그럴까? 조정 내역표를 한번 뒤져보면 답이 나온다.

주식 보상(SBC)과 희석: 파이가 얇아지는 이유

테크 기업은 직원에게 주식으로 월급을 준다. 현금은 안 나가지만, 주식을 새로 찍어서 주면 발행 주식 수가 늘어나는 식이다.

파이는 그대로인데 조각 수가 늘어나는 거다. 내 조각은 자동으로 작아진다. 이게 바로 희석(Dilution)이다.

회사가 1억 주 있고, 당신이 10만 주를 가졌다면 지분율 0.1%쯤 된다. 그런데 직원들에게 500만 주를 새로 주면? 총주식 수는 1억 500만 주가 되는 거고, 당신 지분율은 0.095%로 줄어든다. 숫자는 그대로인데 비율이 작아지는 참 묘한 일이다.

조정 EPS를 발표할 때 많은 회사가 주식보상비용을 뺀다. 숫자는 좋아 보인다. 그런데 실제론 당신 지분이 희석되고 있다는 점.

그래서 자사주 매입(Buyback)을 같이 봐야 한다는 얘기다. 자사주 매입은 매우 호재이고, 매입으로 주식을 없애면 희석을 상쇄할 수 있긴 한데, 주식 보상이 500만 주인데 매입이 300만 주면? 순증가 200만 주다. 지분은 여전히 희석되고 만다.

매출 vs. 잔고(RPO): 오늘과 내일의 돈

매출(레비뉴, Revenue)은 '이미 인식된 돈'이다. 제품을 배송했거나, 서비스를 제공했거나 한 돈을 말한다.

RPO(Remaining Performance Obligation, 잔고)는 '쌓여 있는 약속'이다. 아직 서비스 안 해준 계약 금액의 합계인 셈이다.

클라우드, 구독형 모델(AWS, Azure, 구글 클라우드)에서 이게 참 중요하다. 왜냐하면 오늘 매출이 좋아도 신규 계약이 마르면 내년은 힘들다. 반대로 오늘 매출이 주춤해도 RPO가 쌓이고 있으면 다음 분기는 괜찮다는 뜻이다. 오늘의 매출보다 내일의 잔고가 더 큰 이야기일 때가 많다. 그럼, 주가는 긍정적으로 반응한다.

Gross Margin(매출총이익률): 비싸게 팔아도 팔리는 힘

매출에서 제품 원가만 뺀 게 매출총이익이다. "물건 하나 만드는 데 드는 비용" 대비 "얼마에 팔 수 있나"의 비율인 셈이다. 브랜드, 기술 장벽, 독점의 대가가 이 숫자에 고스란히 찍힌다.

애플 아이폰 총 마진이 약 40% 안팎 되고, 엔비디아 GPU 총 마

     절대 실패하지 않는 **미국 주식 ETF 투자**

진은 무려 70% 이상 남긴다. 삼성 갤럭시는 30%대 초반쯤.

1%포인트 변동이 사소해 보여도 매출이 거대하면 금액이 크다는 게 함정이다. 매출 1,000억 달러짜리 회사가 총 마진을 고작 1%포인트만 올려도, 이익이 10억 달러나 늘어나는 식이다.

경쟁자가 못 따라오면 마진은 천천히 오른다. 가격 경쟁이 붙으면 생각보다 훨씬 빨리 내린다.

Operating Margin(영업이익률): 회사의 폐활량

매출총이익에서 인건비, R&D, 마케팅까지 다 뺀 뒤 남는 게 영업이익이다. 회사가 얼마나 효율적으로 돈을 버는지 보여준다.

R&D를 늘려 미래를 사들이면 단기 영업이익률은 내려갈 수 있다. 좋은 하락과 나쁜 하락을 구분하자는 얘기다.

좋은 하락은 내년을 두껍게 만든다. 테슬라가 FSD 개발에 엔지니어를 2배 늘리면 당장 비용은 오르지만, 2년 뒤 자율주행 수익은 커지는 식이다.

나쁜 하락은 매출이 늘어도 비용이 더 빨리 살찐다. 조직이 비대해지거나, 마케팅을 퍼부어도 고객이 안 늘거나 하는 경우다.

분기별 영업이익률 추이를 보면서, 무슨 비용이 왜 늘었는지 확인하면 된다. 사실은 그게 핵심이다.

FCF(잉여현금흐름): 어쨌거나 현금

FCF(Free Cash Flow)는 본업에서 들어온 현금에서 설비투자를 뺀 '손에 쥔 돈'이다. 진짜 손에 쥔 돈.

회사가 자유롭게 쓸 수 있는 현금이다. 배당 주거나, 자사주 사거나, 빚 갚거나 하는 데 쓸 돈이다.

조정 EPS가 아무리 좋아도 FCF가 마이너스면 뭔가 좀 이상하다는 거다. 이익은 회계 트릭으로 포장할 수 있지만, 현금은 거짓말을 안 한다. 현금은 정직하다.

애플은 FCF 마진이 25%를 훌쩍 넘는다. 매출 1,000억 달러에 FCF 250억 달러쯤. 이게 바로 그 막대한 자사주 매입과 배당의 진짜 원천이다.

ARPU: 사용자 한 명이 얼마나 벌어주나?

ARPU(Average Revenue Per User)는 "사용자 한 명이 한 분기에 평균 얼마를 벌어주는가?"라는 뜻이다.

메타 예시를 보면, 1분기 광고 매출 300억 달러, 월간 사용자 30억 명이면 분기 ARPU는 10달러 정도 나온다.

ARPU가 오르면 세 가지 중 하나다.

1. 광고 단가가 올랐다.(타깃이 좀 더 정교해졌다)

2. 광고 노출이 늘었다.(사용자가 광고를 더 많이 본다는 뜻)

3. 사용자가 더 오래 머물렀다.(앱에 더 오래 붙어 있다)

DAU/MAU(일간/월간 사용자 비율)는 집객력을 보여주는 숫자다. 메타는 약 66%쯤 된다. 월간 30억 명 중 20억 명이 거의 매일 쓴다는 뜻이다. 참 대단하다.

메타 같은 광고가 주 수익원인 기업의 실적 발표 자료에는 ARPU와 사용자를 눈여겨봐야 한다. 예를 들어 ARPU는 오르는데 사용자

  절대 실패하지 않는 **미국 주식 ETF 투자**

는 정체면 수익화 성공이다. 사용자는 느는데 ARPU가 정체면 수익화가 과제라는 얘기다.

Guidance(전망): 범위와 일관성

"다음 분기 매출은 500억~540억 달러로 예상합니다."

범위가 있으면 중간값(52억 달러)이 암묵적 기준선이다. 하한을 올리는 상향은 자신감의 표현이다. 하지만 너무 범위를 넓히는 건 불확실성의 고백이라고 보면 된다.

그런데 컨센서스(애널리스트 평균)를 이겨도 주가가 빠지는 경우가 있다. 왜? 시장 속 위스퍼(비공식 기대치)가 더 높았기 때문이다. 컨센서스 50억 달러, 위스퍼 52억 달러인데, 실적이 51억 달러라면? 컨센서스보다 높으니, 주가가 오를까? 아니다. 보통은 위스퍼보다 낮은 이유로 미끄러진다.

미국 주식 초보일 때는, '아니, 왜 너희들끼리 컨센서스를 높게 잡아서 이렇게 주가를 내리는 거지?' '이왕 다음 분기 예상을 좋게 한다고 발표하지, 그게 뭐라고 그렇게 숫자를 아끼나?'라며 '어차피 미래의 일, 일단 이번 분기 실적 발표만 살려주지'라고 생각했다. 하지만 다음 분기에 이건 오히려 큰 족쇄다. 3~4분기 연속 가이던스를 지키는 회사. 계속 지키는 회사가 신뢰를 받는다. 일관성이 신뢰를 만든다.

13

재무제표 몰라도
투자 가능

흥미로운 상상을 해보자. 유럽 축구 리그의 유명한 구단을 응원하는 팬의 입장에서 말이다. 처음 축구를 즐기려는 초보 팬에게 누군가 이렇게 말한다면 어떨까. "선수 스펙 분석, 체력 지표, 경기 영상 분석, 전술 이해도를 꼭 갖춰야 축구 경기를 제대로 즐기고 응원할 수 있어." 이러면 얼마나 골치 아플까? 과연 몇 명이나 축구의 팬이 될까?

손흥민 경기를 보려는데 먼저 그의 골 결정력 통계부터 공부해야 한다? 레알 마드리드를 응원하고 싶은데 주드 베링엄의 스프린트 속도를 수치로 이해해야 한다? 그냥 경기장 가서 소리 지르고 싶을 뿐인데 4-3-3 포메이션의 장단점부터 암기해야 한다고 어느 축구 전문가가 충고한다면? 말도 안 된다. 그렇게 축구를 즐기는 사람은 없다.

그런데 우리는 투자에서는 왜 이런 식으로 접근하는 걸까? 재무제표를 분석하지 못하면 제대로 투자하는 게 아니라는 식이라니!

팬은 선수 스펙을 억지로 외우지 않는다

하지만 생각해 보자. 우리는 선수 스카우트가 아니다. 고교 선수를 선발해야 하는 그런 스카우트가 될 필요도 없고, 될 수도 없다. 우리는 어마어마한 명문 구단의 경기를 관람하고 즐기기만 하면 된다. 그러다가 몇 년 지나면, 달라진 팬이 되어 있다. "아, 그 선수는 말이야, 실적이 어떻고 강점이 뭐고 약점이 뭐고." "이 구단은 말이야." 하면서 술술 입에서 분석이 나오는 고수 팬이 자연스럽게 되어 있는 거다.

그걸 처음에 억지로 공부한다고 될 수 있는 게 아니다. 좋아하다 보면, 보다 보면, 자연스럽게 알게 되는 거다.

우리가 투자해야 하는 미국 주식 빅테크 기업들이 바로 그러하다. 투자하다 보면 자연스럽게 무슨 소린지 알아듣게 된다. 너무 애쓰지 않아도 된다.

그리고 세상에서 가장 쓸모없는 걱정이 애플 재무 걱정, 마이크로소프트 이익률 걱정, 테슬라 현금 걱정, 엔비디아 이익률 걱정이다. 이 구단들은 이미 세계 최고 명문이다. 우리는 그냥 투자만 하면 된다. 우리가 재무제표 분석한 눈에 문제가 보일 정도면 이미 세상 사람들 다 아는 문제가 터진 후일 것이다.

재무제표는 본질적으로 '과거'의 기록이다. 그것은 기업이 어제까지 어떻게 걸어왔는지 보여주는 정교한 발자국이다. 그런데 문제는 시장은 내일에 베팅한다는 거다. 노련한 회계사와 펀드 매니저 수만 명이 이미 그 발자국을 현미경으로 들여다보고, 그 분석이 끝난 가격이 현재의 주가에 반영되어 있다.

우리가 며칠 밤낮으로 숫자를 파고들어 발견한 '유레카'가, 사실은 이미 월스트리트의 알고리즘이 0.01초 만에 계산을 끝낸 '당연한 정보'일 가능성이 높다. 이것은 지능의 문제가 아니라, 정보 접근성과 속도의 불균형 문제다. 우리는 이미 시작부터 조금 불리한 게임에 초대된 것일 수 있다. 그래도 우리는 계속 그 숫자들을 뚫어지게 바라본다. 마치 그 안에 무슨 다빈치 코드라도 숨어 있는 것처럼. 우리는 숫자의 미로에서 길을 잃은 채, '아, 나는 진짜 투자에 재능이 없나 봐'라는 결론에 도달한다.

전문가의 분석과 예측이라는 환상

역사적으로 '전문가'라 불리는 이들의 분석과 예측은 어땠을까? 수많은 경제학자와 애널리스트가 금리나 유가를 예측하지만, 그 정확도는 단순한 추세 추종이나 심지어 무작위보다 낮다고 말하기 어렵다. 2008년 금융 위기 직전, 수많은 거대 금융기관의 재무제표는 "지극히 건강하다"라고 평가받았다. AAA 등급을 달고 있었다. 그러니까 전문가들도 틀린다는 얘기다. 그런데 우리는 왜 스스로에게만 완벽함을 요구하는 걸까?

전문가도 아닌 우리가 그 숫자들을 파고든다고 해서, 과연 월가의 전문가들보다 더 나은 결론을 내릴 수 있을까? 솔직히 우리는 엑셀 수식 하나 제대로 못 짜면서도 '제대로 공부하면' 재무제표를 '분석' 할 수 있다고 믿는다. 굳이.

절대 실패하지 않는 **미국 주식 ETF 투자**

그래서 존 보글(John Bogle) 같은 현인은 "건초더미에서 바늘을 찾으려 하지 말고, 건초더미 전체를 사라"고 조언했다. 이것은 지적 게으름의 표현이 아니다. 오히려 가장 냉철한 확률적 사고일 수 있다.

우리가 S&P500이나 나스닥100 같은 지수를 추종한다면, 우리는 이미 미국이라는 거대한 시스템의 가장 건강한 기업들에 분산 투자한 셈이다. 개별 기업의 분기 실적이나 부채 비율을 아는 것보다, 이 시스템이 장기적으로 우상향한다는 믿음을 '유지하는 것'이 훨씬 중요할 수 있다.

꾸준한 분할매수(DCA)는 감정을 비우는 루틴이다. 시장이 환호할 때나 공포에 떨 때나, 기계적으로 같은 금액을 투입하는 행위. 이것은 시장을 '안다'라고 주장하는 대신, 시장이 장기적으로 성장할 것임을 '믿는다'라는 태도다. 그리고 믿음은, 지식보다 훨씬 더 질긴 인내심을 요구한다.

꾸준함은 때로 기억상실의 기술이다. 복잡한 분석을 잊고, 그저 시장에 머무는 것. 어쩌면 우리의 건망증이 투자에선 장점일지도 모른다.

우리가 정말 알아야 할 최소한

물론 이런 반론이 있다. "최소한의 기본도 모르고 투자하는 것은 도박과 다르지 않다." 이 말은 부분적으로 옳다. 우리는 적어도 우리가 무엇에 돈을 넣고 있는지는 알아야 한다. 이 회사가 돈을 '잘 버는지' 확인하는 것이다. 우리는 이 정도면 충분하지 않을까? 아니, 솔직히 그래야만 한다.

재무제표가 여전히 두렵다면, 그것을 '기업의 건강검진표'라 생각하고 딱 세 가지만 보는 건 어떨까?

첫째, 혈압이 일정한가? 꾸준히 성장하는가를 보는 거다.

둘째, 근육량이 늘고 있는가? 매출에서 이익을 제대로 남기고 있는가를 확인하는 거다.

셋째, 피가 잘 도는가? 현금 흐름이 플러스인가를 확인하는 거다.

솔직히, 이 세 가지가 꾸준히 우상향하는 기업은 쉽게 쓰러지지 않는다. 우리는 재무제표를 '분석'하려는 게 아니라, 그저 '확인'하려는 것이다. 이 작은 관점의 차이가 우리를 불안에서 해방해 줄지도 모른다. 병원 가서 의사한테 "혈압 정상이세요."라고 듣는 것처럼, 그 정도면 됐다.

사실 더 중요한 '최소한'은 따로 있다. 바로 나 자신을 아는 것이다. 내가 감당할 수 있는 변동성은 얼마인지, 얼마 동안 돈을 묶어둘 수 있는지, 시장이 30% 하락했을 때 나는 무엇을 할 것인지.

재무제표 속 숫자보다 내 마음속 숫자를 읽는 것이, 어쩌면 더 시급한 과제다.

기업의 PER이나 PBR을 아는 것보다, 나의 '공포 임계점'을 아는 것이 나의 최종 수익률에 더 결정적인 영향을 미칠 수 있다. 참 묘한 일이다. 우리는 남의 재무제표는 들여다보면서, 정작 내 멘탈의 대차대조표는 한 번도 안 봤다.

새로운 시대의 배움

워런 버핏이 재무제표를 읽으며 오후를 보내는 낭만적인 장면을 상상해 본 적 있는가? 그건 좋은 그림이다. 그런데 우리 대부분은 버핏이 아니다. 그리고 솔직히 그럴 필요도 없다. 버핏은 재무제표 읽으면서 쉬지만, 우리는 재무제표 읽으면 그냥 잔다.

재무제표를 근본부터 하나하나 다 알겠다는 생각은 일단 접자. 요새는 많은 기사들과 유튜버들이 쉽게 설명하고 해설해 준다. 기업 실적 발표가 나오면, 그다음 날 아침이면 벌써 수십 개의 분석 콘텐츠가 쏟아진다. 우리는 정보의 부족이 아니라, 정보의 과잉 속에 살고 있다. 문제는 너무 많아서 뭘 봐야 할지 모르겠다는 거다.

다만 이런 재무제표와 관련된 이야기가 나올 때 어렵다고 외면하거나 주눅 들지 않을 정도로는 익숙해지자. '아, 이익이 늘었다는 얘기구나.' '현금흐름이 좋아졌다는 뜻이구나.' 이 정도만 알아듣는 귀를 가지면 충분하다. 완벽하게 이해하려 하지 말고, 대략의 맥락을 잡는 거다. 시험 볼 것도 아니잖은가.

그리고 사실은 이제 더 쉬운 시대가 왔다. 챗GPT 같은 AI가 주식에 대한 지식과 쉽게 이해시켜 줄 준비가 되어 있다. 전 세계 수많은 이들이 주식을 AI에게 물어보니, 이미 충분하게 학습이 된 것이다. 애플의 최신 10-Q 보고서가 이해 안 되면? 그냥 AI에 던져주고 "이거 쉽게 설명해 줘"라고 하면 된다.

"이 회사 재무제표에서 뭐가 좋고 뭐가 안 좋은지만 알려줘."

"영업현금흐름이 왜 중요한 거야?" "더 쉽게, 차근차근 이해될 수 있게 해줘."

이렇게 물어보면 내 수준에 맞게 설명해 준다. 심지어 질문이 너무 쉽다고 해도 AI는 판단하지 않는다. 이게 AI의 최고 장점이다. 굳이 교과서 공부하듯이 재무제표 읽는 법을 공부하겠다고 무리하게 생각할 필요도, 부담도 가질 필요가 없다. 어렵게 접근하느니 쉽게 여겨서 부담 없게 받아들이도록 하자.

기술이 발전할수록 우리가 '몰라도 되는 것'의 범위가 넓어진다. 번역기가 나오면서 우리는 모든 외국어를 완벽히 배울 필요가 없어졌다. AI가 나오면서, 우리는 모든 재무제표를 암기할 필요가 없어졌다. 중요한 건 질문하는 법을 아는 거다. 그리고 그 답을 믿을지 말지 판단하는 감각을 기르는 거다.

더 단순한 길

그런데 사실은 이마저도 필요 없을 수 있다. 월급날 DCA(분할 적립 투자)로 적금 붓듯이 ETF로 투자할 것이라면 말이다.

생각해 보자. 우리가 은행에 적금을 넣을 때, 내 돈을 맡겨두는 그 은행의 재무제표를 들여다보는가? 은행이 어떤 대출 포트폴리오가 있는지, 또 자기자본비율이 얼마인가 확인하는가? 대부분은 안 한다. 그냥 믿고 넣는다. 시스템을 믿고, 시간을 믿고, 그저 꾸준히 넣는다. 우리는 은행원의 미소만 확인하고 도장을 찍는다.

S&P500이나 나스닥100 같은 광범위한 지수 ETF에 투자하는 것도 본질적으로 같은 행위다. 우리는 미국 경제 전체의 성장을 믿는 거다. 개별 기업의 재무제표까지 알 필요 없이 투자하는 것. 이게 멋지지 않나? 아니, 솔직히 이게 현실에 더 맞지 않나?

그러려고 DCA를 하는 것이다. 그래서 멘탈에 타격 없이, 그리고 투자에 부담 가지지 않고 장기 투자할 수 있는 것일지도 모른다. 매달 같은 날, 같은 금액을. 시장이 오르든 내리든. 재무제표가 좋든 나쁘든. 그냥 꾸준히. 생각 없이. 어쩌면 생각 없는 게 장점이다.

이것이야말로 가장 급진적인 단순함이다. 지식의 포기가 아니라, 불필요한 복잡성의 거부. 우리는 똑똑해지려고 애쓰는 대신, 시스템의 힘을 빌리기로 선택한 것이다. 왠지 이게 더 현명한 선택처럼 느껴진다. 우리가 게으른 게 아니라, 효율적인 거다. 그렇게 믿자.

견디기의 기술

우리는 종종 투자를 '정답 찾기' 게임으로 오해한다. 이 기업의 숨겨진 가치를 찾아내는 어려운 시험처럼 말이다. 그런데 투자는 어쩌면 '견디기'에 더 가까운 게임일지 모른다.

숫자의 숲에서 길을 잃을 필요는 없다. 모든 나무의 이름을 외우고 성분을 분석할 필요도 없다. 우리는 숲 전체가 자라고 있다는 사실에 투자하는 중일 수 있다. 나무 한 그루 한 그루 들여다보다가는 숲이 불타는 줄도 모를 수 있다. 아니, 반대로 숲이 자라는데 나무 하나 고사한다고 패닉에 빠질 수도 있다.

S&P500은 지난 50년 동안 약 74% 상승했다. 이 기록은 정말 대담하면서도 듬직하다. 이런 저력과 신뢰 때문에 앞으로도 투자할 수 있다. 개별 기업의 복잡한 재무제표보다, 이 단순한 확률이 우리에게 더 많은 것을 말해준다. 재무제표에 민감해서 재무제표로 기업을 거르는 투자자보다 S&P500의 저력을 믿는 투자자의 수익률이 높을 것 같다.

재무제표를 읽지 못하는 자신을 책망하는 그 시간은, 생각해 보면 가장 비싼 기회비용이다. 그 시간에 우리는 삶을 즐기거나, 혹은 그저 시장에 머무는 '훈련된 무감각'을 연습할 수도 있었다.

투자는 삶의 중심이 아니라, 삶을 떠받치는 조용한 장치여야 한다. 우리가 시장 소음과 복잡한 숫자들로부터 한 걸음 물러설 때, 비로소 '시간'이라는 가장 강력한 지표가 우리의 편이 되기 시작한다.

무언가를 덜 하려고 애쓸 때, 더 많은 것이 이뤄지기도 한다. 이상하게도 그게 투자의 진실일지도 모른다. 재무제표 몰라도 된다. 명문 구단의 경기가 멋진가에 집중해서 보는 편이 그 구단의 진가를 아는 데 훨씬 도움이 된다.

   절대 실패하지 않는 미국 주식 ETF 투자

14

ISA·IRP·DC·연금저축으로 할까?

미국 주식 투자로 돈을 벌었다. 그런데 세금을 내라고 한다. 얼마 벌지도 못했는데. 올해는 좀 벌었어도 내년엔 어떻게 될지 모르는데. 시작하기도 전에 부담스럽다.

그리고 절세를 해보려고 검색했더니, ISA, IRP, DC, 연금저축이라는 단어들이 쏟아진다. 납입 한도는 뭐고, 중도 인출 불가는 또 뭔지. 세금 좀 아껴보려다가 머리 아파서 시작도 못 하는 아이러니. 주식도 어려운데, 세금도 어렵다.

이 복잡함을 만들어낸 건 의도가 아니라 역사다. 한국의 절세 계좌 체계는 20년 동안 하나씩 추가되면서 영어 약어로 이름을 지으면서 미로가 됐다.

연금저축이 가장 먼저 1994년에 만들어졌다. 2005년 퇴직연금 제도가 도입되면서 이야기가 복잡해진다. DC, IRP 같은 영어 이름의 제도가 등장했고, 2016년엔 ISA까지 추가 됐다.

ISA(Individual Savings Account)는 개인종합자산관리계좌다. 영국에서 만든 제도를 한국이 도입하면서 영어 이름을 그대로 가져왔다. IRP(Individual Retirement Pension)는 개인형퇴직연금이고, DC(Defined Contribution)는 확정기여형을 뜻한다.

한국어로 되어 있어도 무슨 소린지 어렵다. 이 단어들을 처음 마주한 사람은 대체로 두 가지 감정을 느낀다. '이걸 써야 할 것 같은데' 그리고 '그런데 이게 무슨 뜻이지?' 이름 때문에 포기하기엔 아까운 구조다. 왜냐하면 세후 수익률의 차이가 제법 크기 때문이다.

각 계좌의 본질

이름의 혼란을 넘어서면, 각 계좌의 본질이 보인다. 이 계좌들은 각각 다른 목적으로 만들어졌고, 그 목적이 곧 제약이자 장점이다.

연금저축은 개인이 자발적으로 노후를 준비하도록 만든 도구다. 누구나 가입할 수 있고, 연간 600만 원까지 납부하면 세액공제를 받는다. 소득에 따라 13.2%에서 16.5%까지, 최대 99만 원을 돌려받는다. 매년 세금을 내지 않아도 되는 '과세이연' 덕분에 세금 내느라 주식을 팔지 않아도 돼 복리 효과가 커진다. 다만 해외 직투 주식은 살 수 없다. 국내에 상장된 미국 ETF로만 시장에 접근할 수 있다. 이건 제약이면서 동시에 장기 투자를 강제하는 안전장치이기도 하다.

IRP는 퇴직금 전용 계좌다. 회사를 그만둘 때 받는 퇴직금을 여기에 넣고, 본인이 운용한다. 추가로 연간 300만 원까지 더 넣으면 세액공제를 받는다. 연금저축 600만 원에 IRP 300만 원을 더하면 총 900만 원까지 세액공제를 극대화할 수 있다. 다만 위험자산은

70%까지만 가능하고, 나머지 30%는 예금이나 채권 같은 안전자산에 묶인다. 중도 인출은 법정 사유가 아니면 불가능하고, 꺼내면 기타 소득세 16.5%가 붙는다.

DC는 회사가 넣어주는 내 퇴직금을 내가 직접 굴리는 계좌다. 회사가 매달 내 퇴직금을 약속된 증권사 계좌로 넣어주면, 내가 원하는 ETF를 살 수 있다. IRP와 마찬가지로 위험자산 70% 한도가 있다.

DC의 반대편엔 **DB**(Defined Benefit, 확정급여형)가 있다. DB는 퇴직금이 정해져 있고, 회사가 알아서 운용하는 방식이라 직원은 투자 결정을 하시 않는다. '투자'의 개념으로는 DC만 해당하고, DB는 '투자'가 아니므로 개인이 신경 쓸 필요가 없다. 개인적으로는 아직도 DB형으로 퇴직금을 그냥 묵혀두는 사례가 많은 것 같아 안타깝다.

우리 사회가 아직 주식 투자에 대해 얼마나 금융맹에 가까운 인식을 하고 있는지 단편적으로 드러내는 부분이라고 생각한다. 내가 받을 퇴직금 목돈으로 안전하게 자산을 증식시킬 수 있는데 '원금 손실' 가능성 때문에 DC를 꺼린다고? 그럼 주식 시장 자체는 왜 존재하는 걸까? DC는 보통 10~20년 이상 장기 투자하는 상품이다. 장기로 보면 주식이 원금 손실 확률이 훨씬 낮다는 건 역사가 증명한다. 괴담에 겁먹어 이런 좋은 제도를 활용하지 못하는 게 더 손해다.

ISA는 이름처럼 '만능통장'에 가깝다. 하나의 계좌에서 주식, 펀드, 예금, ETF를 모두 담을 수 있다. 3년을 유지하면 500만 원까지 수익에 세금이 없고, 초과분엔 9.9%만 과세 된다. 연간 4,000만 원까지 넣을 수 있어서 중단기 자금이나 리밸런싱 버퍼로 쓰기 좋다. 만기 후 자금을 연금 계좌로 옮기면 10% 추가 세액공제를 받는다. 최대 300만 원까지. 이 루틴을 반복하면 세제 혜택이 누적된다.

주식은 아무런 제약이 없다. 미국 개별 주식, 해외 ETF, 레버리지 상품 모두 자유롭게 살 수 있다. 입출금도 자유롭다. 대신 세제 혜택은 없다. 연간 해외주식 양도차익 250만 원까지 기본공제가 있고, 초과분엔 22%의 양도소득세가 붙는다. 배당수익엔 15.4%가 원천징수된다.

무엇을 어디서 살 수 있나?

혼란의 핵심은 여기에 있다. 어떤 계좌에서 무엇을 살 수 있는가? 직투인 해외 개별 주식과 해외 상장 ETF(QQQ, VOO 같은)는 개인 자유 계좌에서만 살 수 있다. 연금저축, IRP, ISA, DC에서는 불가능하다. 테슬라나 엔비디아를 TSLA, NVDA로 직접 사고 싶다면, 개인 자유 계좌가 유일한 선택지다. 이건 제도의 한계가 아니라 설계 의도다. 절세 계좌는 안정적 장기 투자를 유도하기 위해 만들어졌고, 변동성 큰 개별 주식은 그 철학과 맞지 않는다고 본 것이다.

하지만 미국 지수 ETF는 한국에서도 만들어놔서 모든 계좌에서 살 수 있다. S&P500, 나스닥100 같은 ETF가 한국 운용사에서도 출시됐기 때문에 절세 계좌에서도 매수할 수 있다. 해외 상장 ETF보다 비용이 약간 높을 수 있지만, 세제 혜택을 고려하면 세후 수익률은 오히려 나을 수 있다.

그럼, 절세 계좌에서는 테슬라나 엔비디아 같은 개별 종목은 담을

     절대 실패하지 않는 **미국 주식 ETF 투자**

수 없을까? 아쉽게도 한국에서는 100% 단일 종목만 담는 ETF가 법적으로 불가능하다. 금융감독원과 거래소 규정상 최소 2종목 이상 분산이 필수다. 그러니까 '테슬라 ETF'라고 해도 테슬라 100%짜리는 존재하지 않는다.

그런데 우회로가 있다. 특정 종목을 20~30%, 많게는 60%까지 고비중으로 담는 ETF가 국내에 상장되어 있다. 테슬라의 경우 선택지가 제법 있다.

RISE 테슬라고정테크100은 테슬라 25%에 미국테크100지수 75%를 섞은 구조다. ACE 테슬라밸류체인액티브는 테슬라와 밸류체인 기업들을 담는데, 테슬라 비중이 최대 60%대까지 올라가기도 한다. KODEX 테슬라커버드콜채권혼합액티브는 테슬라 20%쯤에 커버드콜 옵션과 채권을 섞었고, TIGER 테슬라채권혼합Fn은 테슬라 29.5%에 국공채를 혼합한 상품이다.

엔비디아는 '엔비디아 밸류체인·채권혼합' ETF 등 고비중 ETF 역할을 하는 우회 수단이 꽤 늘어난 상태다. ACE 엔비디아밸류체인액티브는 엔비디아를 약 20%대 중후반까지 담고, 나머지는 TSMC·브로드컴·AMD 등 AI 반도체 밸류체인 기업들로 채워 엔비디아 생태계를 한 번에 묶어 가는 구조다. ACE 엔비디아채권혼합블룸버그는 엔비디아 30%에 국내 채권 70%를 섞어, 엔비디아 단일 종목 익스포저와 채권의 방어력을 동시에 노리는 채권혼합형 상품이다. 여기에 TIGER 미국필라델피아반도체, TIGER AI반도체TOP10, KODEX 미국반도체TOP10 같은 전통적인 반도체·AI 테마 ETF에서도 여전히 엔비디아가 상위 종목으로 편입되어 있고, 비중은 대략

10~20% 수준에 형성된다. 테슬라처럼 '엔비디아 50% 단독 ETF'가 있는 것은 아니지만, 밸류체인 액티브·채권혼합·TOP10/압축형 반도체 ETF를 조합하면 국내 계좌만으로도 엔비디아에 대한 사실상 고비중 투자가 충분히 가능해진 셈이다.

참고로, 필자의 경우에는 ACE 앤비디아 밸류체인액티브, KODEX 미국반도체TOP10과 함께 TIGER 반도체TOP10 이렇게 3개의 반도체 ETF를 보유하고 있는데, TIGER 반도체TOP10의 경우에는 SK 하이닉스와 삼성전자를 50% 넘게 담을 수 있어서, 이 3가지 ETF를 가지고 있으면 글로벌 반도체 기업에 편하게 분산 투자할 수 있게 된다.

정리해 보면 미국 시장에 투자하는 방법은 두 가지로 나뉜다. 하나는 미국 시장에 직접 뛰어들어 QQQ, SPY, VOO 같은 ETF를 달러로 사거나, TSLA, NVDA 같은 개별 주식을 직접 사는 방식이다. 다른 하나는 한국 시장에 상장된 미국 ETF를 원화로 사는 것. KODEX 미국나스닥100, TIGER 미국S&P500 같은 지수 ETF부터, 테슬라·엔비디아 고비중 테마 ETF까지. 이 두 방식의 차이가 생각보다 크다.

세금이라는 보이지 않는 무게

세금에 대해서만 다시 정리해 보자. 양도소득세 22%가 부과된다. 연간 250만 원까지는 공제되지만, 그 이상은 예외 없이 22%다. 반면 국내 상장 ETF는 매도 차익이 배당소득으로 분류되어 15.4%만 낸다.

3천만 원 차익이 발생했다고 하면, 미국 직접투자라면 250만 원

공제 후 2,750만 원에 22%, 그러니까 약 605만 원 정도 세금으로 나간다. 국내 ETF라면 3천만 원의 15.4%, 약 462만 원이다. 차이가 143만 원. 고작 한 번의 거래에서 143만 원. 차이가 꽤 크게 느껴진다.

물론 함정이 있다. 국내 ETF 수익은 금융소득에 합산되니까, 이자와 배당 합쳐서 연간 2천만 원을 넘기면 종합소득세 대상이 된다. 최고세율이 49% 안팎까지 올라갈 수 있다는 얘기다. 그러니까 자산 규모가 아주 큰 투자자라면 오히려 미국 직접투자가 유리할 수도 있다. 그런데 대부분의 개인투자자에게 이건 다소 먼 이야기다. 금융소득 2천만 원이면 원금이 최소 수억 원은 있어야 가능한 숫자다.

연금 계좌로 가면 이야기가 또 달라진다. IRP나 DC에서 국내 상장 ETF를 사면, 매도해도 그 시점에 세금을 안 낸다. 55세 이후 연금으로 받을 때 한 3~5%대의 낮은 세율만 적용된다. 그 사이 수십 년 동안 세금 낼 돈까지 복리로 굴릴 수 있다. 장기 투자자에겐 이 점이 가장 매력적이다. 세금으로 낼 뻔한 돈으로 투자를 할 수 있으니 말이다.

세금만 따져봐도 효과가 상당하다. 매년 세액공제로 120~150만 원을 돌려받고, 운용 중에 세금이 없으니, 복리가 온전히 작동한다. 은퇴 후에도 저율 과세라면 20~30년 후엔 그 차이가 수천만 원, 어쩌면 1억 원 이상이 될 수도 있다.

수수료의 진실, 그리고 시간의 문제

환전 비용은 또 어떤가? 미국 ETF를 사려면 원화를 달러로 바꿔야 한다. 왕복 환전 수수료가 한 0.2~0.5% 정도 된다. 1천만 원 투자하면 2~5만 원이 그냥 사라지는 셈이다.

별것 아닌 것 같지만, 매월 적립식으로 투자하는 사람에게는 이게 쌓인다. 3년간 매월 100만 원씩 투자했다고 치면, 환전 수수료만 한 100만 원이 훌쩍 넘는다. 그 돈이 복리로 굴러갔다면 10년 후엔 200만 원, 20년 후엔 400만 원이 됐을 수도 있다.

국내 ETF는 원화로 거래되니 환전 비용이 없다. 거래 수수료도 미국 주식보다 저렴하다. 작은 돈이라고 무시하기엔, 시간이 만드는 차이가 너무 크다.

그런데 세금과 수수료보다 더 큰 문제가 있다. 바로 시간이다. 미국 시장은 한국 시간으로 밤 11시 30분에 열려서 새벽 6시에 닫는다. 서머타임에는 한 시간 더 빠르다.

직장인에게 이 시간대는 수면 시간이다. 미국 시장에 직접 투자한다는 건, 필연적으로 수면의 질과 타협해야 한다는 뜻이다. 중요한 경제지표 발표가 있는 날이면 새벽에 알람을 맞춰야 하고, 시장이 급변하면 밤새 모니터를 붙들어야 한다.

정말 그럴까? 그렇게까지 해야 할까? 사실 장기 투자자에게 실시간 대응은 거의 무의미하다. 오늘 밤 3% 빠졌다고 새벽에 일어나 팔아봤자, 다음 주에 5% 오르면 손해다. 시장은 단기적으로 예측 불가능하지만, 장기적으로는 우상향해 왔으니까.

연준 금리 발표가 있는 날, 새벽에 일어나 매수 버튼을 눌렀는데 몇 시간 후 시장이 급반전하는 경우가 있다. 잠들어 있어서 대응을 못 한다. 아침에 일어나 6% 넘게 빠진 계좌를 본다. 이런 경험이 몇 번 쌓이면 야간 매매 자체가 공포가 된다.

국내 ETF는 한국 주식시장 시간에 거래된다. 오전 9시부터 오후 3시 30분. 점심시간에 잠깐 확인하고, 매수하거나 자동 매수 예약 기능을 쓴다면 확인마저도 잊어도 좋다. 잠을 방해받지 않는다. 이건 단순한 편의성의 문제가 아니다. 삶의 질의 문제다.

돈은 쉬지 않아야 한다

배당금 재투자 문제도 있다. 미국 ETF는 배당금이 달러로 들어온다. 소액이라 한 주도 못 살 때가 많다. 그 돈은 다음 배당이 들어올 때까지 그냥 놀게 된다.

반면 국내 상장 ETF 중 TR(Total Return)형은 배당금을 자동으로 재투자한다. KODEX 미국나스닥100TR, TIGER 미국S&P500TR 같은 상품들이다. 배당이 나오는 즉시 다시 ETF를 산다. 돈이 쉬지 않는다.

복리의 마법은 여기서 나온다. 1만 원이 1만 100원이 되고, 그 1만 100원이 1만 201원이 되는 과정. 이게 10년, 20년 반복되면 차이가 엄청나다.

그럼 뭘 사야 할까?

국내 상장 미국 ETF를 사려고 해도 선택지가 너무 많다. 퇴직연금 계좌에서 투자 금액 1위는 TIGER 미국S&P500으로 4,500억 원 넘게 담겨있다. 2위는 TIGER 미국나스닥100으로 4,100억 원쯤. 3위는 KODEX 미국 S&P500이다. 이 세 상품이 압도적이다.

왜 이 상품들일까? S&P500과 나스닥100은 미국 시장을 대표하는 지수다. 변동성이 없진 않지만, 장기적으로 우상향해 왔고, 분산 효과도 크다. 개별 주식 리스크 없이 시장 전체에 베팅하는 구조다. 절세 계좌는 55세까지 묶이는 돈이니, 장기 우상향이 검증된 지수가 가장 합리적인 선택이 된다.

그럼, KODEX를 살까, TIGER를 살까? 아니면, ACE나 RISE? 이건 거의 같다고 보면 된다. 원제품은 동일한데, 여러 운용사에서 카피 제품을 만들어 판매하는 것과 비슷하다. 같은 S&P500을 추종하는 ETF는 수익률이 거의 같다. 연간 차이가 0.1~0.4% 정도다. 경쟁이 치열해 수수료와 추적오차가 거의 없다. 고민할 필요가 없다.

KODEX는 삼성자산운용이, TIGER는 미래에셋자산운용, RISE는 KB자산운용 상품이다. 운용사 이름은 신경 쓸 필요 없고, 미국 S&P500, 미국나스닥100, 미국테크TOP 10 같은 인기 ETF 중에 선호하는 테마를 고르면 된다.

미래에셋 이름 붙은 건 미래에셋에서만 살 수 있나?

여기서 또 하나의 혼란이 생긴다. TIGER ETF는 미래에셋자산운용이 만들었다. 그럼, 미래에셋증권에서만 살 수 있는 걸까? 아니다. TIGER ETF는 거래소에 상장된 상품이라 어느 증권사에서든 살 수 있다. 삼성증권에서도 되고, 한국투자증권에서도 되고, KB증권에서도 된다. 수익률은 똑같다.

왜 이런 혼란이 생기냐면 금융그룹의 계열사 구조 때문이다. 미래에셋그룹은 30개 계열사를 거느린 대기업이다. 미래에셋증권, 미래에셋자산운용, 미래에셋생명보험, 미래에셋캐피탈. 이름은 비슷하지만 전부 다른 회사다. 미래에셋자산운용은 ETF를 만드는 '제조사'이고, 미래에셋증권은 그 ETF를 파는 '상점'이다. 롯데제과와 롯데마트의 관계와 같다. 롯데제과가 만든 과자를 이마트에서도 팔 수 있듯이, 미래에셋자산운용이 만든 TIGER ETF를 삼성증권에서도 살 수 있다.

ETF를 고를 땐 운용사 브랜드(KODEX, TIGER, ACE)만 확인하면 되고, 계좌 개설할 땐 편한 증권사 아무거나 선택하면 된다.

인출의 자유와 세금의 무게

돈을 넣는 건 쉽지만, 꺼내는 건 복잡하다. 각 계좌는 인출 규칙이 다르고, 그 규칙이 곧 전략의 경계선이 된다.

연금저축에서 세액공제 받은 돈을 55세 이전에 꺼내면 기타 소득세 16.5%가 붙는다. 하지만 세액공제를 받지 않은 재원은 언제든 무세로 인출 할 수 있다. 이 차이를 아는 사람은 드물다. 연금저축에 1,000만 원을 넣었는데 600만 원만 세액공제 신청했다면, 나머지 400만 원은 자유롭게 쓸 수 있다. 이 구조를 활용하면 유연성을 확보하면서도 세제 혜택을 누릴 수 있다.

IRP와 DC는 엄격하다. 법정 사유 없이는 중도 인출이 불가능하고, 꺼내면 기타 소득세나 퇴직소득세가 붙는다. 유연성은 제로지만, 그래서 장기 복리가 작동한다. 2022년 시장이 폭락할 때 일반 계좌에서는 패닉 셀이 쏟아졌지만, 연금 계좌는 손댈 수가 없으니 그냥 묵묵히 버텼다. 결과적으로 연금 계좌가 가장 좋은 수익률을 기록하는 경우가 많다. 참 아이러니한 일이다.

ISA는 원금 일부 중도 인출이 가능하지만, 세제 혜택이 축소되고 15.4% 과세 이슈가 생긴다. 3년을 채워야 비과세 혜택을 온전히 받는다. 약속을 깨는 순간 불이익이 따라온다.

개인 자유 계좌는 제약이 없다. 오늘 사서 내일 팔아도 된다. 대신 매번 거래마다 세금 문제를 직접 관리해야 한다. 250만 원 기본공제, 손익 통산을 놓치면 불필요한 세금을 낼 수 있다.

250만 원 공제는 왜 있는 걸까?

문득 궁금해진다. 해외주식 직접투자에 연간 250만 원 양도차익 공제가 왜 있는 걸까?

기본적으로 해외주식은 양도소득세 과세 대상이다. 연간 250만 원 수익도 못 낸 소액 투자자에게 매번 세금 신고 의무를 부과하면 행정비용이 세금보다 더 클 수 있다. 1년에 차익이 20만 원 발생했는데 세무서 가서 양도세 신고하라고 하면 양쪽 다 불편하다.

게다가 형평성 문제도 있다. 국내 주식은 대주주가 아닌 이상 양도세가 비과세다. 삼성전자로 300만 원 벌어도 세금이 0원인데, 테슬라로 300만 원 벌면 22% 내야 한다? 조세 형평성이 무너진다.

그래서 타협안이 나왔다. 250만 원까지는 소액 투자로 간주해서 과세 대상에서 제외하자. 대신 초과분에 대해서는 확실히 22%를 부과하자. 이건 행정 효율성과 국민 설득 가능성을 동시에 고려한 선택이다.

   절대 실패하지 않는 **미국 주식 ETF 투자**

상속이라는 먼 미래

상속 문제도 생각해 봐야 한다. 자산이 커지면 언젠가 다음 세대로 넘어간다. 한국증권사에서 QQQ, VOO, TSLA, NVD와 같은 미국 주식을 직접 보유한 상태로 사망하면, 미국 상속세법이 적용될 수 있다. 미국 비시민권자는 6만 달러, 그러니까 약 8천만 원이 넘는 미국 자산에 대해 최고 40%의 상속세를 물 수 있다.

하지만 국내 상장 ETF는 한국 자산이다. 미국 세법이 끼어들 여지가 없다. 한국 상속세법만 적용된다.

지금 당장은 사망과 상속이 먼 이야기처럼 느껴질 수 있다. 그런데 장기 투자의 끝은 결국 그 지점이다. 10년, 20년, 30년 후를 생각한다면, 이것도 변수다.

조합 설계

단일 정답은 없다. 각 계좌는 역할이 다르고, 그 역할을 조합해야 전체 구조가 완성된다.

개인 자유 계좌는 개별 주식 알파를 추구하는 공간이다. 테슬라, 엔비디아, 애플 같은 종목을 직접 사고팔 수 있다. 시장 타이밍을 노리거나 단기 기회를 잡고 싶다면 여기가 유일한 선택지다. 다만 연말엔 손익 통산을 점검해야 한다. 손실 종목을 매도해서 수익과 상계하면 세금을 줄일 수 있다.

연금저축과 IRP는 장기 코어 자산을 담는 공간이다. S&P500이나 나스닥100에 투자하고, 55세까지 건드리지 않는다. 세액공제로 첫해부터 13~16%의 수익률을 확정하고, 과세이연 효과로 복리를 키운다. 연금저축 600만 원을 먼저 채우고, 여유가 있으면 IRP 300만 원을 추가한다. 총 900만 원까지 세액공제를 극대화하는 루틴이다.

다만 IRP는 S&P500이나 나스닥100 ETF도 '위험자산'으로 분류하고, 70%까지만 비중을 차지하게 한다. 30%는 예금이나 채권으로 매수해야 하며, 이후에도 30% 미만이 되면 알림이 온다. 강제 리밸런싱을 해야 위험자산을 추가 매수할 수 있다. 어차피 길게 보고 투자하는 연금형 투자인데, S&P500이 위험자산이라고 하는 것 자체가 좀 답답하다. 규정이 바뀌면 좋겠다.

ISA는 3년을 주기로 운용하되, 만기 자금은 연금 계좌로 이전해서 10% 추가 세액공제를 받는다. 이 루틴을 반복하면 세제 혜택이 누적된다. ISA는 개인 자유 계좌보다 세금이 적고, 연금 계좌보다 유연하다. 중간 지대의 역할이다.

정리하면 이렇다. 개별 주식 직투는 개인 자유 계좌, 장기 코어는 연금저축(600)→IRP(+300) 순으로 국내 상장 미국 ETF, 중단기 기회 자금은 ISA로 운용 후 만기엔 연금 계좌로 이전. 3중 구조다.

자유와 절세 사이의 거리

복잡한 것을 싫어하는 사람에게 이 체계는 참으로 복잡하게 만들어져 있다. 절세 혜택을 통해 장기 투자를 유도하는 것인데, 왜 이렇게 까다롭게 해놨는지 모르겠다.

어떤 투자자들은 이 복잡함에 저항하는 마음으로 개인 자유 계좌만 쓰기도 한다. 이통사 요금 할인이 되는 제휴카드를 잘 활용하는 사람이 있고, 그렇지 못한 사람이 있듯이. 절세 혜택을 부지런히 챙

  절대 실패하지 않는 **미국 주식 ETF 투자**

기는 사람이 있고, 그냥 단순하게 가는 사람이 있다.

단순하게 보자면, 연금 계좌의 절세는 강력하지만, 그 절세는 55세까지 돈을 묶어두는 대가로 주어진다. ISA는 중간 지대지만 3년을 지켜야 혜택이 온전하다. 결국 선택이다.

투자에서 가장 어려운 건 화려한 전략을 세우는 게 아니다. 단순한 원칙을 오래 지키는 거다.

매달 정해진 날에, 정해진 금액을, 정해진 ETF에 넣기. 그리고 그걸 잊어버리기. 잠자기 전에 주식 앱을 켜고 심각하게 주가를 확인하지 않고 편안하게 잠자리에 들기. 새벽에 일어나 주가를 확인하는 대신 푹 자고 일어나 여유 있게 아침을 맞기. 시장의 소음에 휘둘리는 대신, 시간이 일하게 두기. 주식 차트를 보는 대신 가족의 얼굴을 바라보며 대화하기. 아이들과 자전거를 타고, 배우자와 산책로를 천천히 걷기. 더 이상 밤에 미국 시장 개장을 기다리며 오늘은 오를지 내릴지 신경 쓰지 않기.

그런데도 자산은 묵묵히 자라고 있다. 마치 뒷마당에 심어둔 나무처럼, 하루하루 살아가는 동안에도 조용히 뿌리를 내리고 가지를 뻗는다.

언제 살 것인가?

- 타이밍과 안전의 역설 -

15

타이밍이라는 환상

시장은 언제나 오르락내리락한다. 오늘은 3% 올랐다면, 내일은 2% 빠질지 모른다. 내일과 다음 주, 다음 달, 내년에 어떻게 될 것이라는 소리를 듣고 반응하는 사람이 있고, 듣지 않기로 선택하는 사람이 있다. 둘 다 각자 합리적이라고 믿는다. 둘 다 근거가 있다고 생각한다. 하지만 결과는 대체로 다르다.

동호회를 통해 만나 알고 지낸 지인은 2021년부터 숏 포지션을 유지해 왔다. M2 통화량, 국가부채, 그의 논리는 촘촘했고, 2022년 시장이 빠졌을 때 짧은 승리를 맛봤다. 하지만 2023년, 2024년, 그리고 2025년 초까지 시장은 올랐다. 그는 기다렸다. 닷컴버블처럼 붕괴가 시작될 거라고 되뇌었다. 그 후에도 그는 2025년 내내 AI 버블이 심각하다며 조만간 붕괴한다고 말했다. 하지만 2025년에도 그 붕괴는 오지 않았다. 지금은 2026년 하반기가 제일 위험하니 지금이라도 조심하라고 말한다.

그리고 나는 그의 반대편에 서 있었다. 기업은 성장하고, 사람들은 더 나은 내일을 만들려 애쓴다. 경제 성장률 3%, 인플레이션 3%. 이 정도의 인플레이션은 정상이라고 봤다. AI는 거품이 아니라 변화의 신호라고 믿었다. 조정은 있을 수 있지만, 장기적으론 시장은 오른다. 그게 역사였으니까.

생각해 보면, 둘의 차이는 단순히 숫자를 보는 방식의 문제가 아니다. 이건 세상을 보는 렌즈의 문제다. 낙관론자는 '무엇이 잘될 수 있는가?'를 본다. 비관론자는 '무엇이 잘못될 수 있는가?'를 본다. 둘 다 틀리지 않았다. 단지 초점이 다를 뿐이다. 그런데 그 초점의 차이가, 결국 자산의 차이를 만든다.

공포는 팔린다?

비관론이 왜 이렇게 많을까? 답은 간단하다. 공포는 팔리기 때문이다. '대폭락이 온다'라는 헤드라인은 '천천히 오를 겁니다'보다 훨씬 많은 클릭을 만든다. 미디어는 이걸 안다. 시장 전문가들도 안다. 그래서 비관론은 끊임없이 재생산된다.

2022년 말, 수많은 경제학자와 애널리스트가 2023년에 1929년식 붕괴가 시작될 거라고 예언했다. 연준 긴축, 인플레이션, 정부 부채, 지정학적 위험. 그들의 논리는 정교했다. 하지만 2022년 말보다 2023년에 24%, 2024년에는 거기에 더해 23%, 2025년에 거기에 더해 18%나 올랐다. 2022년 말 그 예언을 믿고 매도했더라면 3년 후 80% 넘은 상승을 못 보고, 그 예언의 실현도 못 봤을 것이다.

해리 덴트(Harry Dent)는 2024년 초 80~90% 폭락을 경고했다. 대신 시장은 사상 최고치를 경신했다. 피터 쉬프(Peter Schiff)는 2008년 위기를 맞췄지만, 그 이후 10년 넘게 매년 '달러 붕괴'를 외쳤다. 그는 2009~2021년 강세장을 통째로 놓쳤다. 2023~2025년 랠리도 마찬가지였다.

존 허스먼(John Hussman)은 2012년부터 헤지를 쌓고 숏에 베팅했다. 그의 펀드는 시장이 오르는 동안 참담하게 뒤처졌다. 밸류에이션 모델은 완벽했을지 모른다. 그런데 타이밍이 없었다. 마이클 버리(Michael Burry)는 2008년 서브프라임을 정확히 맞췄다. 그 이후에 테슬라에 숏도 쳤다, 2023년 인덱스 풋 옵션. 둘 다 예상한 붕괴는 오지 않았다. 2025년 11월에도 그는 AI 버블의 붕괴가 곧 올 것이라며, 엔비디아와 팔란티어 주가 하락에 배팅했다.

고장 난 시계도 하루에 두 번은 맞는다. 비관론자도 언젠가 한 번은 맞는다. 그런데 그 '언젠가'가 오기까지, 그들은 엄청난 기회비용을 지불한다. 이게 핵심이다. 비관론자가 논리적으로 틀린 게 아니다. 단지 시장이 생각보다 오래, 생각보다 높게 간다는 걸 과소평가한 것뿐이다.

낙관론자는 돈을 번다

워런 버핏은 "미국에 베팅하지 마라"는 말을 한 적이 없다. 오히려 반대다. "절대 미국에 반대로 베팅하지 마라." 2008년 금융 위기 한복판에서, 그는 뉴욕타임스에 기고문을 썼다. 제목은 "미국 주식을 사라. 나는 사고 있다"였다.

그는 이렇게 말했다. "공포와 불황은 일시적이다. 하지만 건전한 기업의 장기 성장은 불가피하다." 2020년 팬데믹 때도 그는 같은 말을 했다. 미국의 혁신은 계속될 것이고, '숨 막히는' 경제 발전은 시간이 지나면 다시 나타난다고.

피터 린치(Peter Lynch)는 이렇게 말했다. "조정을 대비하느라 잃은 돈이, 실제 조정에서 잃은 돈보다 훨씬 많다." 이게 낙관론자의 무기다. 그들은 일시적 하락을 견딘다. 그런데 오르는 시간을 놓치지 않는다.

존 템플턴(John Templeton)은 이렇게 정의했다. "강세장은 비관 속에서 태어나고, 회의 속에서 자라고, 낙관 속에서 성숙하고, 황홀경 속에서 죽는다." 그는 2차 대전 중 주식을 샀다. 1980년대 라틴아메리카 붕괴 때도 샀다. 그의 기본 전제는 간단했다. 세상은 끝나지 않는다.

1994년부터 2024년까지 30년간, S&P500은 연평균 약 10.8% 상승했다. 100달러는 2,000달러가 넘게 됐다. 같은 기간 은행 예금은 연 4~5%였다. 100달러는 400달러 정도가 됐다. 낙관론자는 5배 더 부자가 됐다. 비관론자는 안전하다고 느꼈을지 모르지만, 그 안전함의 대가는 80% 덜 가진 자산이었다.

역사는 명확하다. 시장은 항상 회복했다. 전쟁, 대공황, 오일쇼크, 테러, 팬데믹. 뭐가 오든, 결국 새로운 고점을 찍었다. 이게 왜 낙관론자가 이기는가에 대한 답이다. 그들은 회복을 믿었고, 그래서 자리를 지켰다. 비관론자는 안전한 순간을 기다렸고, 그 순간은 거의 오지 않았다.

감정은 렌즈다

왜 두 사람이 같은 데이터를 보고도 정반대 결론에 도달할까? 여기엔 심리가 작동한다. 비관론자는 확증 편향에 빠진다. 부채 수치, 거품 유사성, 재앙 예측. 이런 정보만 선택적으로 수집한다. 긍정적 지표는 '일시적 착시'로 치부한다. 낙관론자도 반대로 한다. 실적 성장, 혁신 뉴스, 역사적 회복력. 이것만 본다. 경고 신호는 '노이즈'로 처리한다.

심리학 연구에 따르면, 낙관론과 비관론은 상당히 고정된 성향이다. 경험도 영향을 미친다. 초반에 큰 손실을 본 투자자는 평생 방어적이 된다. 반대로 강세장에서 시작한 투자자는 낙관론을 유지하기 쉽다. 이게 성향의 형성 과정이다.

내 지인은 아마 2022년의 짧은 승리로 자기 논리가 검증됐다고 느꼈을 것이다. "봐, 내가 맞았잖아." 그런데 그 이후 3년, 시장은 올랐다. 그는 최근 AI 버블 논쟁이 한창일 때 더 확신했다. "이건 닷컴 버블 보다 더 심한 광란이야. 오픈AI 하나 제대로 안 되기만 해도 연쇄적으로 무너질 거야." 이게 확증 편향의 함정이다.

반면 강한 긍정주의자는 반대편에서 비슷한 과정을 겪는다. AI 붐, 기업 실적, 장기 성장 트렌드. 이게 모든 것을 보는 렌즈다. 조정 신호는 '정상적 변동'으로 받아들인다.

두 사람 다 각자 합리적이라고 느낀다. 그런데 둘 다 감정으로 필터링된 합리성이다.

금융 업계엔 이런 말이 있다. "비관론자는 똑똑해 보인다. 낙관론자는 돈을 번다." 왜 그럴까? 비관론은 신중함으로 읽힌다. 위험을

  절대 실패하지 않는 **미국 주식 ETF 투자**

경고하는 건 지적으로 보인다. 낙관론은 순진함으로 오해받기 쉽다. 그래서 사람들은 비관론에 더 끌린다. 그런데 결과는 어떤가? 낙관론자가 부를 축적한다.

타이밍의 비용

시장 타이밍은 환상이다. 이론적으론 가능해 보인다. 고점에 팔고, 저점에 사면 된다. 그런데 실제로는 거의 불가능하다. 심지어 전문가들도 못 한다.

2025년 4월, AAII 투자자 심리 조사는 61.9% 약세를 기록했다. 극단적 비관이었다. 그런데 그 직후, S&P500은 다시 올랐다. 이게 패턴이다. 극단적 공포는 종종 저점 신호다. 극단적 낙관은 고점 신호일 때가 있다. 그런데 그 순간을 정확히 포착하는 건, 거의 운이다.

연구에 따르면, 시장의 최고 수익 일 몇 날을 놓치면, 장기 수익률이 급격히 떨어진다. 그리고 최고 수익 일은 대부분 약세장 바닥 근처에 몰려 있다. 즉, 공포에 빠져나갔다가 돌아오지 못하면, 가장 큰 반등을 놓친다. 이게 타이밍의 비용이다.

내 지인은 2021년부터 숏을 유지했다. 2022년 한 해 빼고, 계속 손실을 봤다. 그는 아마 이렇게 생각했을 것이다. "조금만 더 기다리면 내가 맞았다는 게 증명될 거야." 그런데 그 '조금만 더'가 몇 년이 될 수 있다. 그동안 시장은 계속 올라간다. 기회비용은 눈덩이처럼 불어난다.

반대로 낙관론자는 어떨까? 조정이 오면 손실을 본다. 그런데 자리를 지키기 때문에, 회복도 함께 경험한다. 장기적으론 상승 기간이 훨씬 길다. 그래서 낙관론자가 이긴다.

균형의 기술

이상적인 투자자는 어떤 모습일까? 아마 둘의 중간 어딘가에 있을 것이다. 낙관론자의 믿음과 비관론자의 준비. 이 둘을 결합하는 것.

워런 버핏은 낙관론자다. 그런데 그는 맹목적이지 않다. 밸류에이션이 과도하면 현금을 보유한다. 존 템플턴도 마찬가지였다. 비관이 극에 달했을 때 사고, 황홀경이 절정일 때 팔았다. 이게 균형이다.

반대로 존 허스먼 같은 비관론자는 어떨까? 시장에 계속 숏을 쳤다. 그의 펀드는 처참하게 뒤처졌다. 왜? 균형이 없었기 때문이다. 그는 하락만 대비했다. 상승은 무시했다. 결과는 기회비용이 실제 손실보다 컸다.

낙관론자에게도 방어 전략이 필요하다. 분산, 리밸런싱, 과도한 레버리지 회피. 이런 게 보험이다. 조정이 와도 살아남을 수 있게 해준다. 살아남는 게 핵심이다. 게임에 남아 있어야 다음 상승을 잡는다.

비관론자에게 필요한 건 약간의 낙관이다. 시장이 영원히 오르지 않는다는 건 맞다. 그런데 영원히 무너지지도 않는다는 것도 맞다. 역사를 보면, 회복은 항상 왔다. 그걸 받아들이는 게 첫걸음이다.

시간이 편드는 사람들

결국 투자는 시간 싸움이다. 단기적으론 누가 맞는지 알 수 없다. 시장은 오를 수도, 내릴 수도 있다. 그런데 장기적으론 패턴은 명확하다. 시장은 대체로 올랐다. 경제는 성장했다. 기업은 이익을 냈다.

비관론자는 이 장기 트렌드를 놓친다. 그들은 다음 위기만 본다. 그런데 위기는 언제나 있었다. 1987년 블랙 먼데이, 2000년 닷컴, 2008년 금융 위기, 2020년 팬데믹. 뭐가 오든, 시장은 회복했다. 새로운 고점을 찍었다.

낙관론자는 이걸 안다. 그래서 견딘다. 조정은 괴롭다. 그런데 일시적이다. 성장은 느리다. 그런데 지속적이다. 이게 시간이 주는 교훈이다.

가장 위험한 건 위험 그 자체가 아니라, 위험을 피하느라 놓치는 것들이다. 폭락을 피하려다 상승을 통째로 놓치거나, 상승을 쫓다 조정을 맞을 수도 있다. 그런데 장기적으로는 쫓는 사람이 피하는 사람보다 더 많이 가지고 있을 가능성이 크다.

투자의 세계에서 완벽한 타이밍은 없다. 완벽한 확신도 없다. 단지 더 오래 남아 있는 사람이, 결국 더 많이 가져간다. 시간은 공평하지 않다. 인내하는 사람 편이다.

16

최적의 첫 매수 타이밍을 기다리다 놓친 것들

친한 지인이 있다. 그는 2024년 가을, 드디어 미국 주식 투자를 해야겠다고 마음먹었다. 꽤 많은 돈이 CMA 통장에서 잠자고 있는 것이 아깝다며 나에게 조언을 구했다. 나는 최소한의 투자에 관한 이야기를 해주면서 복잡하게 할 필요 없이 'ACE 미국빅테크TOP7 Plus'라는 ETF 하나만이라도 분할매수를 해보라고 권했다. 그는 투자금의 10%만 일단 첫 매수를 했다. 하지만 나머지 90%의 자금으로는 시작하지 못했다. "주가가 너무 많이 오른 것 같아." 그는 시장이 한 번쯤 크게 흔들리는 '큰 조정'이 오면, 그때 들어가겠다고 했다. 완벽한 타이밍을 기다리는 사람처럼. 하지만 그런 순간은 오지 않았다. 결국 2025년 가을, 투자했던 10%의 자금은 수익률 40%가 넘었다. 하지만 잠자고 있던 90%의 자금은 여전히 CMA 계좌에 남겨져 있다.

통제할 수 있다는 착각

진짜 아이러니는 다음에 찾아왔다. 2025년 3월, 그가 그토록 기다리던 조정이 찾아왔다. 시장이 꽤 오랜만에 하락하며 매수 기회의 문이 열렸다. 하지만 그는 들어가지 않았다. 유튜버의 조언이 나보다 더 가까웠다. '2024년 가을부터 엄청나게 올랐기 때문에 이번에 이 정도 조정으로는 안 될 거다'라는 조언이 있었다. 얼마 후 4월이 되니 정말로 미국 증시는 더 떨어졌다. "그 유튜버 말이 맞네. 그런데 그 유튜버가 이번에도 아직 매수 타이밍은 아니래."

주식 유튜브를 몇 편 본 그는 이번에는 더 정교하고 논리적인 공포로 무장되어 있었다. "미국 부채가 위험 수위고, 곧 시작될 관세 전쟁이 인플레이션을 다시 가져올 거래. 연준은 금리를 내릴 수 없을 거고, 결국 AI 거품이 꺼지면서 대폭락이 올 거라더라." 이 완벽한 비관론 앞에서 '지금이 매수 기회', '더 두려우면 10회 분할매수라도 하지'라는 나의 말은 순진하게 들릴 뿐이었다. 그래서 그는 다시 기다렸다. 더 안전한 순간, 모든 불확실성이 걷힌 완벽한 신호를.

결국 그는 가장 싸게 살 수 있었던 기회를 '더 큰 위험'에 대한 합리적 의심과 맞바꿨다. 시장이 언제 그랬냐는 듯 반등해 다시 사상 최고치를 향해 나아가자, 그는 이제 너무 비싸서 못 사겠다고 했다. 7월에도 8월에도 9월에도 그는 나에게 '곧 조정이 올까?'라고 물었고 나는 "조정이 올지 안 올지 모른다. 그러니 그냥 분할매수 20회라도 하지 그래?"라고 했지만, 그는 한 번도 매수를 하지 못했다. 스스로 '간이 작아 투자를 못 하는 사람'이라며 자책했지만, 내가 보기엔 달랐다. 그는 용기가 부족한 게 아니라, '통제할 수 있다는 착각'

에 빠져 있었다. 시장의 모든 변수를 분석하고 예측해서 가장 완벽한 타이밍에 들어갈 수 있다고 믿었던 것이다.

그처럼 투자를 망설이는 사람들은 의외로 많다. 특히 30~50대 여성 직장인들 사이에서 이런 현상이 두드러진다. 한 설문에 따르면 여성들의 57%가 아무런 투자도 하지 않고 있는데, 그중 상당수가 어떻게 시작해야 할지 몰라서, 혹은 투자할 여윳돈이 없어서 못 한다고 답했다. 사실 돈이 아주 많지 않아도 소액으로 시작할 수 있지만, 투자에 대한 지식 부족과 두려움이 시작을 가로막는다.

투자를 미루는 것이 최악의 타이밍

인간의 뇌는 본능적으로 이익의 기쁨보다 손실의 고통을 훨씬 크게 느끼도록 설계되었다. 행동경제학에서는 이를 '손실 회피(Loss Aversion)'라 부른다. 1,000만 원을 벌었을 때의 짜릿함보다, 1,000만 원을 잃었을 때의 아픔이 우리 마음에 훨씬 더 깊은 흔적을 남긴다. 그러니 '혹시라도 돈을 잃을지 모른다'라는 생각은, '돈을 벌 수 있다'라는 희망을 너무나 쉽게 압도해 버린다. 완벽한 순간을 기다리는 이유는 투자 자체가 싫어서가 아니라, 실패했을 때의 끔찍한 상상이 훨씬 더 현실적으로 느껴지기 때문이다.

그런데 더 흥미로운 건, 그와 같은 이들이 이미 역사상 수없이 많았고, 주식 투자의 역사는 이에 대한 답을 보여줬다는 점이다. 미국 주식시장을 대상으로 한 20년 장기 연구에서 다섯 명의 투자자를 비교했다. 완벽한 타이밍에 매년 투자한 피터(Peter), 매년 초에 한 번씩 1년 치 투자금으로 한 방에 매수하는 애슐리(Ashley), 매월 월급날 기계적으로 매수한 매튜(Matthew), 그리고 매년 최고 고점에서 매수해서 최악의 타이밍에 투자한 로지(Rosie). 마지막으로 늘 시장 조정을 기다리며 조정 때 바닥에서만 한 번씩 매수한 래리(Larry)가 있었다. 이 다섯 명 중 20년 뒤 누가 가장 큰 자산을 만들었을까?

놀랍게도 매년 고점에서 샀던 로지조차 래리보다 약 3배 많은 자산을 모았다. 최악의 타이밍으로 투자한 사람이 조정이 올 때만 매수한 사람보다 훨씬 나았다는 뜻이다. 반면 래리는 불과 47,357달러에 그쳤다. 그가 그렇게 두려워했던 '고점에 투자하는 실수'를 매년 저질렀더라도 훨씬 더 큰 자산을 얻었을 것이다. 아이러니하게도 투자 타이밍을 재느라 투자 횟수를 늘리지 못한 것이야말로 최악의 선택이었다.

이 시나리오가 시사하는 바는 분명하다. 투자를 미루는 것이 최악의 타이밍 투자 보다도 해롭다는 것이다. 시장을 완벽히 타이밍하는 것은 거의 불가능하며, 완벽한 시기를 노리다 투자 기회를 놓치는 비용이 훨씬 많다. 시장에는 항상 트럼프의 관세 인상, 국가부채 문제, 거품 우려 등 갖가지 걱정거리들이 존재한다. 그러나 이런 불안 요인을 이유로 투자를 계속 미루면, 결과적으로 얻는 것보다 잃는 것이 많았다.

불안으로부터의 거리

현금을 쥐고 있기만 하면 안전할 것 같지만, 은행 이자만 바라보다 가는 물가 상승률을 이기지 못해 돈의 실제 가치가 깎이는 위험도 있다. 요즘같이 물가가 꾸준히 오르는 시대에 예금만 고집하면 내 돈의 구매력이 서서히 줄어드는 '숨은 손실'을 볼 수 있다. 결국 투자를 지나치게 두려워해서 계속 피하는 것은 큰 기회를 포기하고 내 자산을 잠식시키는 일이다.

사실 우리가 붙잡고 있는 건 돈이 아니다. 내가 쥐고 있는 돈은 최소한 어디 가지는 않고 있다는 '통제감'이다. 주식시장도 내 주머니처럼 제대로 '내가 주식 공부를 해서, 내가 시장을 읽고, 내가 판단해서, 내가 선택할 수 있다'라는 환상 말이다. 그 환상은 우리에게 안전함을 준다. 그런데 그게 진짜 안전일까? 2020년 3월, 코로나 팬데믹으로 시장이 35% 폭락했을 때 '통제감'을 가진 똑똑한 투자자들은 대부분 매도했다. 코로나가 이제 시작일 뿐인데, '이 아비규환의 세상에서 어떻게 주식시장이 온전할까?'라면서, 그들은 뉴스를 정독하고, 전문가의 분석을 들었으며, 합리적으로 판단했다. "이건 코로나라는 큰 재앙의 시작일 뿐이야. 이 전염병은 최소 1~2년은 더 갈 것이고, 주가는 누가 봐도 더 떨어질 거야." 하지만 그로부터 1~2개월 후 나스닥은 물론 S&P500도 역사상 가장 빠른 V자 반등을 기록하고 2021년 연말까지 랠리를 이어갔다. 코로나가 1~2년 이상 갈 것이라는 예상은 맞았지만, 그에 맞춰서 주식시장도 계속 하락할 것이라는 예상은 완전히 틀렸다. 주식시장의 흐름에 맞춰서 내가 타이밍 맞게 들어갔다가 나올 수 있다는 통제감은 그들에게 손실을 안겨주었다.

반면에 분할매수 시스템으로 매달 주식을 기계적으로 사던 사람들은 아무것도 하지 않았다. 정확히 말하면, 할 수 없었다. 그들은 3월에도, 4월에도, 5월에도 묵묵히 정해진 금액을 매수했다. 그저 시스템을 따랐을 뿐이다. 그리고 그들은 폭락장에서 가장 값싼 주식을 주워 담은 사람이 되었다. 아이러니하게도, 가장 무능력해 보이는 전략이 가장 뛰어난 결과를 만들어낸 셈이다.

물론 이런 반론이 가장 설득력 있다. "분할매수를 하는 중에 2008년 금융 위기 같은 게 오면 어떡하죠?" 맞다. 그건 일시적 하락과는 비교도 안 될 재앙이다. 하지만 생각해 보자. 그런 위기라면, 현금만 쥐고 있다고 안전할까? 극단적인 위기 상황에서는 현금의 가치 역시 위협받을 수 있다. 우리가 투자한다는 것은, 시장 경제 시스템이 완전히 붕괴하지는 않을 것이라는 최소한의 믿음에 기반한다. 그리고 그 믿음이 유효하다면, 폭락은 자산 붕괴가 아니라 '바겐세일'에 가깝다. 꾸준히 투자하던 사람은, 위기 속에서 오히려 더 싼 값에 자

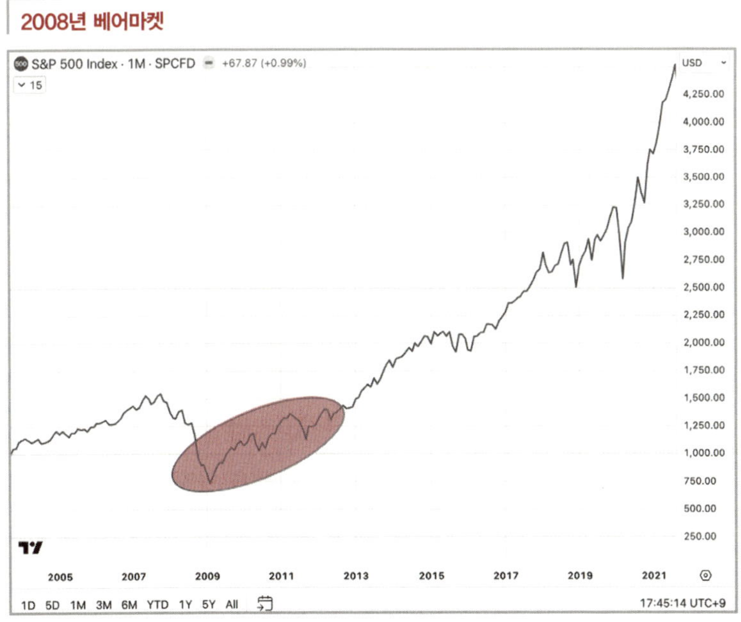

2008년 베어마켓

산을 사 모으게 된다. 2008년 대폭락할 때 주가의 바닥에서 매수할 수 있었던 사람은 바닥 타이밍을 맞추려던 사람이 아니라 원래 그달에 사기로 했던 기계적인 적립식 매수자였다.

진정한 부는 통장의 숫자가 아니라 '불안으로부터의 거리'로 측정되는 것일지도 모른다. 내일 아침 주식 앱을 열었을 때 어떤 숫자가 찍혀 있든, 내 저녁 식사와 내면의 평화가 흔들리지 않는 상태. 투자가 내 삶의 주인이 아니라, 내 삶을 떠받치는 든든한 배경이 되는 상태. 이를 위해 필요한 것은 더 많은 경제 지식이나 예측 능력이 아닐 수 있다. 오히려 필요한 것은 '주식 앱을 덜 열어보는 습관'과 '미국 주식시장과 경제 시스템을 믿는 용기'다.

왠지, 우리는 투자를 너무 거창하게 만들어버린 건 아닐까? 마치 인생의 모든 변수를 계산하고 완벽한 타이밍을 노리듯, 시장의 모든 신호를 분석한다. 하지만 실제로 자산을 만든 사람들에게 물어보면, 그들 대부분은 그냥 시작했다고 말한다. 시장이 열려 있었고, 돈이 조금 있었고, 그래서 시작했다고. 별다른 전략 없이, 그저 꾸준히.

그때 시작했으면 얼마나 좋았을까?

특히 미래의 목표를 생각하면, 투자는 더 이상 선택이 아닌 필수다. 은퇴 후의 삶이나 자녀 교육자금 마련 같은 미래 목표를 월급만으로 달성하기는 쉽지 않다. 특히 은퇴까지 10년 이상 기간이 남았다면, 그 기간 돈을 불릴 투자 없이 목표를 달성하기 어렵다는 것이 전문가들의 견해다. 실제로 투자를 시작한 동기는 대부분 '아이들의 대학 학자금 마련'이나 '노후 대비' 등 구체적인 목표가 있기 때문이라

     절대 실패하지 않는 **미국 주식 ETF 투자**

고 한다. 그리고 한 조사에서 응답자의 70%가 "투자를 일찍 시작하지 않은 것을 가장 후회한다"라고 답했을 정도로, 시작이 늦을수록 얻지 못한 이익에 대한 아쉬움이 커진다.

지금 당장 소액이라도 투자하는 것이 몇 년 뒤 많은 돈을 한꺼번에 넣는 것보다 낫다. 비상금 3~6개월 생활비를 확보했다면, 증권 계좌를 만들어 소액이라도 매월 월급날 자동이체를 걸어두자. 월급의 5%나 10만 원 등 적은 금액부터 시작하면 된다. 요즘 증권사마다 일정한 날짜에 자동 매수를 할 수 있는 기능이 생겼는데, 이렇게 자동 매수하게 해두면 잊어버림 망설임을 줄이고 꾸준한 적립식 투자가 실천된다. 개별 종목보다는 인덱스 펀드나 ETF와 같은 분산 투자 상품으로 시작하는 것이 훨씬 좋다.

내 지인은 결국 2025년 가을에 나머지 90%를 매수에 넣기 시작했다. 오랜 시간을 망설인 끝이었다. 그가 처음 고민하던 시점에 비해 시장은 거의 40% 가까이 올라가 있었다. "그때 시작했으면 얼마나 좋았을까?"라고 그는 말했다. 하지만 나는 이렇게 답했다. "그래도 지금 시작한 게 10년 뒤에 후회하는 것보단 나아." 그는 웃었다. 씁쓸하지만 동의하는 웃음이었다.

완벽한 순간이란 존재하지 않는다. 우리가 할 수 있는 것은 그저 시작하고, 꾸준히 이어가는 것뿐이다. 첫걸음이 가장 무섭다. 하지만 일단 걷기 시작하면, 그다음 걸음부터는 관성이 붙는다. 그리고 몇 년 뒤, 당신은 망설임의 소음으로부터 자유로워진 고요함 속에 서 있을 것이다.

17

안전마진,
투자의 첫 단추 제대로 꿰매는 법

시장에 처음 발을 들일 때, 대부분은 "무엇을 살까?"를 고민한다. 그다음 고민은 "얼마에 살까?" "이 가격이 충분하게 싼가?"로 이어진다.

벤저민 그레이엄이 평생을 바쳐 전한 투자의 핵심은 단 세 단어였다. 'Margin of Safety(안전마진)'. 누군가 그에게 투자 원칙을 한마디로 요약해달라고 했을 때, 그는 망설임 없이 이 단어를 꼽았다. 그의 제자 워런 버핏도 마찬가지였다.

- 규칙 1: 절대 돈을 잃지 말 것.
- 규칙 2: 절대 규칙 1을 잊지 말 것.

이 유명한 격언의 실체, 즉 '돈을 잃지 않는 첫 단추'가 바로 '안전마진'이다. 참 단순해 보인다. 그런데 왜 대부분의 투자자는 이 단순한 원칙을 지키지 못할까? 왜 개인투자자의 첫 단추는 그토록 자주 어긋나는 걸까.

안전마진이란 무엇인가?

안전마진이라는 개념은 원래 공학에서 왔다. 다리를 설계할 때 엔지니어들은 예상 하중보다 훨씬 견고하게 만든다. 36톤 트럭이 지날 다리라면, 정확히 36톤만 버티게 설계하지 않는다. 최소 다섯 배, 한 180톤쯤은 견딜 수 있게 만든다. 왜? 세상에는 예상 못 한 일이 늘 생기니까. 폭우가 올 수도 있고, 트럭이 두 대 동시에 지나갈 수도 있고, 재료에 미세한 결함이 있을 수도 있다. 그 모든 불확실성에 대비하는 여유. 그게 안전마진이다.

그레이엄은 이 개념을 투자에 그대로 가져왔다. 그가 말하는 안전마진은 이렇다. 주식의 내재 가치보다 충분히 낮은 가격에 사서, 가격과 가치 사이에 쿠션을 확보하는 것. 한마디로 "1달러 가치의 자산을 50센트에 사라"는 접근법이다. 그렇게 하면 설령 내 판단이 틀려도, 설령 예상 못 한 악재가 터져도, 손실을 최소화할 버퍼가 생긴다.

일상적인 비유로 설명하면 이렇다. 예전 현명한 어머니들은 쌀독에 늘 여분의 쌀을 넣어뒀다. 냉장고 한쪽에는 비상금 봉투가 숨겨져 있었다. 갑자기 손님이 와도, 급한 일이 생겨도 굶거나 곤란해지지 않도록. 투자에서 안전마진도 똑같다. 예상대로 흘러가지 않아도 괜찮을 만큼의 여유. 그게 핵심이다.

그런데 문제는 이거다. 주식시장에서 '충분히 싼 가격'을 어떻게 아느냐는 것. 내재 가치라는 게 눈에 보이는 것도 아니고, 계산하는 사람마다 다르게 나온다. 그래서 상당히 초보 투자자들이 본능적으로 안전마진이라는 개념을 알면서도 실천하지 못한다. 알긴 아는데, 어떻게 해야 할지 모르겠는 거다.

안전마진이 없으면 무슨 일이 벌어지나?

안전마진 없이 투자하면 어떻게 될까? 답은 간단하다. 심리적으로 버틸 수가 없다.

주식을 샀는데 다음 주에 5% 떨어졌다고 해보자. 안전마진이 있는 사람은 생각한다. "원래 가치보다 30% 싸게 샀으니까, 5% 떨어져도 여전히 25% 할인된 가격이네. 괜찮아." 그런데 안전마진 없이, 그러니까 적정 가격이나 심지어 비싼 가격에 산 사람은? "어, 벌써 손실이네. 더 떨어지면 어떡하지. 팔아야 하나?" 장기 투자를 생각하고 매수했는데도 벌써 불안이 시작된다.

여기서 끝이 아니다. 다음 주에 또 3%가 빠진다. 안전마진 있는 사람은 여전히 여유가 있다. 그런데 안전마진 없는 사람은 이제 8% 손실이다. 가슴이 답답해지기 시작한다. 더 떨어지지는 않았을까 싶어서, 아침에 눈 뜨자마자 주가부터 확인한다.

사실 이게 핵심이다. 안전마진의 진짜 가치는 수익률이 아니라 심리적 안정이다. 투자라는 건 결국 시간 싸움인데, 심리적으로 버티지 못하면 시간을 견딜 수가 없다. 그리고 시간을 견디지 못하면, 복리의 마법은 절대 일어나지 않는다.

데이터로 보면 더 명확하다. 달바(DALBAR)의 연구에 따르면 2001

         절대 실패하지 않는 **미국 주식 ETF 투자**

년부터 2020년까지 20년간 일반 투자자의 연평균 수익률은 고작 2.9%였다. 같은 기간 S&P500의 연평균 수익률은 한 7.5% 안팎. 두 배 이상의 격차다. 왜 이런 일이 벌어질까? 사람들이 비쌀 때 사고, 쌀 때 팔기 때문이다. 안전마진의 정반대를 실천하는 거다.

더 심각한 것은, 어디에선가 '손절은 엄격하게 하라'는 격언대로 -5~-10%가 되면 매도를 해버린다. 그래서 장기 투자도 안 되고 안 전마진이 쌓이지도 않는다. 이렇게 안전마진 없이 투자하면 짧게라 도 버티지 못한다. 흔들릴 때마다 팔아버리고, 그러다 최고의 날들 을 놓친다.

초보 투자자의 첫 단추가 꼬이는 구조

초보 투자자들은 대부분 비슷한 패턴으로 시장에 들어온다. 뉴스에 서 어떤 종목의 주가 상승률이 몇 퍼센트라고 나오는 얘기를 몇 번 들으면 귀가 솔깃해진다. 커뮤니티 게시판에서 누군가 마침 이 종목 에 대한 수익 인증을 올린다. 유튜브 알고리즘이 '지금 안 사면 후회 할 종목'이라는 것에도 이 종목이 나온다. 마음이 급해진다. 나만 뒤 처지는 것 같다. 지금이라도 들어가야지, 놓치면 포모에 빠질 것 같 은(!) 심리가 작동한다.

그래서 뛰어든다. 이게 첫 단추가 꼬이는 구조다. 사고 싶은 종목 의 주가가 오른다는 뉴스가 나올 때나 시장이 뜨거울 때 들어오면, 안전마진을 확보하기가 거의 불가능하다. 이미 모든 게 비싸니까. 비싸게 사면 조금만 떨어져도 심리적 압박이 온다. 그 압박을 견디 지 못하고 팔면 손실이 확정된다. 그러고 나면 '역시 주식은 위험해,

나는 똥손이야!'라는 결론을 내리고 떠난다. 아니면 복수 심리로 더 공격적인 투자를 하다가 더 큰 손실을 본다. 악순환이다.

워런 버핏은 이렇게 말했다. "시장은 인내심 없는 사람의 돈을 인내심 있는 사람에게 이동시키는 장치다." 그런데 초보 투자자가 인내심을 갖기는 거의 불가능하다. 왜? 안전마진이 없으니까. 비싸게 샀으니까. 시작부터 심리적 버퍼 없이 시장의 변동성에 그대로 노출되니까.

그래서 투자의 성패는 사실 '무엇을 살까'보다 '언제, 어떻게 시작하느냐'에서 상당 부분 결정된다. 시작을 잘못하면 그 뒤의 모든 의사결정이 꼬인다. 손실을 만회하려는 조급함, 본전 심리, 과도한 리스크 테이킹. 다 첫 단추에서 비롯된다.

그렇다면 폭락장을 기다려야 하나?

여기서 당연한 질문이 나온다. "그럼 폭락장이 올 때까지 기다려야 하나요?"

폭락장이 곧 온다면야, 그게 좋기는 하다. 2008년 금융 위기 때, 2020년 3월 코로나 쇼크 때 주식을 산 사람들은 엄청난 수익을 올렸다. S&P500이 고점 대비 30~50% 빠졌을 때 들어갔으니, 안전마진이 저절로 확보된 셈이다.

그런데 문제가 있다. 첫째, 폭락장은 자주 오지 않는다. S&P500 기준으로 20% 이상 하락하는 약세장(Bear Market)은 평균 한 4~5년에 한 번쯤 온다. 그때까지 기다리면서 현금만 들고 있으라고? 그 사이에 시장이 50%, 100% 오르면? 오히려 시장 밖에 있는 기회비용이 너무 크다.

둘째, 폭락장이 와도 대부분의 사람은 사지 못한다. 왜? 무섭기 때문이다. 2020년 3월, S&P500이 한 달 만에 34% 빠졌을 때를 떠올려보라. 뉴스에서는 매일 '대공황 재현 가능성', '경제 붕괴' 같은 헤드라인이 나왔다. 그 공포 속에서 "좋아, 지금이 기회야!" 하면서 매수 버튼을 누를 수 있는 사람이 몇이나 될까? 솔직히 거의 없다. 대부분은 지금 보다 더 떨어질까 봐 두려워서 못 산다. 혹은 이미 물려만 있고, 현금은 하나도 없어서 추가 매수할 여력이 없다.

버핏도 인정했다. "기회는 자주 오지 않는다. 비가 내리면 손가락이 아니라 양동이를 내밀어라." 그런데 비가 언제 올지 모르고, 비가 와도 양동이를 들 용기가 없으면 어떡하나? 그래서 폭락장을 기다리는 전략은 이론적으로는 맞지만, 실천하기가 극도로 어렵다. 차라리 다른 방법이 필요하다.

폭락장이 아니어도 안전마진을 확보하는 법

다행히 방법이 있다. 폭락장이 아니어도 꽤 쉽게 안전마진을 만들 수 있다.

첫째, 분할매수(Dollar-Cost Averaging). 너무 뻔한 소리로 들리겠지만, 이 방법이 최선이다. 한꺼번에 목돈을 넣지 말고, 정해진 금액을 정해진 주기로 나눠서 투자하는 방식이다. 예를 들어 1,200만 원을 투자할 계획이라면, 한 번에 다 넣지 말고 매달 100만 원씩 1년에 걸쳐 나눠서 사는 거다. 이게 너무 길다면 3개월 동안 매주 1회, 이것도 너무 길다면, 앞으로 1개월 동안 n등분 하여 들어가는 거다.

개인적으로는 비트코인을 너무 갖고 싶은데, 매번 살 때마다 하락해서, 매일 자동 적립 매수 기능으로 사고 있다. 매달 월급 다음날 업비트 계좌로 돈을 넣어두기만 하면, 자동 적립 매수가 된다. 앞으로 3년만 더 해보려고 하고 있다. 주식도 팔란티어 2배 레버리지를 토스증권의 자동 적립 매수 기능으로 매일 조금씩 사고 있다. 이런 식으로 도저히 안전마진 확보가 어려운 종목은 몇 년 동안 매일 매수할 수 있는 장치가 최근에는 마련되어 있다.

이런 방식의 장점은 시장 타이밍을 맞추려는 부담에서 벗어난다는 거다. 비쌀 때 조금 사고, 쌀 때 많이 사게 되니까, 평균 매입 단가가 자연스럽게 낮아진다. 고점에 몰빵하는 최악의 시나리오를 피할 수 있다. 그레이엄도 초보 투자자에게 이 방법을 강력히 권했다. "정기적으로 일정 금액을 투자하면 시장 타이밍에 대한 걱정을 덜 수 있다."

분할매수는 노하우라기엔 너무 단순하다. 지루하다. 그런데 그 지루함이 결국 이긴다. 시간이 자동으로 안전마진을 만들어주니까.

둘째, 금액의 안전마진. 투자 금액 자체에 안전마진을 두는 방법이다. 쉽게 말해, 잃어도 생활에 지장 없는 돈으로만 투자하라는 거다.

버핏은 이렇게 말했다. "자신이 보유한 주식이 50% 폭락해도 패닉에 빠지지 않을 자신이 없다면 주식시장에 들어오지 말라." 50% 폭락. 절반이 사라지는 거다. 1,000만 원이 500만 원이 되는 거다. 그걸 견딜 수 있으려면, 애초에 그 돈이 없어도 괜찮은 돈이어야 한다.

비상금으로 투자하지도 말고, 비상금은 반드시 따로 둬야 한다. 물타기를 위해 내가 내 뺨을 때리듯, 가까운 데 두면 언제 몰래 내가 써버리게 된다. 최소 6개월 치 생활비는 현금이나 예금으로 빼놓고, 그 이상의 여유자금으로만 투자하라. 그래야 시장이 흔들려도 주식을 팔지 않을 수 있다. 팔지 않아야 시간이 내 편이 된다.

셋째, 종목 선택에서의 안전마진. 개별 종목을 고를 때도 안전마진을 확보할 수 있다. 핵심은 "무엇이 됐든 싸게 사라"가 아니다. "좋은 것을 적정 가격에 사라"이다.

버핏은 말년에 이렇게 정리했다. "훌륭한 회사를 적정한 가격에 사는 것이 평범한 회사를 훌륭한 가격에 사는 것보다 낫다." 이게 무슨 뜻일까? 정말 좋은 기업은 시간이 지나면서 스스로 안전마진을 만들어낸다는 거다.

예를 들어보자. 애플을 2016년에 샀다고 하자. 당시 주가가 좀 비싸 보였을 수도 있다. 그런데 지금은 어떤가? 2016년 대비 주가가 몇 배로 올랐다. 그 사이 애플의 매출과 이익은 꾸준히 늘었고, 그 성장이 주가를 끌어 올렸다. 결과적으로 2016년의 '비싸 보이던' 가격이 지금 보면 엄청나게 싼 가격이 된 거다. 시간이 안전마진을 만들어준 셈이다.

반면 별로인 기업은 아무리 싸게 사도 안전마진이 생기지 않는다. 싸게 샀는데 더 싸지니까. 이런 종목을 '가치 함정(Value Trap)'이라고 부른다. 싸 보여서 샀는데, 싼 이유가 있었던 거다.

그래서 개인투자자에게는 개별 종목보다 지수 ETF를 권한다. S&P500 ETF(SPY, VOO 같은 것)를 사면 미국 대형 우량주 500개에 자동으로 분산 투자가 된다. 개별 기업의 가치를 분석할 능력이 없어도, 미국 경제 전체가 장기적으로 성장한다는 데 베팅하는 거다.

역사적으로 S&P500은 연평균 한 10%쯤 수익률을 내왔다. 물론 이것 또한 다소의 변동은 있었지만, 장기적으로는 우상향했다.

넷째, 심리의 안전마진. 이게 제일 어렵다. 그런데 제일 중요하다.

충동적으로, '지금이라도 빨리 매수하자'라는 생각이 들 때는 99% 잘못된 것이라는 점을 각성해야 한다. 왜 이 종목을 샀는지, 얼마에 샀는지, 어떤 감정 상태였는지 스스로에게 물어봐야 한다. "아, 내가 바로 급등할 때 포모에 휩쓸려 사는 초짜구나", "나는 손실이 10%만 나도 못 견디고 파는구나". 이런 자각이 생기면 조금씩 바뀔 수 있다.

매수나 매도 버튼을 누르기 전에 스스로에게 물어라. "지금, 이 결정은 논리에 기반한 건가, 감정에 휩쓸린 건가?" "이 회사의 본질적 가치가 변했나, 아니면 그냥 주가만 움직인 건가?" "1년 후, 5년 후에도 이 결정이 옳았다고 말할 수 있을까?"

이런 질문들이 번거롭게 느껴질 수 있다. 그런데 그 번거로움이 당신을 지킨다. 감정의 파도에서 한 발짝 물러서게 만든다.

결국 안전마진이란 무엇인가?

안전마진은 숫자의 문제가 아니다. 마음의 문제다.

싸게 사면 마음이 편해진다. 마음이 편해야 버틸 수 있다. 버텨야 시간이 내 편이 된다. 시간이 내 편이 되어야 복리가 작동한다. 복리가 작동해야 부가 쌓인다. 그게 전부다.

그레이엄은 말년에 이렇게 회고했다. "주식시장의 역사는 결국 한 문장으로 요약된다. 이것도 지나가리라." 폭락도 지나가고, 버블도 지나간다. 남는 건 원칙을 지킨 사람들이다. 안전마진을 확보하려고 노력하고, 조급함을 기다림으로 이기고, 시간을 편으로 만든 사람들.

워런 버핏은 곧 100세가 된다. 그의 자산 대부분은 60세 이후에 만들어졌다. 80년 넘게 투자해 온 사람의 자산이 노년에 폭발적으로 불어난 거다. 복리의 마법이라고들 한다. 그런데 그 마법은 시간이 만든 거다. 시간을 버틸 수 있었던 건 안전마진 덕분이다.

투자는 화려한 승부가 아니다. 원칙을 지키는 꾸준함의 예술이다. 안전마진은 그 예술의 첫 번째 붓질이고, 분할매수 외에는 답이 없다.

18

지키고 싶었던 원금,
구매력의 종말

1980년대 중후반~1990년대 중반을 배경으로 하는 드라마에 종종 등장하는 장롱 서랍에서 통장을 보는 장면. 잉크로 찍힌 숫자들. 그 숫자들은 한때 '안전'이라는 단어와 동의어였다. 매달 꼬박꼬박 쌓이는 통장 잔액을 보며 안도하던 시절. 물가는 낮고, 금리가 물가보다 높으며, 직장에서는 정년퇴직이라는 끝이 명확히 보이던 시절의 이야기다. 그땐 그게 맞았다. 은행 이자는 인플레이션보다 높았고, 성실함은 복리로 보답받았다.

'원금 집착'이라는 이름의 느린 손실

그런데 지금은 세상이 바뀌었다. 인간의 수명은 더 길어졌고, 돈의 가치는 더 빨리 희석되며(물가 상승), 돈이 스스로 일하는 힘(실질 금리)은 약해졌다. 생각해 보면, 우리는 숫자를 지키는 데 집중한 나머지, 그 숫자로 살 수 있는 것들(구매력)이 조용히 녹아내리는 것을 보지 못했을 수 있다. 원금은 안전했지만, 그 돈의 '가치'는 안전하지 않았다. 은행에 넣어둔 돈이 인플레이션에 잠식당하는 것. 이것이 우리가 마주한 묘하고도 불편한 역설이다.

물가 3%라는 숫자는 일상에서는 잘 체감되지 않는다. 아메리카노 한 잔이 100원 오르는 건 그저 동전 몇 개 차이처럼 느껴진다. 하지만 시간이라는 렌즈를 통과하면 그 복리 효과는 거대해진다. 20년이면 1천만 원의 가치를 현재 가치로 약 553만 원 수준까지 깎아내린다. 거의 절반이다.

1995년 10월부터 2025년 9월까지, 딱 30년간의 기록을 보자. S&P500에 투자한 1달러는 19.92달러로 성장했다. 30년 동안 거의 20배가 된 거다. 연평균 한 10.6%쯤 되는 수익률이다. 그런데 같은 기간 동안 미국 달러 1달러의 구매력은 어떤가? 0.47달러로 떨어졌다. 절반 이하로 쪼그라든 거다. 두 선이 정반대 방향으로 움직인 셈이다. 하나는 계속 올라가고, 하나는 계속 내려간다. 이게 30년의 진실이다.

은행 예금 이자가 3%라고 해도, 세금을 떼고(세후 약 2%대), 실제 물가 상승률을 빼고 나면 손에 쥐는 실질 이자는 마이너스(-)가 되기 십상이다. 우리는 이것을 '안전하게 잃는 구조'라고 부를 수 있을 것이다. 숫자는 그대로인데, 살 수 있는 것들이 줄어드는 현상. 이것은 손실일까, 아닐까?

안전벨트와 엔진의 혼동

이 새로운 환경에서 우리는 과거의 안전장치들을 다시 점검해 볼 필요가 있다. 예를 들어 보험이다. 보험은 본질적으로 '큰 위험을 보험사에 넘기는 것'이다. 미래에 닥칠지 모를 큰 불운(질병, 사고, 사망)을 현재의 작은 비용(보험료)으로 막는 계약이다. 그런데 사람들은 종종 안전벨트와 엔진을 혼동한다. 보험은 우리를 사고에서 지켜주지만, 목적지까지 데려다주지는 않는다. 노후라는 긴 여정의 본체, 즉 성장 엔진은 따로 달려야 한다.

퇴직연금도 비슷한 맥락에서 볼 수 있다. 많은 사람이 '퇴직금이라도 지켜야 한다'라는 마음으로 확정급여(DB)형에 머문다. 안정적이라는 이유에서다. 그런데, 금리 2~3% 시대의 DB형은 사실상 기업이 대신 운용해 주는 '퇴직금 예금통장'에 가깝다. 그 안정감이 주는 대가는 구매력의 후퇴다. 그 돈은 물가와 싸워 이기지 못하고 서서히 가치를 잃어간다.

반면 확정기여(DC)형은 운용의 자유와 책임을 개인에게 넘긴다. 그 자유가 처음엔 부담스럽지만, 동시에 복리의 엔진을 달 기회이기도 하다. 매달 자동으로 납부하고, 세금이 이연되며, 인류의 장기적인 성장률을 나의 노후와 연결할 수 있다. ETF 장치도 잘 마련되어 있다. 직접 매매를 모르더라도, 시장의 평균적인 성장에 올라탈 수 있게 된 것이다.

최근 중소기업들이 새로 퇴직연금을 도입하면서 DC형을 택하는 경우가 늘었고, 자연스럽게 DC 가입자 비중이 조금씩 올라가고 있다고 한다. 하지만 겉으로는 DC형이 늘어나는 것처럼 보이지만 실제 운용 방식을 들여다보면 얘기가 다르다. DC형이나 IRP도 60% 안팎이 원리금 보장이다. 결국 이름만 운용의 자유가 있는 DC형이지 실제로는 '퇴직금 예금통장'에 가깝다. 즉, 2~3%대 이자로 굴러가는 돈이 아직 훨씬 많다는 얘기다.

"퇴직금을 지키자"라는 말이, 실제로는 "퇴직금의 가치를 잃는 것을 방관하자"라는 말이 되기 쉽다. 퇴직금은 '받는 돈'이 아니라 '스스로 투자하면서 불어나야 하는 돈'으로 그 성격을 바꿔야 한다.

많은 사람에게 주식은 '가격 변동 그래프'로 인식한다. 매일 요동치는 숫자는 우리의 감정을 뒤흔든다. 빨간색과 파란색이 번갈아 깜박이는 화면. 하지만 우리가 주식을 가격으로만 볼 때 그렇다. 그래서 10년, 20년 장기 투자를 해야 하는 퇴직연금조차 '원금 보장'에 집착하면서 투자의 본질과 묘미를 살리지 못한다.

주식의 본질은 뭘까?

주식이란, 기업이 미래에 벌어들일 현금흐름의 일부에 대한 소유권이다. 자본주의라는 시스템이 굴러가는 한, 인간의 창의성과 생산성은 장기적으로 부가가치를 만들어내려는 경향이 있다. 그러므로 기업의 주식 가치는 높아진다. 그리고 그 과정에서 잔물결이라는 변동성도 생기기 마련이다. 이 변동성은 그 부가가치를 배분받기 위해 지급하는 '입장료'일지도 모른다.

S&P500을 보자. 지난 50년간 74% 상승했다. 즉, 10년 중 7~8년은 올랐다는 얘기다. 물론 나머지 2~3년은 내렸다. 그 기간에는 숫자가 깎였다. 하지만 20년 단위로 보면? 역사상 단 한 번도 마이너스 수익률을 기록한 적이 없다.

테슬라나 엔비디아 같은 개별 종목만 보자면 변동성이 훨씬 크고,

몇 년간 제자리에 머무를 확률도 있다. 그런데 우리가 굳이 한 기업에 모든 걸 걸 필요는 없다. ETF는 그 위험을 수백 개 기업으로 분산시켜 준다. VOO, SPY, QQQ 같은 상품들. 이건 도박이 아니라 시스템에 올라타는 일이다.

그런데, 왜 지금 이 엔진이 더 중요해졌을까?

첫째, 65세 이후 한 30년을 더 살아야 한다면, '예상치 못한 장수'가 가장 큰 재정적 위험이 된다. 이 긴 시간을 버티는 힘은 현금흐름이 스스로 커지는 자산에서 나온다. 예금 이자로는 그 긴 시간을 커버하기 벅차다. 물가는 계속 오르는데, 통장 잔액은 고정되어 있으니까.

둘째, 물가는 이제 예전처럼 잔잔하지 않다. 탈탄소 전환 비용, 지정학적 갈등, 디지털 인프라 투자 등 구조적 압력이 물가를 계단식으로 밀어 올린다. 2020년대 들어 미국 인플레이션은 한때 9%를 넘었다. 연준이 금리를 5%까지 올려도 잡기 힘들었다. 예금 금리로는 그 보폭을 따라잡기 벅차다. 왠지 이게 새로운 표준이 될 것 같다.

셋째, 솔직히 노동소득의 안정성도 예전 같지 않다. '나'라는 엔진 하나만으로는 부족한 시대다. AI가 일자리를 대체하고, 산업 구조가 빠르게 바뀌고, 정년은 불확실해진다. 그래서 '자본'이라는 보조 엔진이 필요해졌다. 주식은 그 자본소득을 얻는 가장 넓고, 투명하며, 비용이 적게 드는 통로일 뿐이다.

돈의 목적지를 생각하는 법

우리가 광범위한 주식(지수 ETF)이나 우량한 기업 바스켓에 꾸준히

     절대 실패하지 않는 **미국 주식 ETF 투자**

투자하는 행위는, '단기 수익률'에 대한 욕심과는 거리를 둬야 한다. 오히려 돈의 쓰임새에 맞는 자리를 찾아주는 일에 가깝다고 여겨야 한다. 20년 뒤 필요한 돈을 지금 어디에 두는 게 맞을까? 그 질문에 대한 합리적 답변일 뿐이다.

초단기 자금을 주식에 넣는 건 위험한 일이다. 몇 달 후에 쓸 돈을 주식에 넣으면 안 된다. '연말 전세금 인상 때 쓸 5천만 원을 몇 달이라도 불려서 6천만 원을 만들어보자'라는 식의 야욕은 원금 5천만 원을 500만 원으로 만들 가능성을 최소한 50% 정도 내포하고 있다. 시장은 단기적으로 예측 불가능하니까. 그런데 20년, 30년 뒤의 구매력을 오직 예금에만 두는 것은, 어쩌면 더 큰 위험일지 모른다. 보이지 않는 손실이며 느린 손실이다. 그게 더 무섭다.

생각해 보면, 투자의 핵심은 '돈을 불리는 것'이 아니라 '돈의 가치를 지키는 것'일지도 모른다. 물가가 매년 3~4%씩 오르는 세상에서, 돈을 그대로 두면 가치는 매년 3~4%씩 줄어든다. 주식은 그 가치를 지키고, 나아가 늘리는 도구다. 그런데 우리는 이걸 '위험한 투자'라고 부른다. 정말 그럴까?

앞서 본 30년 데이터를 다시 떠올려보자. 1달러가 19.92달러가 되는 동안, 다른 1달러는 0.47달러로 쪼그라들었다. 이 두 선의 간격이 바로 '선택의 결과'다. 한쪽은 인플레이션을 이겨내고도 남는 성장을 보여줬고, 다른 쪽은 인플레이션에 그대로 잠식당했다.

장기적으로 주식시장에 합류하는 건 단순히 '수익'의 문제가 아니라 '방어'의 문제라는 것. 구매력을 지키려면, 그냥 가만히 있으면 안 된다는 거다. 돈을 안전하게 보관하는 것과 돈의 가치를 지키는 것은 전혀 다른 일이다. 우리는 그 둘을 약 30년쯤 혼동해 왔을지도 모른다.

인내는 재능이 아니라, 훈련된 무감각

결국 투자는 불안으로부터 거리를 두는 기술이다. 매일 주가를 확인하며 조바심 내는 건 불안에 가까워지는 일이다. 반대로, 꾸준히 분할 매수하고 장기적으로 보유하는 건 불안에서 멀어지는 일이다. 시장의 소음을 듣지 않는 것. 그게 첫 번째 선택이다.

그리고 때로, 가장 안전해 보이는 길이 가장 큰 불안의 씨앗이 되기도 한다. 원금을 지키려다 구매력을 잃고, 안정을 찾으려다 미래의 불안정을 키운다. 우리가 '안전'이라고 부르는 것들이 실제로는 그렇게 안전하지 않을 수 있다는 것.

1980년대 미국에서도 은퇴자 중 상당수가 채권과 예금에만 의존했다. 그들은 안전을 선택했다고 믿었다. 그런데 2000년대 들어 의료비가 급등하고 물가가 오르자, 그 '안전한 돈'은 생활비를 감당하지 못했다. 반면 주식을 일부 보유한 사람들은 훨씬 여유로운 노후를 보냈다. S&P500은 기간 동안 연평균 한 10% 정도 올랐으니까. 이건 과거의 이야기가 아니다. 지금 우리 이야기다.

주식시장의 그 흔한 소음을 일부러 듣지 않게 노력하는 것이 첫 번째 선택이다. 두 번째 선택은, 그 소리 너머의 본질을 보는 것이다. 주가가 아니라 기업의 가치를, 변동성이 아니라 성장의 방향을, 단기가 아니라 장기의 복리를 봐야 한다.

DCA(Dollar Cost Averaging, 정액 분할 매수)는 수학 공식으로도 설

명이 가능하지만, 더 큰 가치는 감정을 비우는 루틴으로서다. 퇴직연금 DC형이 이 방식으로 실천할 수 있는데, 매달 준비된 금액을 자동으로 넣는다. 주가가 오르든 내리든 상관없이. 오를 땐 적게 사고, 내릴 땐 많이 산다. 평균 매수 단가는 자연스럽게 낮아진다. 이게 시스템이다. 내가 잘하고 말고가 없고, 잘되거나 못할 판단이 개입되지 않는다.

꾸준함은 성실이 아니라, 기억상실의 기술이다. 오늘 주가를 기억하지 않고, 내일 주가를 예측하지 않는다. 그냥 계속한다. 20년 후에 돌아보면, 그 꾸준함이 복리로 쌓여 있을 것이다.

인내는 재능이 아니라, 훈련된 무감각이다. 시장의 소음에 반응하지 않는 능력. 오른다고 해서 매수하고, 내린다고 해서 팔지 않는 능력. 그냥 계획대로 기계적으로 투자하는 능력. 이게 진짜 투자 실력이다.

단순함이 감정보다 강하다

복잡한 전략은 대부분 실패한다. 왜? 인간은 복잡한 규칙을 오래 지키지 못하니까. 시장 타이밍을 맞추려는 시도, 섹터 로테이션, 기술적 분석. 이 모든 게 단기적으론 재미있지만, 지속적으로 잘하기가 너무 어렵다. 그런데 단순한 전략은 다르다. 단 몇 개의 ETF만 매달 같은 날 같은 금액으로 사고, 20년 뒤에 연다. 이게 전부다. 심지어 요즘엔 '자동 적립식 매수'라는 기능이 증권사마다 다 갖춰져 있다. 이 DCA, 자동 적립식이라는 장점을 이미 알만한 사람들은 다 안다는 것이다.

단순함은 감정보다 강하다. 복잡한 전략은 감정의 여지를 남긴다. "이번엔 다를까?", "지금 팔아야 하나?", "더 기다려야 하나?" 그런데 단순한 규칙은 그 여지를 없앤다. 할 일은 하나뿐이니까. 그냥 계속한다.

급하게 움직이는 사람은 실수한다. 조급한 사람은 고점에 사고 저점에 판다. 그런데 천천히 움직이는 사람은 평균에 도달한다. 그 평균이 생각보다 나쁘지 않다. S&P500의 장기 수익률은 연 10% 정도다. 인플레이션을 빼면 실질적으로 약 7% 정도. 이게 복리로 쌓이면 20년 뒤엔 원금의 4배가 된다.

그런데 이건 '천천히 남은 사람'의 수익률이다. 중간에 떠난 사람은 이런 수익을 갖지 못한다. 2008년 금융 위기 때 팔고 나간 사람들. 2020년 코로나 때 패닉에 빠져 더 떨어질까 봐 판 사람들. 그들은 회복의 순간을 놓쳤다. 시장은 항상 회복했다. 그런데 그들은 그 자리에 없었다.

    절대 실패하지 않는 미국 주식 ETF 투자

19

두 배를 벌어야
본전이라고?

론 바론(Ron Baron)이라는 억만장자 투자자가 2025년 11월 CNBC 인터뷰를 했다.

앵커: 어제도 지수가 크게 하락했고, 오늘 아침에도 360포인트 더 떨어졌습니다. 이런 시장 상황에서 사람들이 버블인가 걱정합니다. 하지만 당신은 늘 반대로 생각하죠. 최근 며칠간의 하락에도 어떻게 대응합니까?

론 바론: 별다른 건 하지 않습니다. 매일 크게 다르지 않습니다. 늘 시장에서 어떤 기회를 포착할지 살피고 있습니다. 그리고 기회가 오면 최대한 그것을 활용하려고 하죠. 지난달 시장을 보면 기술주와 AI 중심 종목만 오르고, 그 외 대부분 종목은 좋지 않았습니다. 시장 상위 종목들이 전체 시장의 38%에 해당하고 수익률도 11%입니다. 이런 대형주를 빼면 나머지 대부분은 마이너스입니다.

앵커: 며칠 전 다우지수가 처음으로 48,000을 돌파했을 때 당신이 떠올랐어요. 항상 주식시장에 투자해야 한다고 강조했으니까요. 큰 성장도 결국 주식에서 온다고 하셨죠.

론 바론: 제 평생 경제는 10년, 12년마다 두 배씩 성장했습니다. 그래서 현재 자산 가치가 10~15년마다 절반으로 떨어집니다. 연 4~5%는 인플레이션이고, 경제 성장률은 연 2% 정도니 결국 연 7%씩 성장해서 10년에 자산이 두 배가 됩니다. 원금 가치가 15년마다 절반이 되니까 현재의 두 배를 벌어야만 본전을 보전하는 셈이죠.

경제가 커지는데 돈의 가치는 줄어든다? 두 배를 벌어야 본전이라고? 이 말은 처음 들으면 모순처럼 들린다. 그런데, 론 바론은 농담한 게 아니다. 그는 50년 넘게 미국 주식시장에서 살아남은 사람이고, 테슬라 하나로 80억 달러를 번 사람이다. 그의 말에는 프로 세계의 암호가 있다. 우리가 모르는 프로들의 렌즈로 세상을 보고 있다는 뜻이다. 그 렌즈를 이해하면, 왜 현금을 쥐고 있는 게 가장 위험한 선택인지 보인다.

짜장면 두 그릇이 한 그릇이 되는 시간

10년 전 짜장면 한 그릇이 4,000원이었다. 지금은 7,000원쯤 된다. 내 주머니엔 여전히 만 원짜리 한 장이 들어 있다. 숫자는 똑같다. 그런데 10년 전엔 이 돈으로 짜장면 두 그릇을 사 먹었고, 지금은 한 그릇밖에 못 산다. 돈의 '숫자'는 그대로인데, 돈의 '힘'은 반으로 줄었다. 이게 인플레이션이다.

절대 실패하지 않는 **미국 주식 ETF 투자**

우리는 보통 인플레이션을 '물가가 오르는 현상'이라고 배운다. 틀린 말은 아니다. 그런데 본질은 다르다. 인플레이션은 물건값이 비싸지는 게 아니라, 돈의 가치가 작아지는 현상이다. 가만히 있는 돈은 매일 조금씩 죽어간다. 통장 숫자는 변하지 않는데, 그 숫자로 할 수 있는 일은 점점 줄어든다.

론 바론은 "원금 가치가 15년마다 절반이 된다"라고 말했다. 이 계산은 '72의 법칙'이라는 간단한 공식에서 나온다. 72를 인플레이션율로 나누면, 돈의 구매력이 반토막 나는 시간이 나온다. 론 바론은 앞으로 연평균 인플레이션이 약 4.5%일 거라고 봤다. 72 나누기 4.5는 16년. 그러니까 지금 1억 원으로 살 수 있는 자동차가, 16년 뒤엔 2억 원을 줘야 살 수 있다는 얘기다.

미국의 100년 평균 인플레이션율은 3.3%쯤 되는데, 론 바론은 그보다 높은 4.5%를 가정한다. 비관적일까? 아니다. 그는 단지 현실적이다. 인플레이션이 화폐 가치를 '필연적으로' 떨어뜨릴 거라는 걸 믿는다. 그런 그에게 '원금 보장'이라는 말은 거짓말처럼 들릴 것이다. 숫자는 보장되지만, 가치는 보장되지 않으니까.

두 배를 벌어야 본전이다

론 바론은 또 이렇게 말했다. "경제는 10년마다 두 배씩 성장했습니다." 이번엔 긍정적인 이야기처럼 들린다. 그런데 문제는 여기서 시작된다. 경제가 '두 배로 성장한다'라는 말이 정확히 뭘 의미하는지 알아야 한다.

나라 경제가 커지는 방법은 두 가지다. 하나는 진짜로 물건을 더 많이 만드는 것. 작년엔 자동차 100만 대를 만들었는데, 올해는 110만 대를 만드는 식이다. 이게 '실질' 성장이다. 진짜 실력이다.

다른 하나는 물건값이 오르는 것. 작년엔 3천만 원짜리 차 100만 대를 만들어서 총 30조 원어치를 생산했는데, 올해는 3천3백만 원짜리 차 100만 대를 만들어서 33조 원어치를 생산한 거다. 생산량은 똑같은데 가격만 올랐다. 이게 '명목' 성장이다. 소위 '거품'이라는 것.

론 바론이 "경제가 10년에 두 배씩 성장했다"라고 말할 때, 그는 '명목' 성장을 말하는 거다. 실질 성장과 물가 거품(인플레이션)을 합친 숫자. 그는 미래에 실질 성장률이 연 2% 정도, 인플레이션이 연 5% 정도일 거라고 본다. 2%+5%=7%. 이렇게 연 7%씩 명목 경제가 커진다. 72 나누기 7은 약 10년. 그러니까 10년마다 경제 규모가 두 배가 된다는 계산이다. 론 바론이 대충 말하는 것 같은데, 숫자는 거의 정확하다. 미국 경제는 지난 수십 년간 실제로 이런 속도로 굴러왔다. 역시 프로다.

론 바론의 머릿속엔 두 개의 시계가 돌아간다.

하나는 '현금 가치의 시계'다. 내 지갑 속 돈은 인플레이션(연 4.5%) 때문에 16년마다 반토막이 난다. 가만히 있으면 돈의 가치는 죽는다.

다른 하나는 '경제 규모의 시계'다. 세상의 명목 경제는 실질 성장(2%)과 인플레이션(5%)의 힘으로 10년마다 두 배씩 커진다.

하나는 가치가 떨어지는 시계고, 다른 하나는 숫자가 올라가는 시계다. 그런데 문제는 이 두 시계가 따로 간다는 거다.

내가 1억 원을 쥐고 가만히 있으면? 첫 번째 시계만 돌아간다. 16

  절대 실패하지 않는 미국 주식 ETF 투자

년 뒤 내 1억 원의 구매력은 5천만 원이 된다. 그런데 세상은 두 번째 시계대로 움직인다. 16년 뒤 내가 사고 싶었던 자동차는 2억 원짜리가 되어 있다. 그래서 론 바론은 말한다. "두 배를 벌어야만 본전이다."

'본전'이라는 말은 원금을 지킨다는 뜻 아닌가? 그런데 론 바론에게 본전은 다른 의미다.

지금 내게 1억 원이 있고, 내가 사고 싶은 자동차가 정확히 1억 원이라고 치자. 1억 원이 있는 나는 지금 당장 이 차를 살 수도 있다. 이게 내 '구매력'이다. 자동차 1대를 살 수 있는 힘.

16년 뒤에도 '본전'을 지킨다는 건 뭘까? 통장에 여전히 1억 원이 남아 있다는 뜻이 아니다. 16년 뒤에도 이 자동차 1대를 살 수 있는 능력을 유지한다는 뜻이다.

그런데 인플레이션(연 4.5%)이 16년 동안 계속되면, 이 자동차의 가격표는 2억 원이 된다. 그럼 16년 뒤 내 1억 원으로는 자동차를 반밖에 못 산다. 본전을 잃은 거다.

진짜 본전을 지키려면, 16년 뒤 내 돈이 2억 원이 되어 있어야 한다. 숫자를 두 배로 불려야 구매력이 그대로 유지된다. 그게 '본전'이다. 아무것도 하지 않으면 돈의 가치는 줄어든다. 두 배를 벌어야 겨우 제자리다.

투자는 선택이 아니라 필수다

론 바론의 말을 여기까지 따라왔다면, 이제 그가 왜 "거시경제 헤드라인에 신경 쓰지 않는다"라고 말하는지 보인다. 오늘 GDP 성장률이 3.8%인지 2.1%인지는 중요하지 않다. 그의 관심은 단 하나다. 10년, 20년 뒤에도 인플레이션(4.5%)과 경제 성장(2%)을 합친 7%의 파도보다 더 빨리 헤엄칠 수 있는 기업을 찾는 것.

그가 테슬라를 10년 넘게 붙잡고 80억 달러를 번 건, 운이 아니다. "인플레이션이 내 돈을 필연적으로 훔칠 것"이라는 확고한 믿음 아래, 그보다 훨씬 빠른 속도로 성장하는 자산에 자신의 부를 맡겨뒀기 때문이다.

투자는 대박을 노리는 선택이 아니다. 인플레이션이라는 거대한 흐름에 맞서 내 구매력을 지키기 위한 필수 방어 수단이다. 연 4.5%의 수익을 내는 건 성공이 아니다. 그건 16년 뒤 자동차 가격(2억 원)과 내 돈(2억 원)을 똑같이 맞춘 '겨우 본전'일 뿐이다.

투자의 성공은 뭘까? 인플레이션(4.5%)을 이기는 것을 넘어, 명목 GDP 성장률(7%)까지 이기는 것. 그제야 실질적으로 부자가 된다.

은행 예금의 '원금 보장'이라는 말에 안심하면 안 된다. 숫자가 보장될 뿐, 그 돈의 가치는 론 바론의 경고처럼 '필연적으로' 매일 줄어든다. 15~16년마다 반토막이 난다.

월급이 5% 올랐다고 기뻐하기 전에, 물가가 얼마나 올랐는지 봐야 한다. 월급 인상률 숫자는 늘었는데 생활이 더 팍팍해졌다면, 그건 명목은 올랐지만, 실질은 줄어든 거다. 내 진짜 부는 통장 숫자가 아니라 구매력으로 측정된다.

론 바론의 암호를 풀고 나면, 세상이 다르게 보인다. 뉴스에서 'GDP 성장률 3.8% 달성'이라고 떠들 때, 이제 우리는 묻는다. "그게 명목인가, 실질인가? 인플레이션 빼면 얼마인가? 내 돈의 구매력은

   절대 실패하지 않는 미국 주식 ETF 투자

늘었나, 줄었나?"

그게 프로 투자자의 시선이다. 숫자가 아니라 가치를 본다. 오늘이 아니라 10년 뒤를 본다. 거품이 아니라 실력을 본다.

주식 투자는 심리 게임이다

- 투자 심리와 행동 경제 -

20

주식 투자는
심리와의 싸움이다

개인투자자에게 주식시장은 숫자로 말하지 않는다. 감정으로 말한다. 차트의 빨간색과 초록색, 계좌의 플러스와 마이너스. 그것들은 단순한 수치가 아니다. 희망이고, 불안이고, 후회이고, 분노다. 그런데 문제는 이걸 아는 것과 이걸 견디는 것이 완전히 다른 영역이라는 점이다. 머리로는 '이성적 장기 투자'를 외치면서도, 손은 이미 공포에 질려 매도 버튼 위에 올라가 있다. 참 묘한 일이다.

투자에서 가장 비싼 수업료는 종목 선정 실패가 아니다. 심리 붕괴다. '심리' 이 두 글자가 수익의 반 이상을 결정한다.

수익률 목표라는 함정

"연 30%, 아니 연 20%만 꾸준히 벌면 10년 후엔 은퇴할 수 있어."
이 문장을 머릿속에 품어본 적 있는 사람이라면, 이미 함정에 한 발 들인 셈이다. 2021년 말, 테슬라가 400달러를 훌쩍 넘기며 고공 행진할 때 수많은 투자자가 이런 계산을 했다. '지금 수익률이 5년만 유지되면 1,000달러!', '아니, 욕심부리지 말자. 3년만 이 추세라면 700달러네'.

그런데 시장은 그런 계산을 비웃듯 무너졌다. 2022년 한 해 동안 테슬라는 70% 가까이 빠졌다. 400달러가 110달러 아래로. 연 20~30% 수익은커녕, 원금의 3분의 2가 증발했다. 계산기를 두드리던 손이 얼어붙는 순간이다.

수익률 목표를 먼저 세우면 무슨 일이 벌어질까? 단순하다. 목표에 맞추려고 무리를 한다. 레버리지 ETF에 손을 대고, 변동성 높은 종목에 올인하고, 익절은 빨리하면서 손절을 미루다가 결국 바닥에서 공포에 질려 매도한다.

주가는 우리가 마음먹은 대로 움직이지 않는다. 절대로. '이번엔 확실히 이렇게 될 거야'라고 확신하는 순간, 시장은 반대로 간다. 월가의 유명 애널리스트들이 전부 강세를 외쳐도, 실제로는 그 반대가 될 확률이 약 51% 된다. 반반이다. 동전 던지기랑 다를 게 없다는 얘기다.

정말 그럴까? 그렇다. 백테스트의 달콤한 숫자들. "지난 3년간 이 종목은 연평균 50% 올랐습니다." 그래서? 앞으로 3년도 그럴 거라는 보장은 없다. 과거는 미래의 예고편이 아니다. 과거는 그냥 과거일 뿐이다. 그런데 사람들은 그 숫자에 홀려서 들어간다. 그리고 마이너스 50%를 맞는다. 1년도 못 버틴다. 팔고 나온다. 그게 현실이다.

포모, 그 달콤하고 치명적인 불안

"남들은 다 벌고 있는데, 나만 놓치는 거 아냐?"

이 질문이 머릿속을 맴돌기 시작하면, 이미 포모(Fear of Missing Out, FOMO)에 빠진 거다. 모두가 주가 상승을 누리는데 나만 못 누릴지 모른다는 공포. 이상하게도 이 감정은 상승장에서 더 강렬하다. 주가가 오를수록, 뉴스가 떠들수록, 주변 사람들이 수익 인증을 할수록. "나도 사야 하나?" "지금이라도 들어가야 하나?"

2020년 4월부터 2021년 11월 중순까지의 테슬라 랠리 때는 '갓슬라'였고, 2023년 1월부터 7월까지의 애플 랠리 때는 '갓플'이었고, 2022년 11월부터 지금까지도 이어오고 있는 엔비디아 랠리 때는 '갓비디아'였다. 주가가 제대로 조정도 받지 않고 계속 오르던 시절. 당장이라도 사지 않으면 바보 같았다. 그래서 사람들은 샀다. 고점 근처에서. "지금이라도 올라타길 잘했지"라는 안도감은 정확히 며칠 후면 사라진다. 조정이 오니까. 늘 그렇다.

포모의 가장 무서운 점은, 그게 '합리적인 판단'처럼 느껴진다는 거다. 남들 다 버는데 나만 안 사는 게 오히려 비합리적인 것 같다. 그런데 생각해 보면, 남들이 다 산다는 건 이미 가격이 충분히 오른 뒤라는 뜻이다. 늦게 들어갈수록 남는 상승 여력은 줄어든다. 당연한 얘기인데, 포모 상태에선 이 당연한 게 안 보인다.

공포, 바닥에서 파는 이유

포모의 반대편엔 공포가 있다. "이제 완전히 망하는 거 아니야?" "더 떨어지면 어쩌지?" "전 재산이 날아가는 건 아닐까?"

   절대 실패하지 않는 미국 주식 ETF 투자

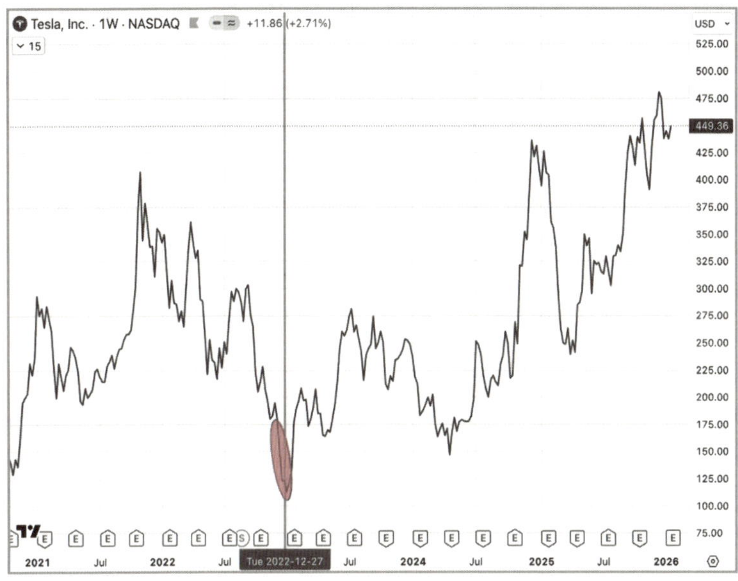

2022년 하락장. 테슬라가 10월에도 떨어지고, 11월에도 떨어지고, 12월에도 떨어졌다. 매일 빨간불. 계좌를 열 때마다 마이너스 폭이 커져 있다. 이때 느끼는 감정은 불안 정도가 아니다. 공포다. 진짜 공포. 심장이 쪼그라드는 느낌이다.

특히 레버리지를 쓴 사람들은 더했다. 주식담보 대출로 산 주식이 반토막 나면? 반대매매 걱정에 밤잠을 설친다. "차라리 지금 팔고 나오자. 더 떨어지기 전에." 그래서 판다. 그런데 묘하게도, 그렇게 참다 참다 더 이상 못 참고, 공포에 떨며 손절한 그 지점이 단기 바닥인 경우가 많다. 참 잔인한 일이다.

왜 그럴까? 한 참 좋을 때 다들 포모에 못 이겨 매수한 후, 주식담보 대출을 많이 받은 그 지점에서 강제청산이 이뤄진다. 시장의 바닥은 대부분의 사람이 공포에 떨며 투매할 때 만들어진다. 모두가 팔아치울 때, 그때가 바닥이다. 그런데 그 순간엔 바닥인지 알 수가 없다. 더 떨어질 것 같으니까. 그래서 판다. 사실 지금의 공포보다는 '지금 보다 더 내려갔을 때의 내 모습을 그려보기' 때문에 못 산다. 그래서 다음에도 같은 실수를 반복한다.

상승장도, 박스권도 괴롭다

심리전은 하락장에서만 벌어지지 않는다. 상승장에서도 괴롭다. 불안하니까. 박스권에서도 괴롭다. 지금이라도 팔아야 하나 싶어서. 어디서든 괴롭다. 그게 주식시장이다.

상승장에서 매도한다. "이 정도면 익절이지." 그런데 판 직후부터 주가가 더 오른다. 후회가 밀려온다. 그래서 재매수한다. 내가 판 가격보다 더 높은 가격에. 그런데 사자마자 내려간다. 손실이다. 그래서 또 판다. 그런데 팔자마자 다시 오른다. 이 악순환. "나만 바보인가?" 하는 모욕감. 시장이 나를 조롱하는 것 같은 기분. 실제로 많은 투자자들이 이걸 겪는다.

2020년 12월, 테슬라가 S&P500에 편입될 때. "이제 고점이니까 풀백이 올 거야"라고 확신하고 대량 매도한 사람들이 있었다. (접니다!) 그런데 주가는 계속 올랐다. 황급히 더 비싼 가격에 다시 샀다. 그런데 매수 직후부터 조정이 왔다. 그때 매수한 사람이 있었다. (접니다!) 단 며칠 만에 엄청난 손실. 모욕감. 자괴감. 분노.

박스권은 더 교활하다. 오르는 것 같아서 사면 내려가고, 내려가는 것 같아서 팔면 올라간다. 가짜 돌파, 가짜 하락. 시장이 장난치는

　　　　　　　　　　절대 실패하지 않는 **미국 주식 ETF 투자**

것 같다. 그런데 시장은 장난치는 게 아니다. 그냥 그런 거다. 우리가 예측할 수 없을 뿐.

시간의 힘, 그리고 버티는 기술

그래서 답은 뭘까? 단순하다. 시간이다.

실제 투자 성과의 대부분은 '시간의 힘'에서 나온다. 종목 선정? 일부분이다. 타이밍? 일부분이다. 진짜 중요한 건 '얼마나 오래 버텼느냐?'이다. "내 습관과 멘탈 40% + 시간 50%"라는 말이 있다. 종목 선정이나 매매 기술은 고작 10%다. 그 10%에 목숨 걸면서, 정작 중요한 90%는 무시하는 게 투자자들 대부분이다.

장기 투자. 말은 쉽다. 그런데 상상 속의 장기 투자와 실제 장기 투자는 완전히 다른 경험이다. 상상 속에선 그냥 사놓고 몇 년 기다리면 된다. 실제로는 어떤가? 내 재산의 반 이상이 증발하는 걸 지켜보면서 버텨야 한다. 1년도, 2년도, 때로는 3년 넘게. 그 가시밭길을 겪어보지 않은 사람은 상상할 수 없다.

3~5년, 아니 5~10년의 시계로 기업 가치를 믿고 버틸 수 있어야 한다. 며칠이 아니라 몇 달, 몇 달이 아니라 몇 년간 마이너스 계좌를 묵묵히 바라볼 수 있어야 한다. 물론 '정말로 망할 것 같은 기업'에 투자했다면 그건 다른 문제다. 첫 단추부터 잘못 끼운 거니까. 그때는 빠른 손절이 오히려 능력이다.

이 모든 심리전을 피하는 방법이 있을까? 있다. 하나뿐이다. 안 보는 거다.

첫째, 주식 관련 뉴스나 유튜브, 커뮤니티 게시물을 보지 않는다.

정보 디톡스다. 매일 쏟아지는 뉴스와 분석과 전망. 그것들은 투자에 도움이 되는 게 아니라, 심리를 흔드는 소음일 뿐이다. '테슬라 목표가 또 하향!' '빅테크 대폭락' '마이클 버리 AI 버블 경고 엔비디아 숏 베팅' 그런 헤드라인에 일희일비하면, 장기 투자는 불가능하다.

둘째, 주식 앱을 삭제한다. 차트 사이트 URL을 즐겨찾기에서 지운다. 계좌를 확인하는 행위 자체가 심리를 흔든다. 오늘 올랐나? 내렸나? 그 확인의 유혹을 끊어야 한다. 안 보면 흔들리지 않는다. 단순한 진리다.

셋째, 주식 외에 할 것을 한다. 저녁 먹고 운동하고, 가족과 시간 보내고, 드라마 보고, 책 읽고, 일찍 잠든다. 밤 11시 반에 미국 주식 시장이 오픈하는 것도 잊고, 주식 생각이 일절 나지 않게. 그게 최고의 투자 전략이다. 투자는 삶의 중심이 아니라 삶을 안정시키는 장치여야 한다. 중심에 두는 순간, 삶이 무너진다.

이 세 가지 중 하나라도 못 하면? 초보의 경우 심리 싸움에서 질 확률이 90% 이상이다. 진심이다.

99%가 지는 게임에서 1%가 되는 방법

'투자 심리 사이클'. 희망에서 시작해 황홀감, 그다음 불안, 부정, 공포, 절망, 항복으로 이어지는 그 곡선. 대부분의 투자자가 이 사이클을 한 번 이상 경험한다. 그런데 웃긴 건, 다들 '나는 다르겠지' 또는 '이번에는 잘하겠지'라고 생각한다는 거다.

지금 자신이 몇 단계에 있는지 생각해 보자. 아직 희망 단계인가? 이미 불안 단계인가? 어쩌면 5~7단계 어딘가에 있을지도 모른다.

  절대 실패하지 않는 **미국 주식 ETF 투자**

그렇다면 지금이라도 포트폴리오를 점검하고, 현금을 마련해 두는 게 낫다. 심리가 무너진 뒤에는 합리적 판단이 불가능하니까.

주식 투자에서 심리 싸움은 초보들은 99%가 진다고 한다. 과장일까? 아니다. 실제로 그렇다. 개인투자자의 장기 수익률 통계를 보면, 시장 평균을 이기는 사람은 극소수다. 대부분은 시장보다 못한 성과를 낸다. 왜? 타이밍을 잘 맞추려다가 오히려 잘못된 타이밍에 사고 팔기 때문이다. 그리고 그 '잘못된 타이밍'은 대부분 심리 때문에 발생한다.

포모에 빠져 고점에 사고, 공포에 질려 저점에 판다. 이 패턴을 반복한다. 알면서도 반복한다. 아는 것과 실천하는 것 사이의 거리가 그만큼 멀다.

그래서 투자는 자기 자신과의 싸움이라는 말이 나온다. 시장과 싸우는 게 아니다. 내 안의 포모와 싸우고, 내 안의 공포와 싸우고, 내 안의 조급함과 싸운다. 그 싸움에서 이기는 사람만이 시간의 힘을 빌릴 수 있다.

그런데 그 움직임에 일희일비하지 않을 때, 비로소 투자가 시작된다. 숫자를 보지 않고, 뉴스를 끊고, 시간에 맡기는 것. 그게 어쩌면 가장 어려운 투자 기술일지도 모른다.

99%가 지는 게임에서 1%가 되는 방법. 단순하다. 안 보고, 안 흔들리고, 버티는 거다. 그게 전부다.

21

투자자의 심리 13단계와
롤러코스터

2020년 3월부터 2022년 12월까지, 나스닥 100지수는 투자자 심리 사이클의 교과서 같은 여정을 보여줬다. 6,800에서 시작해 16,700을 찍고, 다시 10,400까지 내려왔다. 숫자로 보면 간단하다. 하지만 그 안에서 수백만 명의 투자자들이 겪은 감정의 롤러코스터는 전혀 간단하지 않았다.

나스닥이 보여준 투자자의 심리 13단계

1단계. 불신(2020년 3월 말)

2020년 3월 23일, 나스닥100은 6,800까지 추락했다. 한 달 만에 30%가 증발했다. 코로나 팬데믹이 전 세계를 덮쳤고, 뉴욕은 봉쇄됐고, 연준은 긴급 금리 인하를 단행했다. 그리고 그날 이후, 시장은 조용히 고개를 들기 시작했다.

절대 실패하지 않는 **미국 주식 ETF 투자**

'이제 반등인가?' 그런데 아무도 반등을 믿지 않았다. "이건 데드 캣 바운스야" "2차 폭락이 온다" "속지 마라" 3월 마지막 주, 나스닥이 7,000을 회복했을 때도 사람들은 고개를 저었다. 바닥에서 반등이 시작될 때, 인간의 본능은 그걸 거부한다. 방금 맞은 펀치의 기억이 너무 생생해서, 손을 내밀 수가 없다. "쌍바닥이 온다"라는 말이 대세였다. 불신은 보호 본능이다. 하지만 그 보호막이 기회를 차단하기도 한다.

2단계. 희망(2020년 4월)

4월이 되자 뭔가 이상해졌다. 나스닥이 8,000을 넘겼다. "어라, 그냥 계속 오르네?" 불신의 벽에 금이 가기 시작했다. 연준이 무제한 양적완화를 선언했고, 경기부양책이 쏟아졌다. 실물 경제는 여전히 엉망이었지만, 시장은 먼저 움직이고 있었다.

아직 매수 버튼을 누르기엔 조심스럽다. '코로나가 한두 달 만에 끝나겠어? 코로나가 안 끝난다면 더 큰 폭락이 있을 수 있어'라는 불안한 마음과 '혹시?'라는 희망이 동시에 머리를 어지럽힌다.

3단계. 낙관(2020년 5~6월)

6월, 나스닥100은 10,000포인트를 돌파했다. 코로나 시기 폭락 이전 수준을 완전히 회복한 것이다. 고작 3개월 만에. "이번엔 진짜 상승인가 보다." 사람들이 조금씩 매수하기 시작했다. 소심하게, 조금씩. 이때까지는 괜찮다. 사실, 이때가 가장 합리적인 구간이다. 왜냐하면 아직 욕심이 감정을 지배하지 않았으니까.

뉴스에서는 'V자 반등'이라는 말이 나오기 시작했다. 사람들은 반신반의했지만, 계좌는 이미 녹색이었다.

4단계. 믿음(2020년 7~12월)

나스닥은 멈추지 않았다. 7월 11,000, 8월 12,000, 9월에는 12,400 포인트를 찍었다. 9월에 잠깐 조정이 왔지만, 10월엔 다시 올랐다. "이건 진짜야." 믿음이 자리 잡기 시작했다.

여기서부터 위험해진다. "몰빵해야지"라며 대출을 끌어온다. 어떤 사람은 증권사 신용 매수를 시작한다. 어떤 사람은 주식담보 대출을 받아 더 매수한다. "지금 안 사면 후회한다." 믿음은 아름다운 단어지만, 투자에서 믿음은 종종 독이 된다.

5단계. 스릴(2021년 1~10월)

2021년이 밝았다. 나스닥100은 13,000포인트를 넘겼다. 테슬라는 주식 분할 이후에도 계속 올랐고, 엔비디아는 (AI와는 다른) 반도체 슈퍼사이클을 타고 날아올랐다. 그리고 밈 주식의 시대가 열렸다. 게임스탑이 한 달 만에 1,500% 올랐다. AMC가 뒤를 이었다. 로빈후드 앱의 다운로드 수가 폭발했다.

수익이 크게 나면 사람은 이상해진다. "난 천재인가 봐. 어떻게 이런 적절한 타이밍에 대출을 잘 받아서 수익률이 좋을까?"라며 진지하게 스스로 대단하다고 생각한다. 무려 몇 달 만에 50%, 100% 수익을 본 사람들이 수두룩했다. 그들 중 다수는 자신이 시장을 '읽을 수 있다'라고 믿었다. 스릴은 판단력을 마비시킨다. 아드레날린

    절대 실패하지 않는 미국 주식 ETF 투자

이 이성을 덮어버린다. 나스닥은 2021년 내내 계속 올랐다. 14,000, 15,000, 16,000포인트 등 조정이 와도 금방 회복했다. "바이 더 딥 (Buy the dip)"이라는 말이 유행했다. 떨어지면 산다. 그럼 오른다.

6단계. 도취(2021년 11~12월)

2021년 11월 22일, 나스닥100은 16,700포인트를 돌파했다. 역대 최고치. 코로나 바닥에서 무려 145%가 올랐다. 20개월 만에.

"이제 일 안 해도 되겠는데?" 농담이 아니다. 진짜 그렇게 생각하는 사람들이 있었다. 회사에 사표를 내는 이들이 많아졌고, 주식 수익으로 아파트 계약금을 치르는 사람이 있었고, "나도 이제 파이어족"이라는 말이 뉴스에 오르내렸다. 도취는 정상이 아니다. 정상에서 떨어지기 직전의 상태다.

그러나 12월, 연준이 태도를 바꾸기 시작했다. "인플레이션이 일시적이지 않을 수 있다." '테이퍼링 가속화. 금리 인상 시사'. 하지만 도취 상태에서는 그런 신호가 들리지 않는다. 나스닥이 조금 흔들려도 "연말 조정이지 뭐"라고 넘겼다. 도취 상태에서 내리는 결정은 대부분 후회로 돌아온다.

7단계. 자만(2022년 1월 초)

2022년 1월, 나스닥이 흔들리기 시작했다. 16,000포인트 아래로 내려왔다. 그래도 대응하지 않는다. "조정은 잠깐이야." "곧 다시 오를 거야." "지난 2년간 항상 그랬잖아." 자만은 눈을 감게 만든다. 귀를 막게 만든다. 그리고 손을 묶어버린다.

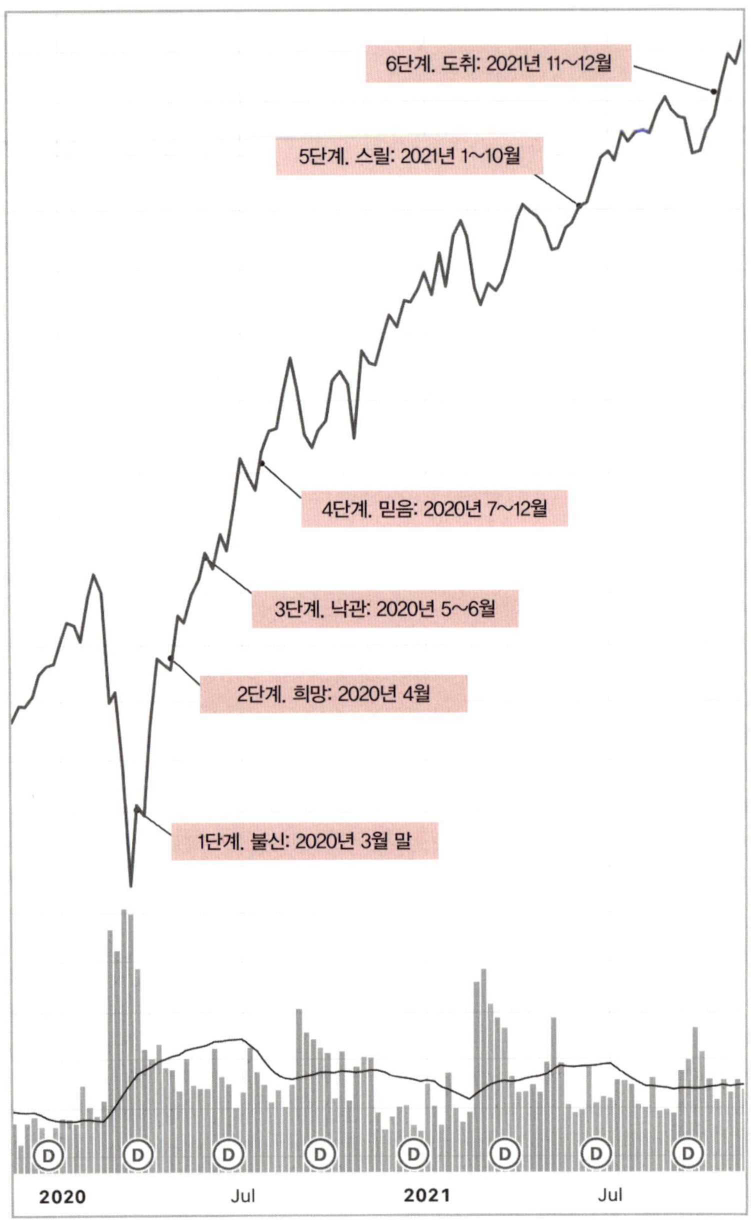

절대 실패하지 않는 **미국 주식 ETF 투자**

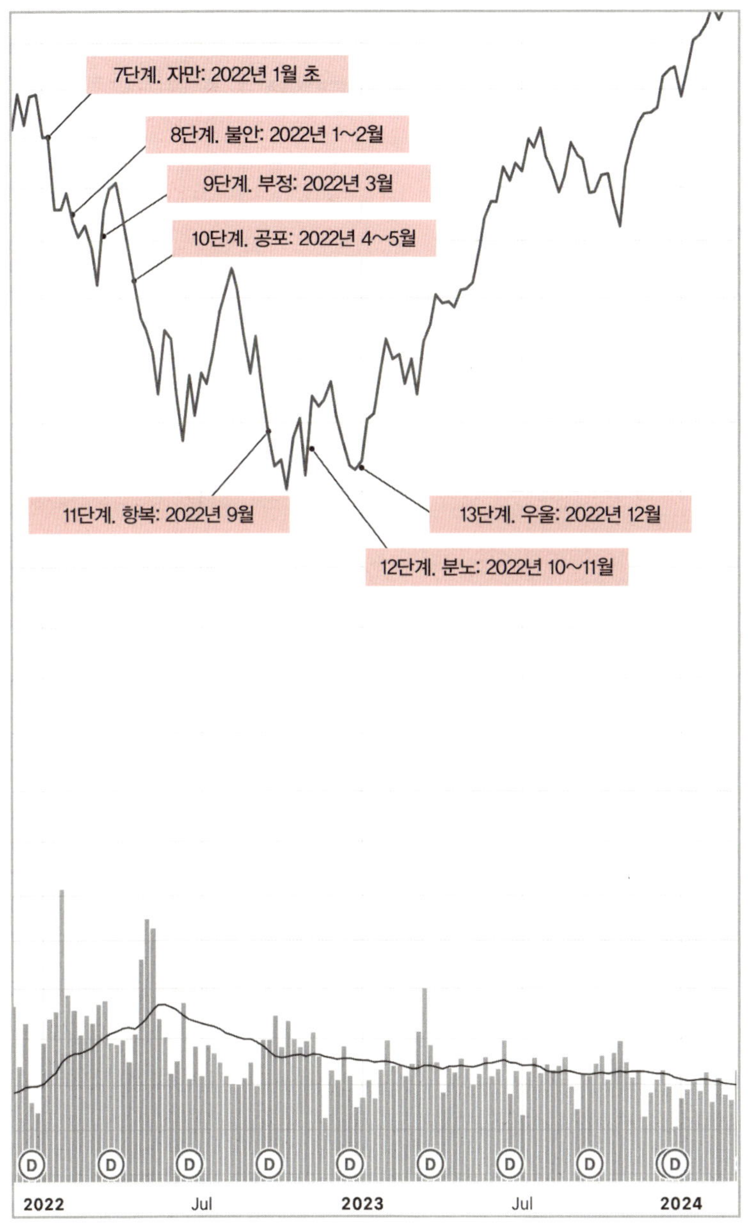
7단계. 자만: 2022년 1월 초
8단계. 불안: 2022년 1~2월
9단계. 부정: 2022년 3월
10단계. 공포: 2022년 4~5월
11단계. 항복: 2022년 9월
13단계. 우울: 2022년 12월
12단계. 분노: 2022년 10~11월
2022
Jul
2023
Jul
2024

1월 FOMC에서 파월 의장이 말했다. "금리 인상이 곧 시작된다." 시장은 3월 인상을 확신하기 시작했다. 그런데도 투자자들은 움직이지 않았다. "건강한 조정을 거치고 나면 다시 오를 텐데 뭐." 자만의 언어다.

8단계. 불안(2022년 1~2월)

나스닥이 15,000포인트 아래로 떨어졌다. 그리고 14,000포인트까지 밀렸다. 고점 대비 벌써 15% 이상 빠진 것이다. 처음엔 "왜 반등을 안 하지?" "뭔가 잘못된 건가?" "이 정도 금리 인상에 왜 이렇게 호들갑이지?"라고 하지만 밤에 잠이 잘 안 온다.

나중엔 뉴스를 더 자주 본다. 유튜브 알고리즘이 "대폭락 예측", "금리 쇼크", "2008년 재현?" 같은 영상으로 가득 찬다. 불안은 전염된다. 그리고 증폭된다.

그러던 어느 날 2월 24일, 러시아가 우크라이나를 침공했다. 몇 주 전부터 러시아가 우크라이나를 침공할 것이라는 미국 백악관의 예측이 있긴 했지만, 진짜 전쟁이 일어나다니! 나스닥은 하루 만에 3% 넘게 빠졌다. 그리고 인플레이션을 더욱 깊게 할, 온갖 별의별 악재들이 다 튀어나왔다. 불안이 공포의 문을 두드리기 시작했다.

9단계. 부정(2022년 3월)

이상하게도 3월에 시장이 반등했다. 나스닥이 다시 15,000포인트를 회복했다. "거봐, 반등하잖아." "시장은 전쟁도 이겨내는군."

손절을 안 한다. 아니, 못 한다. 마이너스 20%를 보면서도 버틴다.

"이제 팔면 진짜 손해잖아." 사실은 이미 손해인데, 인정하고 싶지 않은 거다. 심리학에서는 이걸 '처분 효과'라고 부른다. 손실을 확정 짓는 게 이익을 확정 짓는 것보다 심리적으로 두 배 이상 고통스럽다는 거다. 3월 반등은 희망을 줬다. 그런데 그건 함정이었다.

10단계. 공포(2022년 4~5월)

4월, 연준이 본격적으로 움직였다. 5월 FOMC에서 0.5%포인트 금리 인상. 그리고 양적 긴축(QT) 시작 예고. 나스닥이 다시 무너졌다. 14,000, 13,000, 12,000… 5월에는 11,700포인트까지 떨어졌다. 고점 대비 30%나 떨어진 대폭락이었다.

더 이상 버틸 수 없다. 대규모 매도가 시작된다. "이건 아닌 것 같아." "더 떨어지기 전에 나가야 해." 공포는 전염병처럼 퍼진다. 한 사람이 팔면 옆 사람도 판다. 그 옆 사람도 판다. 눈덩이가 굴러간다. 아래로 추락한다.

아크 인베스트의 ARKK ETF가 상징이었다. ARKK는 고점 대비 70% 넘게 폭락했다. 한때 '혁신의 여왕'이라 불리던 캐시 우드가 조롱의 대상이 됐다. 시장은 냉정했다. 냉정하고도 잔인했다.

11단계. 항복(2022년 9월)

6월에 잠깐 바닥을 찍고 반등하는 것 같았다. 나스닥이 11,000포인트 근처에서 반등해 8월에는 13,700까지 올랐다. "이제 이 약세장이 끝난 건가?" 희망이 피어올랐다.

하지만 8월 잭슨홀에서 파월이 말했다. "고통이 있을 것이다(Some

pain ahead).” 혹시나 했는데 역시나 너무 아픈 매파적 발언. 시장은 다시 무너졌다. 9월, 나스닥은 11,000 아래로 떨어졌다.

항복이 시작됐다. “나는 주식이랑 안 맞아.” “역시 주식 하면 패가 망신”이라며 전량 매도를 한다. 이때 미국 로빈후드의 월간 활성 사용자가 50% 급감했다. 2021년 정점 대비 절반 가까이 준 것이다. 그런데 아이러니하게도, 대부분의 항복은 바닥 근처에서 일어난다. 시장이 가장 싸게 살 수 있는 시점에, 사람들은 사지 않고 그냥 떠난다.

12단계. 분노(2022년 10~11월)

10월 13일, 나스닥 100은 10,400포인트를 찍었다. 고점 대비 무려 38% 하락. 2020년 12월 수준으로 돌아갔다. 2년간의 상승이 증발했다.

분노가 터져 나왔다. “연준이 다 망쳐놨어.” “파월 때문이야.” “이건 월가의 음모다.” 결국 주식시장 음모론이 퍼졌다. 개인투자자를 노린 작전, 기관의 공매도 세력, 정부와 금융 엘리트의 결탁. 모든 게 누군가의 잘못이다. 내 잘못은 아니다.

분노는 책임을 외부로 돌리게 만든다. 하지만 아무것도 해결하지 못한다.

13단계. 우울(2022년 12월)

12월, 벌써 1년 가까이 시장은 바닥을 기고 있었다. “산타 랠리도 없는 걸까?” 나스닥은 10,500~11,000포인트 사이를 오간다. 더 떨어지지도, 오르지도 않았다. 그냥 멈춰 있었다.

주식에 질려버렸다. 심리적으로 큰 상처가 남았다. "작년 겨울에 왜 반이라도 차익 실현을 안 했을까?" "왜 그렇게 대출을 받아 몰빵했을까?" 후회가 밀려온다. 한동안 투자 얘기만 들어도 가슴이 답답해진다.

연말 모임에서 주식 얘기가 사라졌다. 2021년에는 모두가 수익률 자랑을 했는데, 2022년 연말에는 아무도 입을 열지 않았다. 침묵.

그리고 2023년이 밝았다. 시장은 다시 슬금슬금 오르기 시작했다. 챗GPT 열풍이 불었고, AI 테마가 시장을 이끌었다. 엔비디아가 날아올랐다. 나스닥이 12,000, 13,000, 14,000포인트를 돌파했다.

뉴스에서 '상승장 복귀'라는 말과 함께 '금리 인상으로 인해 2023년 경기침체 확률 70%'라는 말이 동시에 나왔다. 이렇게 주식시장은 심리 사이클의 13단계가 끝난지도 모르고, 그다음 심리 사이클의 1단계가 시작될 줄도 모른다. 그리고는 "이 상승은 가짜일 거야." "쌍바닥이 곧 시작될지도 모른다."라고 불안해했다.

지도는 있는데 현재 위치를 모른다

여기까지 읽으면 이런 생각이 들 수 있다. "이제 알았으니까, 다음엔 잘 대응할 수 있겠네." 역시 치명적인 함정이 있다.

지나고 보면 이렇게 빤히 보인다. 2021년 11월이 도취였고, 2022년 9월이 항복이었다는 게 너무도 명확하다. 차트를 보면 어린아이도 알 수 있을 것 같다. "여기서 팔고, 여기서 샀어야지." 참 쉬워 보인다.

그런데 막상 그 과정 중에 있으면? 전혀 보이지 않는다. 이렇게 쉬운데 왜 안 보이냐고? 직접 겪어보시라.

심리학에서는 이걸 '후견 편향(Hindsight Bias)'이라고 부른다. "나는 알고 있었어" 효과. 일이 끝나고 나면, 우리 뇌는 마치 처음부터 그 결과를 예측했던 것처럼 기억을 재구성한다. 2022년 10~12월 바닥을 지나고 나서 "그때 살 걸" 하는 건 쉽다. 하지만 2022년 10월~12월 3개월 동안에는? 아무도 그게 바닥인지 몰랐다. 더 떨어질 것 같았다. 모두가 그렇게 느꼈다. "테슬라가 100달러까지 떨어지면 집을 팔아서라도 사려고 했는데, 아슬아슬하게 100달러까지 안 왔지. 그냥 120달러일 때 살 걸…"이라는 사람들이 꽤 많다.

더 무서운 개념이 있다. 행동경제학자 조지 로웬스타인이 제안한 '핫-콜드 공감 격차(Hot-Cold Empathy Gap)'다. 차가운(이성적) 상태에서는 뜨거운(감정적) 상태의 자신을 예측할 수 없다는 거다.

지금, 이 글을 읽으면서 "나는 절대로 공포 구간에서 안 팔지"라고 자신만만하게 생각할 수 있다. 냉정하게, 이성적으로. 그런데 실제로 계좌가 40% 넘게 녹아내리고, 뉴스는 온통 내일은 더 떨어질 것 같은 헤드라인이고, 주변 친구들이 이미 다 팔았다며 "너 아직도 손절 안 했냐?"라고 할 때? 그 순간의 당신은 지금의 당신이 아니다. 완전히 다른 사람이 된다. 뜨거운 상태의 뇌는 차가운 상태의 결심을 기억하지 못한다.

그래서 자기 객관화는 구조적으로 불가능하다. 자기 눈으로 자신을 볼 수 없듯이. 심리학에서는 이걸 메타인지적 맹점(Metacognitive Blindspot)이라고 부른다. 우리는 자신의 인지 상태를 객관적으로 관찰할 수 없다. 내가 지금 도취 상태인지, 자만 상태인지, 불안 상태인지, 그 순간에는 알 수 없다.

2026년 2월 기준, 나스닥은 약 23,500포인트 수준이다. 2022년 바닥에서 두 배 가까이 올랐다. 그렇다면 지금 우리는 어느 단계에 있을까?

6단계 도취? 7단계 자만?

이 두 단계는 전혀 다르다. '도취'라면 아직 더 상승할 수 있고, '자만'이라면 경계해야 하고, 만약 '불안'이라면 현금을 늘려야 한다. 전략이 완전히 달라진다. 그런데 우리는 지금 내가 어디 있는지 알 수 없다. 정말로 알 수 없다.

아는 사람이 있다면? 그 사람은 한 번의 사이클로 갑부가 될 수 있다. 2021년 11월 고점에서 다 팔고, 2022년 10월 바닥에서 몰빵 매수했더라면 이론적으로는 무려 60~100% 넘는 수익을 낼 수 있었다. 레버리지를 썼다면 수백 퍼센트. 그런데 그렇게 한 사람이 있던가? 거의 없다. 왜? 다들 하고 싶었지만 불가능했었으니까.

전략이 바뀌어야 한다

사이클을 맞추려 하지 마라. 맞출 수 없다. 후견 편향이 "다음엔 맞출 수 있을 것 같다"라고 속삭이겠지만, 그건 환상이다. 대신 이렇게 하라.

첫째, 견딜 수 있는 포트폴리오를 만들어라.

"얼마나 벌 수 있나"가 아니라 "얼마나 떨어져도 버틸 수 있나?"를 먼저 물어야 한다. 만약 지금이 2022년이고, 현재 포트폴리오로 40~50% 빠졌을 때 당신은 주식 앱을 열어보지 않을 수 있었는가?

편하게 잠을 잘 수 있었는가? 잠을 못 잔다면, 포트폴리오가 감당 능력을 초과한 것이다. 이번부터 다음 하락장이 오기 전에 포트폴리오 리밸런싱을 해야 한다.

둘째, 이해할 수 있는 마인드를 갖춰라.

사이클의 정확한 위치를 아는 건 불가능하다. 하지만 "이런 사이클이 존재한다"라는 걸 아는 것과 모르는 건 다르다. 적어도 공포 구간에서 "아, 이게 그 10단계일 수도 있겠구나"라고 인식할 수 있다면, 한 템포 늦출 수 있다. 매도 버튼에 올린 손을 잠시 거둘 수 있다. 그 정도면 충분하다.

셋째, 10~13단계에서 팔지 않을 멘탈을 가질 수 있어야 한다.

공포, 항복, 분노, 우울. 이 네 단계가 실제 손실이 확정되는 구간이다. 여기서 팔면 진짜 지는 거다. 하지만 핫-콜드 공감 격차 때문에, 지금 "안 팔 거야"라고 결심해도 그 순간엔 소용없다. 그래서 시스템이 필요하다. 감정이 개입할 틈을 원천적으로 차단하는 자동화된 투자 루틴. 매달 같은 날, 같은 금액, 같은 자산. 시장이 어떻든 상관없이. 로봇처럼.

넷째, 공포 구간에서 쓸 수 있는 마지막 카드를 갖고 있어라.

현금을 갖고 있어야 한다. 또는 팔아서 주식을 살 수 있는 저변동성 자산. 채권이든 MMF든 단기국채 ETF든. 전체 포트폴리오의 20% 정도. 이건 '투자'라기 보다는 '보험'이고, 이 하락장을 위로받을 수 있는 '축복'이기도 하다.

주가가 좋을 때도 꾹 참고 있었던 20%의 현금이 10단계 공포 구간에서 추가 매수를 할 수 있는 실탄이다. 이때 실탄을 쓰면 1년 안

   절대 실패하지 않는 미국 주식 ETF 투자

에 최소한 30~50% 이상의 수익률은 볼 수 있다. 모두가 팔 때 살 수 있는 사람은, 모두가 살 때 이미 현금을 갖고 있던 사람뿐이다. 2022년 10월, 나스닥이 10,400일 때 추가 매수를 할 수 있었던 사람이 몇이나 됐을까? 대부분은 이미 올인 상태였다. 팔 건 있어도 살 돈은 없었다.

시장 타이밍의 실패

혹시 이런 전략을 생각하고 있는가? 솔직히 나는 그랬다. 2021년 10월부터 예전의 미국 폭락장, 하락장에 관한 사례를 연구하고, 어떻게 대응해야 하는지 행동 강령까지도 마련해서 벽에 붙여놓기까지 했다. 하지만 전혀 써먹지 못했다.

"사이클을 공부해 6단계 도취에서 전부 팔고, 현금 들고 기다리다가, 13단계 우울에서 몰빵 매수한다."라고 계획하는 사람이 있다면 한번 해보시라. 진심으로. 성공하면 정말 갑부가 된다.

첫째, 6단계인지 5단계인지 7단계인지 알 수 없다.

도취라고 생각하고 팔았는데, 스릴이었다면? 시장이 2년 더 오른다. 그 2년을 현금 들고 지켜봐야 한다. 그 고통을 버틸 수 있는가?

둘째, 13단계인지 11단계인지 알 수 없다.

우울이라고 생각하고 몰빵 매수했는데, 항복이었으면? 거기서 또 30% 빠진다. 버틸 수 있는가?

셋째, 설령 완벽하게 맞췄다고 치자.

그 경험이 다음 사이클에서도 통할까? 시장은 매번 다른 모습으로 온다. 2008년 금융 위기, 2020년 코로나, 2022년 금리 쇼크. 패턴은 비슷하지만, 촉발점과 전개 양상은 전부 다르다. 한 번 맞춘 성공 경험이 다음번 과신을 부른다. 그리고 그 과신이 더 큰 손실을 만든다.

시장 타이밍을 맞추려는 시도가 왜 실패하는지, 달바 연구가 매년 보여준다. 지난 30년간 S&P500 연평균 수익률이 약 10%인데, 평균 개인투자자 수익률은 4% 정도밖에 안 된다. 그 6%포인트 차이가 어디서 오는가? 타이밍 실패다. 오를 때 못 타고, 떨어질 때 팔고, 반등을 놓친다. 매번 반복적으로.

결국 남는 건 하나다

롤러코스터 얘기로 돌아가 보자. 롤러코스터에서 비명을 지르는 건 자연스러운 일이다. 그게 인간이다. 하지만 롤러코스터가 무서워서 중간에 뛰어내리면? 그건 더 위험하다.

투자도 마찬가지다. 사이클을 탄다. 오르고 내린다. 무섭다. 비명을 지를 수 있다. 하지만 중간에 뛰어내리면 안 된다. 10~13단계에서 버티지 못하고 내리면, 진짜 다친다.

나스닥 100은 2020년 3월 6,800에서 2021년 11월 16,700까지 올랐다가, 2022년 10월 10,400까지 떨어졌다. 그 여정에서 수백만 명이 희망을 품었고, 도취에 빠졌고, 공포에 질렸고, 분노했고, 우울해졌다. 그리고 2025년 연말 기준, 나스닥은 23,000을 넘었다. 2022년 바닥에서 버틴 사람은 두 배를 벌었다. 항복하고 떠난 사람은 그 수익을 영영 놓쳤다.

사이클을 맞추려 하지 마라. 사이클을 견뎌라. 견딜 수 있는 포트

 절대 실패하지 않는 **미국 주식 ETF 투자**

폴리오. 이해할 수 있는 마인드. 팔지 않을 멘탈. 그리고 공포 구간에서 쓸 현금 20%. 그게 전부다.

비명을 질러도 된다. 무서워도 된다. 그런데 내리지는 마라.

22

거울 속의
진짜 적은 누구인가?

시장이 무너지는 날, 사람들은 범인을 찾는다. 연준이 금리를 올렸다, 중국 경제가 흔들린다, 지정학적 리스크가 커졌다. 뉴스는 친절하게 이유를 대준다. 그런데 참 묘한 일이다. 같은 뉴스를 보고도 누군가는 팔고, 누군가는 산다. 시장이 적이라면, 왜 같은 적 앞에서 사람들의 행동은 이렇게 다를까? 어쩌면 진짜 적은 시장이 아닐지도 모른다.

레버리지라는 단어에는 묘한 유혹이 있다

지렛대. 작은 힘으로 큰 것을 움직인다는 뜻이다. 물리학에서는 그게 맞다. 그런데 금융에서는 조금 다르다. 지렛대는 양쪽으로 움직인다. 올라갈 때 두 배로 오르면, 내려갈 때도 두 배로 내려간다. 이 단순한 산수를 사람들은 상승장에서 잊어버린다.

주식담보 대출. 보유 주식을 담보로 돈을 빌려 더 많은 주식을 사는 방식이다. 주가가 오르면 담보가치도 올라 더 많이 빌릴 수 있다. 선순환처럼 보인다. 실제로 2020년과 2021년, 이 '마법'에 취한 투자자가 꽤 있었다. 문제는 이게 마법이 아니라 계약이라는 점이다. 계약에는 조건이 붙는다.

마진콜. 담보가치가 일정 수준 아래로 떨어지면 48시간 안에 추가 담보를 넣거나 강제 청산당한다. 사실 이 규칙은 처음부터 계약서에 적혀 있다. 그런데 사람들은 그걸 읽지 않는다. 아니, 읽어도 '나한테는 안 일어날 일'이라고 생각한다. 심리학에서는 이걸 낙관 편향이라고 부른다.

경제학자 어빙 피셔는 1933년에 '부채 디플레이션'이라는 개념을 설명했다. 자산 가격이 하락하면 담보가치가 줄고, 담보가치가 줄면 강제 매도가 발생하고, 강제 매도가 발생하면 가격이 더 하락한다. 악순환이다. 90년 전에 이미 누군가 이걸 정리해 뒀다. 그런데도 사람들은 반복한다. 왜일까?

평균 회귀

단적인 값은 시간이 지나면 평균으로 돌아온다는 통계적 원리다. 주가에도 적용된다고들 한다. RSI가 70을 넘으면 과매수, 30 아래면 과매도. 그래서 70을 넘은 주식은 언젠가 떨어질 거라고 예측한다.

그런데 문제가 있다. '언젠가'가 언제인지 아무도 모른다.

MSCI 연구에 따르면, 주가는 단기적으로 모멘텀을 따르는 경향이 있다. 오르던 건 계속 오르고, 내리던 건 계속 내린다. 평균 회귀는 보통 3년에서 5년 정도의 긴 시간대에서 나타난다. 그러니까 RSI

70을 보고 "곧 떨어지겠지" 하며 팔았다가, 주가가 6개월 더 오르는 걸 지켜보는 일이 생긴다. 그리고 못 참고 다시 사면, 그때부터 떨어진다. 참 이상한 타이밍이다.

존 메이너드 케인즈의 말이 있다. "시장은 당신이 파산하기보다 더 오래 비이성적일 수 있다." 이 문장은 거의 100년 전에 쓰였다. 그런데 여전히 유효하다. 시장의 비이성은 예측이 가능한 시간표를 따르지 않는다. 그게 시장이다.

왜 우리는 같은 실수를 반복할까?

뇌과학이 조금씩 답을 찾고 있다. 대니얼 카너먼은 인간의 사고를 두 시스템으로 나눴다. 시스템 1은 빠르고 직관적이다. 위험을 감지하면 즉시 반응한다. 시스템 2는 느리고 분석적이다. 숫자를 계산하고 논리를 따진다. 투자 계획을 세울 때는 시스템 2가 작동한다. 스프레드 시트를 열고, 수익률을 계산하고, 리스크를 분석한다. 차분하다.

그런데 실제로 주가가 10% 빠지면? 시스템 1이 주도권을 가져간다. 공포가 분석을 압도한다. 계획은 잊힌다.

캘리포니아 공과대학 연구에 따르면, 금융 손실을 경험할 때 뇌의 특정 영역이 강하게 활성화된다. 놀라운 건, 이 반응이 물리적 고통을 경험할 때와 거의 똑같다는 거다. 뇌는 돈을 잃는 걸 실제로 아픈 것처럼 느낀다. 그러니 도망치고 싶어진다. 팔고 싶어진다. 지금 당장. 투자의 적은 시장 변동성이 아니다. 변동성에 반응하는 우리 뇌다.

주가가 오르면 뇌의 보상 시스템이 활성화된다. 도파민이 분비된다. 기분이 좋아진다. 이 느낌은 마약이나 도박이 주는 쾌감과 신경

  절대 실패하지 않는 미국 주식 ETF 투자

경로가 비슷하다고 한다. 브리검 영 대학 연구가 그걸 밝혔다.

상승장에서 하루에 수십 번 주가를 확인하는 사람이 있다. 매번 녹색 숫자를 볼 때마다 작은 쾌감이 온다. 뇌는 그 자극을 원하게 된다. 더 자주, 더 강하게. 결국 더 위험한 투자로, 더 잦은 거래로 이어진다. 중독의 구조다.

정말 그럴까? 한번 생각해 보자. 상승장에서 주가 확인 횟수가 늘어난 적이 있다면, 그게 정보 수집이었는지 도파민 추구였는지. 솔직히 구분하기 어렵다. 그렇다면 방법은 없는 걸까? 아니다. 있다. 그런데 그 방법이 화려하지 않아서 문제다.

꾸준히 투자 일지를 쓰라

매번 거래마다 '왜 사는지', '예상 결과는 뭔지', '틀리면 어떻게 할 건지'를 적는 거다. 단순해 보인다. 그런데 효과가 있다.

JP모건 연구에 따르면, 투자 일지를 꾸준히 쓰는 투자자들이 그렇지 않은 이들보다 연간 수익률이 한 3%포인트 정도 높았다. 더 나은 종목을 골라서가 아니다. 감정적 실수를 줄여서다. 글을 쓰는 행위가 시스템 2를 강제로 작동시킨다. 충동을 한 박자 늦춘다.

분할매수도 비슷한 원리다. 한 번에 다 사지 않고, 자기만의 규칙에 따라 3~10회 이상 나눠 산다. 첫 매수 후 주가가 하락해도 '더 싸게 살 기회가 남았다'라고 생각할 수 있다. 올라가도 '일부는 이미 샀다'라는 안도감이 있다. 완벽한 타이밍을 잡아야 한다는 압박에서 벗어난다. 변동성이 적이 아니라 도구가 된다.

자동화는 더 강력하다. 매달 정해진 날, 정해진 금액이 자동으로 투자된다. 감정이 개입할 틈이 없다. 뱅가드 그룹 분석에 따르면, 자동 투자 계획을 가진 사람들은 시장 변동성이 클 때도 투자를 중단할 확률이 65%쯤 낮았다. 의지의 문제가 아니다. 시스템의 문제다.

여기서 반론 하나. "그런 방법들은 수익률을 낮추지 않나요?"

맞는 말이다. 분할매수는 상승장에서 일괄 매수보다 수익이 낮을 수 있다. 자동화된 투자는 시장 타이밍을 잡는 것보다 '이론적으로는' 효율이 떨어진다. 그런데 여기서 핵심 단어는 '이론적으로'다.

실제로 시장 타이밍을 맞출 수 있는 사람이 얼마나 될까? 달바 연구에 따르면, 지난 30년간 개인투자자의 평균 수익률은 S&P500의 절반에도 못 미쳤다. 시장을 이기려다가 진 거다. 이론적 최적과 현실적 최선은 다르다. 그리고 대부분의 사람에게 현실적 최선이 더 낫다.

거울 속의 자신이 이겨야 할 적이다

피터 린치의 말이 있다. "주식시장에서 성공하기 위해 천재일 필요는 없다. 평균 이상의 지능과 비즈니스에 대한 건전한 접근법, 그리고 감정을 통제할 수 있는 능력이 필요할 뿐." 참 평범한 말이다. 그런데 이 평범함이 어렵다.

완벽한 투자자는 없다. 항상 저점에서 사고 고점에서 파는 사람. 절대 감정에 흔들리지 않는 사람. 그런 사람은 존재하지 않는다. 존재한다면 그건 사람이 아니라 알고리즘이다.

'충분히 좋은' 투자자가 있을 뿐이다. 자기 약점을 안다. 그걸 보완할 시스템을 만든다. 실수를 완전히 없애려 하지 않고, 실수의 빈도와 크기를 줄이려 한다. 화려하지 않다. 그런데 오래 간다.

결국 투자에서 이겨야 할 상대는 시장이 아니다. 거울 속의 자신이다. 공포에 반응하는 뇌, 쾌감을 쫓는 뇌, 낙관에 빠지는 뇌. 그 뇌를 설득하거나, 속이거나, 우회해야 한다.

시스템을 만든다는 건 결국 그런 뜻이다. 미래의 감정적인 나를, 현재의 이성적인 내가 미리 통제해 두는 것. 일지를 쓰고, 분할하고, 자동화하는 건 전략이 아니라 자기방어다.

시장은 계속 오르고 내리고, 뉴스는 계속 이유를 만들어낼 것이다. 그 소음 속에서 버티는 방법은 의외로 단순하다. 적을 바깥에서 찾지 않는 것. 사고파는 결정을 내리는 '나 자신'을 경계해야 한다.

23

인간 지표의
역설

가끔은 차트보다 인간 지표가 훨씬 주가 반등 추이를 잘 반영한다는 생각이 든다. 네이버 미국 주식 카페의 온도는 의외로 빠르다. 수익 인증이 하나둘 보이기 시작하다가, '다들 엄청나게 올리는구나'라는 인상을 받으면 마음이 쎄~하다. '아… 제발 수익 인증 글 그만 올리지'하며 마음이 먼저 움찔한다. 병원 드라마에서 봤던, "오늘 응급실 왜 이렇게 조용하지? 오늘 좀 편하네."라는 말을 내뱉으면 선배 의사한테 "야! 말조심해!"라는 말을 듣고, 이어서 밀고 들어오는 응급 환자들… 네이버 미국 주식 카페에서도 이건 거의 항상 통한다.

"주식 접습니다" "한강 물 온도 재보러 갑니다"와 같은 체념이 올라오면, 차트를 보지 않아도, '아… 이제 조만간 반등이 일어날 수도 있겠구나' 싶다.

감정을 측정하는 세 가지 손전등

이런 인간 지표를 나름 공학적으로 만든 지표가 바로 VIX지수다. VIX는 S&P500 옵션 가격으로 추정한 향후 30일의 내재 변동성이다. 대체로 높을수록 공포.

CNN의 공포·탐욕 지수는 주가 모멘텀, 52주 신고·신저 비율, 수급 강도, 옵션의 풋/콜 비율, 정크 스프레드 등 7가지를 합쳐 0~100으로 점수화한다. 50을 중립으로 두고, 30 이하면 공포, 70 이상이면 탐욕이다. 만약 이 공포·탐욕 지수가 70을 넘어 75를 지나 78 정도 되면 불안해지기 시작한다. 주가가 더 안 올라가고 떨어질까 봐. 반대로 50을 지나 30을 지나 25, 23, 18… 이렇게 내려가면 '이제 제발 좀 그만 내려가라'라며 한숨이 나온다. 이 공포·탐욕 지수가 80을 넘거나 20 밑으로 떨어지는 일도 흔하지 않기 때문에, 만약 그런 구간에 있다면 긴장하게 된다.

2025년 4월에 트럼프 대통령의 관세 정책 때문에 주가가 살벌하게 떨어졌을 때, 숫자가 '3'까지 떨어진 적이 있었다. 이때는 다들 경

공포·탐욕 지수

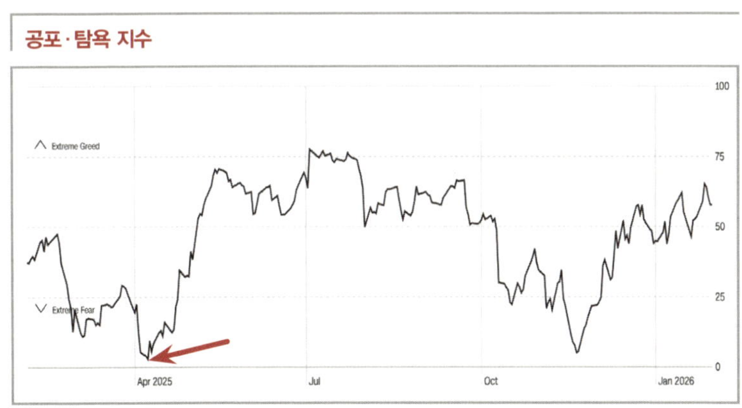

제가 난리 나는 줄 알았다. 원래 10 미만이 되면 모든 현금 자산 다 털어서라도 주식을 왕창 사겠다는 나의 계획은 무용지물이다. '이러다가 관세가 올라가면, 인플레이션은 다시 급등할 것이고, 안 그래도 높은 금리를 더 올린다는 것인데, 그러면 정말 미국 경제 훅 가는 거 아닌가?'라는 공포에 주식을 살 엄두도 내지 못한다.

또 하나 재미있는 지수가 있는데, 바로 설문 기반의 AAII 심리 조사다. 개인투자자의 낙관·중립·비관 비율을 매주 묻는다. VIX, 공포·탐욕 지수, AAII 심리 조사 결과는 시장의 행동, 시장의 열기, 인간의 마음을 다른 각도에서 비추는 손전등 같다고 볼 수 있다.

그런데 묘한 역설이 있다. 바짝 긴장해서 "이 정도면 곧 조정 오겠지?" 하며 미리 고점 매도하면, 바로 그때부터 조정이 안 온다. 왜 그럴까? 나 같은 일반 개인투자자가 주가가 떨어질 것으로 긴장을 크게 느낄 정도면, 이미 시장은 그 긴장을 가격에 선반영했을 가능성이 크다. 옵션 프리미엄 상승, 숏 커버, 추세 추종 자금 유입 같은 것들 말이다. 즉, 너무 많은 사람이 '곧 빠질 것'이라고 동시에 긴장하면, 변동성 매수·헤지 수요가 쌓여 하락이 얕아지거나 '밀어도 안 밀리는' 구간이 길어질 수 있다. 모두의 긴장은 때로 조정의 적이다.

극단에서 템포 조절과 평균 회귀

인간 지표는 어떻게 써야 할까? 환희가 넘칠 때 "지금이 꼭지야!"라고 성급히 단정하기보다, 익스포저를 한 톤 낮추는 정도가 낫다. 분할 매도, 레버리지 축소, 승자 절반 덜어내기. 공포가 바닥을 깔 때도 비장하게 올인하기보다, 현금의 루트 밟기로 접근하는 편이 좋다.

DCA의 템포를 살짝 빠르게, 단위 크기는 일정하게. 인간 지표는 방향을 말해줄지 몰라도, 정확한 좌표와 시간은 알려주지 않는다. 감정은 나침반이 될 수 있지만, 좌표는 아니다.

여기서 한 가지 질문이 남는다. 조정장은 왜 기다릴 땐 오지 않고, 방심할 때 찾아올까? 생각해 보면, 조정은 뉴스의 '예고'보다 포지셔닝의 '불균형'에서 자란다. 많은 이가 현금을 들고 '기다릴 때'는 숏 사이드나 변동성 롱이 이미 쌓여 첫 하락을 흡수해 버리고, 모두가 들떠서 '현금이 무용해 보일 때'는 반대로 방어 주문이 얇아 작은 트리거에도 균열이 커진다. 조정은 심리의 빈틈으로 들어온다. 조정은 달력에서 오지 않고, 자세에서 온다.

역사적으로 극단적인 구간 이후에는 평균 회귀 성향이 있었다. 공포·탐욕 지수가 80을 넘고, 풋/콜 비율이 과도하게 콜 쪽으로 쏠린 뒤 1~4주 구간이 그렇다. 반대로 공포·탐욕 지수가 20~30대로 떨어지고 VIX가 급등했다가 꺾일 때, 중기 수익률은 의외로 준수한 경우가 많았다. 물론 기간과 환경에 따라 편차는 크다. 설문에서도 낙관 비율이 과열된 주간 이후 수익률이 둔화하거나, 비관이 극심한 주간 이후 반등 확률이 높아지는 경향이 반복됐다. 완벽한 타이밍 도구는 아니지만. 핵심은 '극단에서의 역발상'을 절대 명제가 아니라 '페이스 조절의 신호'로 쓰는 태도다. 신호는 명령이 아니라 템포다.

과매수권이나 과매도권에서 현금이 없으면

주가 상승 랠리가 계속된다. 현금이 없으면 마음이 애가 탄다. '내려가기 전에 수익 실현을 좀 해서 현금을 챙겨놔야 하는 거 아닐까?'

주가는 올라가는데 오히려 불안하다. '오늘 팔아야 하나, 조금만 더 기다렸다가 내일 팔까? 아니야, 내일은 내릴지도 모르니 오늘 팔까?' 좌불안석이다. 주가가 올라도 그렇다.

그러다 보니, 랠리 끝까지 지켜보지 못하고 미리 중간중간 매도해서 나름 현금을 챙겨둔다. 그런데 그렇게 미리 팔아두면, 주가는 더 올라간다. 그러다가 한 며칠 지지부진할 땐, '다행이네(?), 미리 팔아두길 잘했네'라고 하다가, 다시 상승하면 그땐 또 마음이 헷갈린다. '앗! 이 정도로 조정받고 다시 올라가는 건가?' 다시 마음이 좌불안석이다. 하루 이틀 더 올라가면, 며칠 전에 매도한 가격보다 더 오른 가격에 매수를 덜컥 해버린다. 그러면 정말 마법처럼 주가는 본격 조정 신호탄으로 급락을 선보인다.

반대 상황도 마찬가지다. 모두가 절망적인 글을 올릴 때, 현금이 없으면 그냥 속만 탄다. '이렇게 주가가 똥값일 때, 줍줍이라도 할 수 있으면 얼마나 좋을까?'. 현금이 없다면 마음은 더 지옥이다. 더 내려가지는 않을지 전전긍긍하다가, 결국 '확실히 더 하락한다'로 결정한다. 지금이라도 현금을 마련하려고, 그나마 제일 수익률이 좋은 걸 매도하고 만다. 그러면 이번에도 마법이 일어난다. 주가가 반등한다. '내가 매도했더니 반등이!'라며 마법을 한탄하며 수익률이 제일 안 좋은, 마이너스 몇십 프로인 것을 물타기 하느라 현금을 다 쓴다. 그리고 나면 다시 한번 마법이 일어난다. 주가가 다시 하락한다. 너무 슬프니, 더 이상의 묘사는 생략한다.

현금을 평소에 쥐고 있으면 상승 랠리가 계속될 때 과매수 구간을 끝까지 보면서 길게 수익을 즐길 수 있다. 현금이 있으니 이대로

절대 실패하지 않는 미국 주식 ETF 투자

조정이 시작된다고 해도 수익화를 못 할까 봐 전전긍긍하지 않아도 되니까. 반대로 현금이 있으면 과매도 구간에서 굳이 낮아진 주가의 보유 종목을 매도하지 않아도 된다. 마음이 한결 여유 있게 된다.

그런데 여기서 한 가지 함정이 있다. 현금을 쥐고 있으면 타이밍을 재려고 한다는 것이다. '지금 살까? 좀 더 기다릴까?' 이런 고민이 끝없이 반복된다. 그리고 그렇게 고민해서 현금을 투척해 봐야, 성공할 확률도 낮다.

그래서 필요한 게 루틴이다

나는 이런 매도와 매수 타이밍을 맞추려는 극도의 스트레스를 더 이상 겪지 않는다. 매도는 하지 않고 매수만 한다. 매달 월급날, 주식 계좌로 돈이 자동이체 된다. 그리고 설정해 둔 자동 적립식 매수가 작동되어 포트폴리오 금액으로 매수가 이루어진다. 이런 루틴을 정해두니, 감정이 개입할 여지도 없고, 타이밍을 재지 않아도 된다. 어차피 이전에도 안 맞췄으니, 이번에도 맞추지 않아도 된다. 한 번이 어렵지, 두 번이 어렵지 않다.

현금은 심리적 여유를 주고, 루틴은 타이밍을 잴 필요 없이 빠짐 없이 투자할 수 있게 하는 자동장치다. 둘이 합쳐지면, 시장이 흔들려도 스트레스 없이 투자할 수 있다.

현금은 수익의 원천이라기보다 판단의 여백에 가깝다. 여백이 있어야 시장이 흔들릴 때 침착하게 움직일 수 있고, 시장이 들뜰 때 한 발 뒤로 물러설 수 있다. 여백 없이는 감정이 전략을 이긴다.

24

선과 숫자가 주는
신화

화면 위로 선이 그어진다. 붉은 선, 푸른 선, 노란 선. 이동평균선이라 불리는 것들이 서로 교차하고, 어느 순간 위를 향해 꺾인다. 골든크로스. 그 순간 누군가의 심장박동이 빨라진다. "이제 오른다." 참묘한 일이다. 선 하나가 다른 선을 뚫고 올라갔을 뿐인데, 사람들은 거기서 미래를 읽는다. 정말 그럴까?

기술적 분석이라는 세계. 차트 위에 그려진 패턴과 지표들로 주가의 방향을 예측하는 방법이다. 머리어깨형, 이중 바닥, 컵과 손잡이. 이름만 들어도 뭔가 과학적인 냄새가 난다. RSI가 30 아래로 내려가면 과매도, 70 위로 올라가면 과매수. MACD가 시그널선을 상향 돌파하면 매수 신호. 마치 물리학 공식처럼 정교해 보인다. 사실은 그렇지 않다.

동전 던지기와 다를 게 없는 예측

버튼 말키엘의 고전 《랜덤워크 다운 월스트리트》에서는 '기술적 분석이 지속적으로 시장 수익률을 상회 한다'라는 학술적 증거가 매우 제한적이라고 지적한다. 데이터 분석가 제프리 웨스트가 30년간의 S&P500 데이터를 분석한 결과는 더 냉정하다. 골든 크로스 신호의 예측 정확도는 약 54% 정도. 동전 던지기보다 조금 나은 수준이다. 겨우 그 정도다.

이상하게도, 상승장에서는 차트가 잘 맞는 것처럼 보인다. 2020년 나스닥이 치솟을 때, 기술적 지표들은 마치 예언서처럼 작동했다. 차트가 말하는 대로 주가가 움직였으니까. 그런데 2022년 하락장에서는 어떨까? 같은 패턴이 전혀 다른 결과로 이어졌다. RSI가 30 아래로 내려가도 반등은 오지 않았고, 골든 크로스가 나타난 다음 날 오히려 폭락하는 일이 벌어졌다. 왜 그럴까?

차트 패턴이라는 건 결국 과거 가격의 시각적 표현이다. 별자리와 비슷하다. 하늘의 별들을 연결해서 곰이나 사자를 그려내듯, 사람들은 가격 변동의 점들을 연결해서 패턴을 찾아낸다. 문제는 그 패턴이 보는 사람에 따라 달라진다는 거다. 누군가는 "머리어깨형이 완성됐다"라고 보고, 다른 누군가는 "아직 아니다"라고 본다. 객관적인 과학이 아니라 주관적인 해석. 그래서 기술적 분석을 예술이라고 부르는 이유는 그것이 과학이 아니기 때문일 것이다.

백테스트, 완벽함의 함정

여기서 한 걸음 더 나아간 함정이 있다. 백테스트라는 것이다.

"이 전략은 과거 20년간 S&P500보다 3배 높은 수익률을 기록했습니다." 이런 문장을 인터넷에서 심심치 않게 본다. 특정 기술적 지표들의 조합, 이를테면 RSI와 MACD와 볼린저 밴드를 특정 방식으로 엮어서 매수와 매도 시점을 정하는 전략. 그래프로 보면 정말 완벽하다. 모든 역사적 위기와 폭락을 성공적으로 회피한 곡선이 그려져 있다.

그런데 문제가 있다. 이 완벽함 자체가 함정이다. 과최적화, 또는 '커브 피팅'이라고 불리는 현상이다. 특정 기간의 데이터에 너무 정확하게 맞춰진 전략은 다른 기간에서는 제대로 작동하지 않는다. 과거 데이터에서 우연히 발생한 패턴까지 모델에 포함해버리면, 미래 예측력은 오히려 하락한다. 오하이오 주립대학의 연구에 따르면, 복잡한 투자 전략일수록 과최적화 위험이 높아지며, 미래 성과는 과거 성과에 비해 평균 68%쯤 저하되는 경향이 있다. 무려 68%.

카네기멜론 대학의 컴퓨터 과학자 페드로 도밍고스는 이렇게 지적했다. "데이터 마이닝의 근본적인 문제는 충분히 많이 검색하면 의미 없는 패턴도 찾아낼 수 있다." 수많은 지표와 규칙을 조합하다 보면 과거 데이터에 완벽하게 맞는 전략을 만들 수 있다. 다만 그게 미래에도 작동한다는 보장이 없을 뿐이다.

시험공부를 떠올려보면 이해가 쉽다. 기출문제만 달달 외워서 완벽하게 맞힐 수 있게 된 학생. 그 학생이 실제 시험에서 낭패를 보는 이유는, 시험 문제가 기출과 똑같지 않기 때문이다. 투자 전략도 마찬가지다. 과거는 미래의 기출문제가 아니다.

 절대 실패하지 않는 미국 주식 ETF 투자

모두가 아는 비밀은 더 이상 비밀이 아니다

그리고 마법의 지표라는 게 있다. "이 지표만 따라가면 절대 손해 없어요!" RSI가 30 아래로 내려가면 무조건 매수, 70 위로 올라가면 무조건 매도. 골든 크로스가 나타나면 상승, 데드 크로스가 나타나면 하락.

사실 이런 지표들이 한때는 어느 정도 작동했을 수 있다. 그런데 파이낸셜 애널리스트 저널에 발표된 연구에 따르면, 기술적 지표의 예측력은 시간이 지남에 따라 약화하는 경향이 있다. 특히 인터넷으로 정보 접근성이 커진 이후 더욱 그렇다. 이유는 간단하다. 너무 많은 사람들이 동일한 신호에 따라 행동하면서 그 효과가 희석된다. 모두가 아는 비밀은 더 이상 비밀이 아닌 것처럼.

RSI가 30 아래로 내려갔다. 역사적으로 볼 때 상승 확률이 약간 높아질 수 있다. '반드시 오른다'가 아니라 '확률이 조금 높아질 수도 있다.' 참 김빠지는 결론이다. 그런데 그게 현실이다.

물론 반론이 있다. 기술적 분석으로 꾸준히 수익을 내는 트레이더들이 분명히 존재한다. 그들은 차트를 종교처럼 믿는 게 아니라 도구처럼 쓴다. 확률적 우위를 조금씩 쌓아가는 방식으로. 수백, 수천 번의 거래를 통해 작은 확률적 이점을 누적시키는 것이다. 그런데 이건 일반 투자자에게 현실적인 방법이 아니다. 풀타임 직업으로 시장을 분석하고, 감정을 철저히 배제하며, 수수료와 세금을 최소화할 수 있는 환경. 사람들 대부분에게 그런 조건은 주어지지 않는다.

우리가 찾는 건 패턴이 아니라 확신

선과 숫자들은 매혹적이다. 복잡한 시장을 단순한 규칙으로 정리할 수 있다는 약속. 미래를 예측할 수 있다는 환상. 그런데 시장은 그렇게 친절하지 않다. 수십 년간 작동하던 패턴이 어느 날 갑자기 무너지고, 완벽해 보이던 전략이 실전에서 처참하게 실패한다.

생각해 보면, 우리가 차트에서 찾는 건 패턴이 아니라 확신일지도 모른다. 불확실한 미래 앞에서 뭔가 붙잡을 것. "이 선이 저 선을 뚫었으니 오를 거야." 그 믿음이 주는 심리적 안정감. 그런데 그 안정감의 대가는 종종 꽤 비싸다.

차트는 참고용이다. 펀더멘털을 살피고, 분산 투자를 하고, 장기적 관점을 유지하는 것. 이런 지루한 원칙들이 결국 선과 숫자의 신화보다 오래 살아남는다.

25

마음이
많은 함정을 만든다

군중이 움직인다. 한 방향으로 빠르게.

2021년 초, 가상화폐 열풍이 불었을 때 풍경이 그랬다. "○○도 코인한다"라는 말이 돌았고, 직장 동료가 "일주일 만에 300% 올랐어요!"라고 자랑하는 일이 흔해졌다. 사람들은 뛰어들었다. 뒤처질까 봐. 나만 못 탈까 봐. 포모라고 불리는 감정. 소외될 것에 대한 두려움이다.

그런데 두려움이 이끄는 곳은 대체로 비슷하다. 고점 근처.

투자 심리학자 제임스 몬티어의 연구에 따르면, 개인투자자의 평균 매수 시점은 종종 시장 고점과 가깝다. 참 묘한 일이다. 사람들이 가장 확신에 차서 매수 버튼을 누르는 순간이, 역사적으로 보면 가장 위험한 순간인 경우가 많다는 거다. 워런 버핏이 "남들이 욕심부릴 때 두려워하고, 남들이 두려워할 때 욕심부려라."라고 말한 이유가 여기에 있다.

인간 본능의 생존 전략

사실 이건 인간의 본능과 관련이 있다. 수십만 년 전, 사바나에서 무리를 따라가지 않으면 죽었다. 혼자 남으면 포식자의 먹이가 됐다. 군중을 따르는 건 생존 전략이었다. 그런데 그 본능이 주식시장에서는 정반대로 작동한다. 군중이 몰리는 곳은 이미 가격이 올라 있고, 군중이 떠나는 곳은 이미 가격이 내려가 있다. '비싸게 사고 싸게 파는' 지름길. 그게 군중 추종이다.

뉴스도 마찬가지다. 호재를 담은 헤드라인이 뜬다. 심장박동이 빨라진다. 빨리 사야 할 것 같다. 2020년 9월 테슬라 배터리데이가 그랬다. 배터리 혁신이 발표되면 주가가 급등할 거라는 기대가 팽배했다. 논리적으로는 맞는 것 같았다. 더 좋은 배터리는 더 좋은 수익성으로, 더 좋은 수익성은 더 높은 주가로 이어지니까.

그런데 현실은? 배터리데이 직후 테슬라 주가는 폭락했다.

"소문에 사고 뉴스에 팔아라(Buy the rumor, sell the news)." 월가의 오래된 격언이다. 중요한 뉴스는 이미 주가에 반영되어 있다. 발표 자체는 오히려 '실망 요인'이 되는 경우가 많다. 기대가 너무 높았으니까.

이걸 설명하는 이론이 효율적 시장 가설이다. 세 가지 버전이 있다. 약형은 과거 주가 패턴이 이미 반영되어 있다는 것이고, 준강형은 공개된 모든 정보(뉴스, 실적, 공시 등)가 이미 반영되어 있다는 거다. 강형은 내부자 정보까지 전부 반영되어 있다고 본다. 현실에서 강형은 좀 과하고, 학자들 대부분은 준강형 정도는 성립한다고 본다. 그래서 뉴스가 나왔을 땐 이미 늦은 경우가 많다. 해리 브라운은 이렇게 지적했다. "월요일 자 신문 헤드라인에 기반해 투자 결정을 내리는 것은 이미 늦은 것이다."

그런데도 사람들은 뉴스에 반응한다. 왜일까? 뭔가 해야 할 것 같은 느낌 때문이다. 큰 뉴스가 터졌는데, 가만히 있을 순 없다. 그런데 그 '뭔가 해야 한다'라는 충동이 대체로 손실로 이어진다.

확증 편향이 증폭된다

2021년 11월, 테슬라 주가가(주식 분할 전) 1,200달러를 돌파했을 때다. 테슬라에 투자한 사람들은 온라인에서 "테슬라 3,000달러 가능", "내년에 완전자율주행 상용화" 같은 글만 찾아 읽었다. 자신의 판단을 지지해 주는 정보만 원했기 때문이다. 부정적 정보는 '단기적인 노이즈'라며 무시됐다. 그리고 2022년, 테슬라 주가가 70% 넘게 폭락했다.

행동경제학자 대니얼 카너먼은 이렇게 설명한다. "우리는 자신의 신념을 지지하는 증거는 적극적으로 찾지만, 그것을 반박하는 증거는 무시하거나 평가절하하는 경향이 있다." 확증 편향. 자기가 믿고 싶은 것만 믿는 마음의 작동 방식이다.

정보가 넘쳐나는 시대에 사람들은 오히려 더 편향된 정보만 소비한다. 알고리즘이 '좋아할 만한' 콘텐츠를 추천해 주니까. 유튜브에서 테슬라 긍정 영상을 한 번 보면, 다음에도 테슬라 긍정 영상이 뜬다. 부정적인 분석은 추천되지 않는다. 그렇게 확증 편향은 기술에 의해 증폭된다.

그래서 반대 의견을 일부러 챗GPT에게 물어보려고 한다. 불편하지만, 객관성을 유지하는 거의 유일한 방법일 것 같아서다.

"이번엔 다를 거야. 이제 진짜 바닥이다!" 주가가 계속 하락하는 동안 이런 생각이 든다. 5월에 한 번, 7월에 한 번, 9월에 한 번. "이제 바닥이다!"라고 외치며 추가 매수를 반복한다. 그리고 매번 더 큰 낙폭을 목격한다.

룰렛을 생각해 보면 이해가 쉽다. 검은색이 10번 연속으로 나왔다. 다음에 빨간색이 나올 확률이 높아졌을까? 아니다. 여전히 50% 가까이다. 룰렛 바퀴는 이전에 무슨 색이 나왔는지 기억하지 않는다. 주식시장도 마찬가지다. 주가가 여러 번 하락했다고 해서 곧 상승할 확률이 자동으로 높아지지는 않는다.

과거 움직임만으로는 미래를 예측할 수 없다. 그런데 우리 뇌는 패턴을 찾으려 한다. 끊임없이. "이만큼 떨어졌으니, 이제 오를 때가 됐어."라는 건 논리가 아니라 희망이다.

과도한 매매라는 함정

브래드 바버와 테렌스 오딘의 연구에 따르면, 개인투자자들은 거래 빈도가 높을수록 수익률이 낮아지는 경향을 보인다. 거래 비용과 세금이 수익을 잠식하는 것도 있지만, 더 근본적인 문제가 있다. '통제의 환상'과 '과신'이다.

뭔가 행동을 해야 상황을 통제하고 있다는 느낌이 든다. 가만히 있으면 불안하다. 그래서 산다. 판다. 또 산다. 그런데 그 행동들이 대체로 수익률을 깎아 먹는다. 시장 타이밍을 맞추기가 극도로 어렵기 때문이다.

절대 실패하지 않는 **미국 주식 ETF 투자**

사실 이건 좀 불공평한 싸움이다. 시장 반대편에는 수십 년 경력의 펀드 매니저들, 박사급 퀀트들, 수백억 원짜리 알고리즘이 있다. 그들도 타이밍을 자주 틀린다. 그런데 스마트폰 앱으로 거래하는 개인투자자가 그들을 이길 수 있을까? 정말 그럴까?

"어떤 주식도 한 달에 2회 이상 매매하지 않는다." "매수 후 최소 3개월간은 매도를 고려하지 않는다." "시장이 불확실할 때는 소액으로 정기적인 분할매수만 한다." 충동적인 거래를 줄이기 위해서 이런 규칙들을 세운 투자자들이 있다.

물론 반론도 있다. 빠르게 대응해서 손실을 줄인 경우가 있지 않냐고. 2020년 3월 펜데믹 폭락 때 빠르게 현금화한 사람 중에 일부는 큰 손실을 피했다.

그런데 문제는 그다음이다. 언제 다시 들어갈 것인가? 대부분 빠르게 빠진 사람들은 반등 초기에 다시 들어가지 못했다. 시장이 '아직 위험하다'라고 느껴졌기 때문이다. 그리고 주가가 이미 많이 오른 후에야 '이제 안전하다'라고 느끼며 재진입한다. 결국 비싸게 사고 싸게 판 셈이 되었다.

아무것도 하지 않는 것을 선택하는 싸움

JP모건의 분석에 따르면, 1999년부터 2018년까지 20년간 S&P500에 투자한 경우, 최고의 10일을 놓치면 연평균 수익률이 5.6%에서 2.0%로 떨어진다. 최고의 10일. 20년 중 고작 10일. 그걸 맞히는 건 거의 불가능에 가깝다.

마음은 참 많은 함정을 만든다. 군중을 따라가고 싶은 마음. 뉴스에 즉각 반응하고 싶은 마음. 내 판단이 옳다는 증거만 찾고 싶은 마음. 이번엔 다를 거라고 믿고 싶은 마음. 뭔가 해야 할 것 같은 마음. 이 모든 마음이 투자 손실로 이어지는 경로가 있다.

대니얼 카너먼이 말했듯이, 인간은 "생각하는 느린 시스템(System 2)"보다 "직관적인 빠른 시스템(System 1)"에 의존하는 경향이 있다. 투자에서 성공하려면 이 빠른 시스템의 함정을 인식하고, 느리지만 분석적인 시스템을 더 많이 활용해야 한다. 그런데 그게 쉽지 않다. 왜냐하면 빠른 시스템이 주는 확신이 너무 강렬하니까. "지금 당장 팔아야 해!" "지금 당장 사야 해!" 그 목소리가 너무 크니까.

생각해 보면, 투자에서 가장 어려운 싸움은 시장과의 싸움이 아닐지도 모른다. 자기 자신과의 싸움. 자기 마음과의 싸움. 본능을 거스르고, 군중과 반대로 움직이고, 아무것도 하지 않는 것을 선택하는 싸움.

그 싸움에서 이기는 사람은 많지 않다. 그런데 이긴 사람들은 대체로 비슷한 말을 한다. "규칙을 세우고, 감정을 배제하고, 오래 기다렸다." 단순한 말이다. 실천하기 어려울 뿐.

   절대 실패하지 않는 미국 주식 ETF 투자

26

시간에 관한
착각을 버려라

기억은 이상한 방식으로 작동한다. 2020년과 2021년을 떠올려보면, 투자자들에게 그 시절은 황금기처럼 느껴진다. 나스닥이 2년 만에 두 배 가까이 뛰었고, 테슬라 같은 종목은 10배 이상 올랐다. 코로나 이후 연준의 유동성 공급과 사상 최저 금리. 돈이 넘쳐흘렀다. "이게 뉴노멀이다", "디지털 혁명으로 앞으로 20년은 이런 추세가 지속될 것이다." 그런 목소리가 많았다.

그런데 2022년 그 기대는 완전히 무너졌다. 나스닥은 33%, 테슬라는 65% 넘게 하락했다. 많은 소형 성장주가 80~90% 폭락했다.

왜 사람들은 하락을 예상하지 못했을까? '최신 편향(Recency Bias)' 때문이다. 최근 경험을 과대평가하고, 장기적 평균이나 역사적 패턴을 무시하는 경향을 말한다. 2020~2021년의 강한 상승장을 겪은 사람들은 '주식은 오르는 것'이라고 믿게 됐다. 최근 데이터는 기억에 선명하게 남아 있고, 감정적으로도 더 큰 영향을 주기 때문이다.

과거 데이터의 추세로 미래값을 예측하다

2019년부터 2021년까지 3년간의 상승을 경험한 사람은, 그 상승률을 그대로 미래에 투사한다. 엑셀에 숫자를 넣고 외삽(Extrapolation)을 해본다. "2030년에는 나스닥이 50,000이 된다." 참 황당한 계산인데, 당시에는 많은 서학개미가 이걸 합리적으로 여겼다.

JP모건의 연구에 따르면, 투자자들은 자신이 경험한 가장 최근 10년의 시장 성과가 향후 10~20년 동안도 지속될 것이라고 기대하는 경향이 있다. 그런데 역사적으로 볼 때, 특히 뛰어난 성과를 보인 10년 후에는 상대적으로 저조한 성과가 이어지는 경우가 많았다. 1990년대 닷컴 붐 이후 2000년대의 '잃어버린 10년'이 대표적이다.

펜실베니아 대학의 연구진이 1990년부터 2015년까지의 투자 자금 흐름을 분석했다. 투자자들은 지난 12개월 높은 수익률을 기록한 펀드에 자금을 집중시키는 경향이 강했다. 그런데 이렇게 '후행 지표'를 따라 투자한 사람들의 성과는 대체로 실망스러웠다. 과거 2~3년간 잘 나갔던 펀드와 섹터가 앞으로도 계속 잘할 거라는 기대. 그 기대가 종종 빗나갔다.

"이 자산의 15~20년 치 데이터를 봤는가?" 이 질문을 먼저 해보는 습관이 필요할지도 모른다. 2022년 초에 이 질문을 진지하게 했다면, 나스닥이 2000년에도 2008년에도 50% 이상 하락한 적이 있다는 사실이 떠올랐을 거다. 그리고 레버리지 투자를 줄였을지도.

2021년 말, S&P500의 CAPE 비율(주가수익비율의 10년 평균)은 40을 넘었다. 역사적 평균인 16~17의 두 배 이상이었다. 극단적인 상황. 그런데 당시에는 "이번엔 다르다"라는 논리가 더 설득력 있게

절대 실패하지 않는 **미국 주식 ETF 투자**

들렸다. 기술 혁명, 플랫폼 경제, 디지털 전환. 그런 이야기들이.

최신 편향의 무서운 점은, 스스로 그것에 빠져 있다는 걸 인식하기 어렵다는 거다. 최근 기억이 너무 생생하니까. 그게 전부인 것처럼 느껴지니까.

"주식은 결국 오른다." 이 말을 많이 들어봤을 거다. 사실이다. S&P500은 1950년부터 2023년까지 배당을 포함해 연평균 한 10.7%쯤의 수익률을 기록했다. 장기적으로 우상향한다는 건 역사적 사실이다.

그런데 함정은 '장기적'이라는 단어에 있다. '장기'가 얼마나 긴 기간인지에 따라 완전히 다른 그림이 그려진다. 2000년 3월 나스닥 정점, 5,048포인트에서 매수했던 사람들을 생각해 보자. 그들이 원금을 회복한 건 언제일까? 무려 15년이 지난 2015년이다. 30대에 투자를 시작해 45세가 되어서야 원금을 회복한다면, 그 '장기'는 주요 자산 축적 기간 전체를 잃는 것과 마찬가지다.

일본 닛케이 지수는 더 극단적인 사례다. 1989년 12월 최고점 38,915. 그 수준을 완전히 회복한 건 2024년이 되어서다. 35년이 걸렸다. 한 투자자의 전체 투자 인생보다 긴 기간이다.

"장기적으로 주식은 오른다"라는 말이 맞다고 해도, 그 '장기'가 누군가의 투자 기간보다 길 수 있다. 이 가능성을 간과해선 안 된다. 뱅가드의 창업자 존 보글은 이렇게 말했다. "주식시장의 역사는 반복되지 않을 수 있지만, 운명적으로 운율을 타는 경향이 있다." 과거 패턴이 유사한 형태로 재현될 수 있지만, 타이밍과 정도는 예측하기 어렵다는 뜻이다.

"폭락 후에는 항상 회복한다." 이것도 자주 퍼지는 격언이다. 맞는 말이긴 하다. 그런데 그 회복에 얼마나 시간이 걸릴지, 어떤 종목들이 회복할지는 전혀 다른 문제다. 2000년 닷컴 버블 붕괴 후, 마이크로소프트 같은 우량주도 원래 가격을 회복하는 데 16년이 걸렸다. 반면 한때 인기였던 수많은 인터넷 기업들은 영원히 사라졌다.

거시경제연구소(MEI)의 연구에 따르면, 역사적으로 큰 시장 조정(20% 이상 하락) 후 S&P500이 이전 고점을 회복하는데 평균 4.4년쯤 걸렸다. 그런데 개별 섹터나 기업은 그보다 훨씬 더 오래 걸리거나, 아예 회복하지 못하는 경우도 많았다.

격언은 단순하다. 단순해서 매력적이다. 그런데 현실은 단순하지 않다. "주식은 결국 오른다"라는 말 뒤에 숨겨진 조건들. 그걸 알아야 격언이 의미가 있다.

통제의 환상

하루에도 수십 번씩 주가를 확인한다. 아침에 일어나자마자, 출근길에, 점심시간에, 업무 중 짬짬이, 퇴근 후에, 자기 전까지. 마치 주가를 확인하는 행위 자체가 상승을 끌어내는 것처럼. 상승장에서는 실제로 거의 매일 오르는 모습을 보며 이런 습관이 강화된다.

그런데 이건 환상이다. 심리학자들은 이를 "사람들이 실제로는 통제할 수 없는 결과에 대해 자신이 영향력을 행사할 수 있다고 믿는 경향"이라고 정의한다. 주가를 확인한다고 해서 그것이 변하지는 않는다. 당연한 말인데, 감정적으로는 그렇게 느껴지지 않는다.

노벨 경제학상 수상자 리처드 탈러의 연구에 따르면, 투자자가 포

      절대 실패하지 않는 **미국 주식 ETF 투자**

트폴리오를 확인하는 빈도가 높을수록 손실 회피 성향이 강해져 장기적으로 더 낮은 수익률을 기록하는 경향이 있다. 자주 계좌를 확인할수록 손실을 실현해 고통을 끝내려는 충동이 강해진다는 거다. '처분 효과'라고 불리는 현상이다.

콜롬비아 비즈니스 스쿨의 연구 결과는 더 흥미롭다. 주식시장의 일일 수익률을 관찰할 때 손실이 나타날 확률은 47%라고 한다. 그런데 20년의 기간으로 확대하면 손실 확률은 단 6%로 감소한다. 관찰 빈도가 높을수록 '손실을 경험할 확률'이 증가하는 셈이다. 통계적 사실일 뿐인데, 심리적으로는 큰 영향을 미친다.

장기 복리의 힘을 제대로 경험해 본 적 있나?

거의 절반의 날에 손실을 목격한다. 그 손실들이 감정을 흔든다. 팔고 싶어진다. 뭔가 해야 할 것 같아진다. 그런데 20년을 기다리면? 손실을 볼 확률은 고작 6%다. 같은 투자인데, 들여다보는 빈도에 따라 경험이 완전히 달라진다.

HSBC의 한 연구는 더 냉소적인 결론을 내린다. 투자 계좌에 접근할 수 없었던 투자자들, 예를 들어 계정 접속 정보를 잊어버린 계좌가 가장 높은 수익률을 기록했다는 것이다. '최고의 투자자는 죽은 사람들'이라는 냉소적 격언이 있다. 계좌를 잊어버리고 방치하다 보니 불필요한 거래를 하지 않았고, 장기 복리의 힘을 제대로 활용했기 때문이다.

주식 앱에서 푸시 알림을 끄고, 스마트폰 첫 화면이 아니라 제일 마지막 화면에 앱 아이콘을 뒀다. 일주일에 한 번만 계좌를 확인하는 규칙을 세웠다. 매달 자동이체를 하고 자동 적립식 기능으로 지정한 ETF를 자동 매수하는 시스템을 구축한다. 이런 변화들이 투자에 대한 불안감을 줄여주고, 충동적인 매매를 감소시킨다.

시간을 내 편으로 만들라

최신 편향은 최근 시간을 과대평가하는 오류다. 격언의 맹신은 '장기'라는 시간의 의미를 제대로 이해하지 못하는 오류다. 통제의 환상은 짧은 시간 단위로 쪼개서 관찰함으로써 불필요한 고통을 자초하는 오류다. 모두 시간과 관련된 착각들이다.

시간은 투자자의 가장 강력한 무기라고들 한다. 복리의 힘. 장기 투자의 마법. 그런데 그 무기를 제대로 쓰려면, 시간에 대한 착각부터 버려야 한다. 최근 1년이 전부가 아니라는 것. '장기'가 생각보다 길 수 있다는 것. '장기 투자'를 한다면서 매일 주가를 확인하지 않는 것.

시간을 내 편으로 만들 수 있을까? 있다. 그런데 조건이 있다. 충분히 분산하고, 충분히 오래 기다리고, 그 사이에 감정적인 결정을 최소화해야 한다. 말은 쉽다. 실천이 어렵다.

     절대 실패하지 않는 **미국 주식 ETF 투자**

27

수익률을 갉아먹는
네 가지 착각

편하게 돈을 더 벌어보려고 주식을 하는데, 주식 때문에 몸이 망가진다. 수익을 높이려고 열심히 하는데, 열심히 할수록 수익률이 떨어진다. 빨리 부자가 되려는데, 그 조급함이 파산으로 이어진다. 투자 심리에 나를 비춰보는 '자기 객관화'가 없을 때 흔하게 발생하는 일이기도 하다.

첫 번째 착각: 열심히 하면 수익률이 오른다

2020년부터 2022년까지 나는 거의 매일 새벽 1시까지 모니터 앞에 앉아 있었다. 수익률이 -30%, -40% 찍힐 때는 더 늦게까지 차트를 봤다. 그러다 이석증이 왔다. 허리디스크도 터졌다. 일하느라 하루 종일 앉아 있는데, 집에 와서도 쉬지도 못하고 주식 차트만 봤으니 당연한 결과였다.

잠을 줄이면 뇌의 CEO 역할을 하는 전전두엽과 공포 센터인 편도체 사이의 연결이 끊어진다. 이성적 판단이 마비되고 감정이 폭주한다. 전문가들은 신경학적으로 패닉 셀링과 포모 매수에 취약해진다고 한다. 주식을 처음 시작할 땐 거들떠보지도 않을 TQQQ나 SOXL 같은 무려 3배 레버리지에 손을 대게 된다.

스트레스 호르몬인 코르티솔도 문제다. 시장 변동성이 클 때 코르티솔 수치가 70% 가까이 치솟는데, 이 상태에서는 합리적인 위험조차 회피하게 된다. '본전만 되면 판다'며 손실 종목을 붙들고 있는 건 불운이 아니라 생물학적 현상이다. 바닥에서 저가 매수를 못하고 오히려 공포에 질려 파는 것도 마찬가지다.

앉아 있는 습관은 더 은밀하게 뇌를 잠식한다. 16년간의 대규모 연구에 따르면 장시간 좌식 생활이 사망 위험을 24%쯤 높이고, 당뇨병 발생 위험은 무려 91%나 증가시킨다. 대사 증후군이 오면 뇌의 실행 기능과 기억력이 저하된다. 복잡한 시장을 분석하고 신속한 결정을 내려야 할 뇌가 제 기능을 상실하는 거다.

최고의 투자 자산은 건강한 몸과 맑은 정신이다. 요즘 나는 밤 11시 반에 정규장이 시작하는 줄도 모르고 TV를 보거나 책을 읽는다. 주식 창은 한번 힐끗 볼 뿐이다. 차트를 아무리 본들 주가가 올라가지 않으니 굳이 볼 필요가 없어서 안 본다.

두 번째 착각: 거래를 잘하면 수익률이 높아진다

브래드 바버와 테런스 오딘이 66,000개 계좌를 5년간 추적한 연구가 있다. 시장 평균 수익률은 연 17.9%였고, 평균적인 개인투자자는 16.4%를 벌었다. 그런데 가장 활발하게 거래한 상위 20%는? 11.4%

였다. 시장보다 6.5%포인트나 뒤처졌다. 열심히 할수록 손해를 본다. 〈거래는 당신의 부에 해롭다〉 논문 제목이 직설적이다.

왜 이런 일이 벌어질까? 스스로 '거래를 잘해야지'라고 마음먹는 순간, '거래를 잘해야' 한다는 심리적 압박이 생긴다. 매일 차트를 봐야 하고, 타이밍을 잡아야 한다. 아무것도 안 하는 게 최선인 상황에서도 뭔가를 한다. 그래야 '거래를 잘' 할 수 있으니까.

대만에서 수십만 명의 데이트레이더를 추적한 연구를 보면, 거래 비용을 제하고 지속적으로 수익을 낸 사람이 1% 미만이었다. 브라질 연구는 더 구체적이다. 300일 이상 거래한 데이트레이더 중 97%가 손실을 기록했다. 진짜 충격적인 건 따로 있다. '자주 거래를 한 것이 수익률 개선으로 이어진다는 학습 효과를 발견하지 못했다'라는 게 연구 결과다. 거래를 자주 할수록 잘하게 되는 게 아니었다. 자주 거래할수록 더 오래 손해를 볼 뿐이었다.

나도 그랬다. 정기 매수만 하는 퇴직연금 DC 계좌와 스윙 트레이딩 자유 계좌의 수익률을 비교해 봤다. 열심히 저점 매수 고점 매도를 하는 계좌가 가만히 둔 계좌보다 크게 나을 게 없었다. 아까운 시간에 '도대체 왜 수익도 안 나는 이 짓을 하고 있지?'라는 현타가 왔다.

세 번째 착각: 많이 배우면 더 잘할 수 있다

유튜브를 켜면 '제대로 된 투자자가 되려면' 배워야 할 것들이 끝없이 나온다. 재무제표, DCF, 매크로 경제, 섹터 분석, 포트폴리오 이론, 리스크 관리, 기술적 분석. 이건 '주식 전문가' 양성 프로그램 아닌가? 주말에 친구들이랑 재밌게 라운딩 치려는 사람한테 프로 골퍼 훈련 프로그램을 들이미는 것과 뭐가 다른가?

'S&P 다우존스 인디시스'가 매년 발표하는 리포트를 보면, 20년 동안 펀드 매니저가 운용하는 미국 주식형 액티브 펀드의 96.83%가 벤치마크 수익률을 밑돌았다. 100명 중 97명. 하루 종일 시장만 보고, 수십억 달러를 굴리는 펀드 매니저가 그냥 인덱스 펀드 사놓고 아무것도 안 하는 개인보다 못했다.

더 많은 정보가 더 나은 수익률을 보장하지 않는다. 오히려 '지식의 환상'만 키운다. 정보의 양이 늘어날수록 정확도가 아니라 과도한 확신만 커진다. 쉴 새 없이 쏟아지는 정보는 뇌에 결정 피로를 유발한다. 정작 중요한 순간에 판단력을 저하시킨다.

미국 주식 거래량의 절반 이상이 HFT(컴퓨터 프로그램 기반의 고빈도 거래) 알고리즘이다. 밀리초 단위로 움직인다. 우리가 매수 버튼을 누르는 그 찰나에 알고리즘이 먼저 산다. 캔들 패턴 해석하고, RSI 보고, MACD 기다려봤자. 알고리즘은 이미 그 차트를 0.001초 전에 이미 봤다.

CNBC가 2025년에 낸 기사 제목이 재미있다. '죽은 투자자가 산 투자자를 이기는 이유'. 아무것도 하지 않는 게 더 낫다는 것이다. 20년간 바이 앤 홀드한 사람은 7만 2,000달러. 시장에서 가장 좋았던 10일을 놓친 사람은 3만 3,000달러. 절반이 날아간다. 가장 좋은 날들은 가장 나쁜 날들 직후에 온다. '지금이라도 매도하고 빠져야 할 때'라고 판단해서 '최악의 날'에 매도한 사람은 다음날 '최고의 날'의 반등을 놓친다.

네 번째 착각: 빨리 부자가 되면 자유로워진다

이 지긋지긋한 직장을 때려치우려면 빨리 돈을 불려야 한다. 사람들은 단기 트레이딩에 손을 댄다. 차트를 공부하고, 뉴스를 실시간으로 확인하고, 타이밍을 잡으려 한다. 그런데 이게 함정이다.

개인투자자가 스마트폰으로 가격을 인지하고 버튼을 누르는 순간, 그 가격은 이미 3초 뒤의 과거가 되어버린다. 기관들은 위성 이미지로 월마트 주차장의 차를 카운트하고, 신용카드 결제 데이터로 소비 트렌드를 분석한다. 같은 경기장에서 뛰지만, 한쪽은 전체를 내려다보는 위성을 가졌고 다른 한쪽은 유튜브를 보고 있다.

그래서 조급한 마음에 더 빠른 길을 찾는다. 레버리지 ETF, TQQQ, SOXL, 삼슬라. 계산이 단순해 보인다. 나스닥이 10% 오르면 30%를 먹는다. 그런데 수학이 함정이다.

여기 100만 원짜리 자산이 있다. 첫날 10% 올라서 110만 원. 다음 날 10% 내려서 99만 원. 원래 가격에서 1% 손실. 3배 레버리지로 추종하면? 첫날 30% 올라서 130만 원. 다음 날 30% 내려서 91만 원. 출발점에서 손실이 9%다. 기초 자산은 1% 빠졌는데 레버리지 상품은 9%가 증발했다. 변동성 끌림이다. 이건 운이 나빠서가 아니라 수학적 필연이다.

2022년 한 해 동안 TQQQ는 -83%, SOXL은 -91%, 삼슬라는 -99%가 되었다. 빨리 부자가 되려는 지름길이 수학적 파산으로 가는 길이 된다. 여기에 '나는 이 하락을 피할 수 있다'라는 과신의 함정까지 더해져서 진짜 파산이 이르게 된다.

설령 목표 금액에 도달했다고 해보자. 네이버 미국 주식 카페에서 알고 지내는 지인은 2021년 11월 주식 계좌에 몇십억 원이라는 돈이 찍히는 걸 보고 12월에 사표를 냈고, 실제로 2022년 1월에 행복한 마음으로 파이어족이 됐다. 해방감을 느꼈다. 아침에 알람 없이 깨고, 공원을 뛰고, 평온하게 식사하고, 책을 읽었다. 꿈꿔왔던 그 모습 그대로였다.

그런데 곧 이상한 일이 벌어졌다. 주가는 계속 내려갔다. 돈을 쓸 때마다 가슴이 철렁 내려앉았다. 2022년 연말이 되자 주식 계좌의 돈이 60% 줄어들었다. 이 속도라면 몇 년 안에 통장 잔액이 바닥날 것 같았다. 2023년 새해가 무서웠다. 그래서 쿠팡 새벽 배송을 나갔다. 다시 기상 알람을 맞췄다. 새벽 2시에.

더 깊은 문제는 정체성이었다. 파이어족이 된 걸 아는 지인들이 "요즘은 뭐 하세요? 좋으시겠네요?"라고 물을 때 대답할 말이 없어졌다. 직장 생활을 하면서 얻었던 소속감, 성취감, 사회적 연결. 그게 전부 사라졌다. 처음에는 자유라고 느꼈던 것이 점점 고립으로 바뀌었다. 그래서 사람을 피하게 되었다고 한다.

결국 속도가 문제다

네 가지 착각은 하나로 연결된다. '빨리'라는 속도에 대한 집착. 빨리 부자가 되고, 빨리 자유로워지겠다는 마음. 그 조급함이 건강을 갉아먹게 하고, 과도한 거래를 부르고, 불필요한 공부 시간을 쏟게 만들고, 레버리지라는 지름길로 유혹한다.

나도 한때 TQQQ와 SQQQ를 양손에 쥐고 '업 & 다운 무한 매수법'이라는 걸 만들었다. 구글 스프레드시트로 계산해서 수학적으로,

  절대 실패하지 않는 **미국 주식 ETF 투자**

기계적으로 매일 매수매도를 했다. '사상 최대의 3배 레버리지 성공 신화'를 보여주겠다고 열심히 노력했다.

결과는? 수익률은 일반 장투 계좌보다 살짝 높았다. 그런데 하루에 쓰는 시간과 스트레스를 생각하면 시급이 최저임금에 한참 못 미쳤다. 휴식과 가족 대화, 책과 영화, 걷기와 운동을 포기하고 주식 투기에 빠져 있었다. 너무 한심했다. 그렇게 살려고 주식 투자를 한 게 아니었는데, 주식 투자를 위해서 살고 있던 것이다.

S&P500은 지난 50년간 약 74% 상승했다. 연평균 수익률은 10% 안팎이다. 특별한 능력이 필요 없다. '그냥' 사서 보유하고 있으면 된다.

문제는 그 '그냥'이 가장 어렵다는 거다. 뭔가를 해야 할 것 같은 충동. 빨리 가야 할 것 같은 조급함. 그걸 이기는 게 진짜 어려운 일이다. 서둘러 파이어족 되려다 직장에서 해고되거나 건강을 다 태워버리게 된다.

차트와 예측의
허와 실

28

매매 타이밍은
왜 늘 어긋나는가?

처음 가보는 도시의 아침은 낯설다. 중요한 약속이 있어 제시간에 도착하려고 일찍 나선다. 스마트폰을 꺼내 세 개의 내비게이션 앱을 동시에 켠다. A 앱은 70분, B 앱은 가장 빠른 길이라며 65분을, C 앱은 돌아가지만 막히지 않는다며 72분을 제시한다. 화면 속 자동차 아이콘들은 실시간 교통정보를 반영해 분주하게 움직인다. 어떤 길을 선택해야 할까? 왠지 가장 빠른 길을 알려준 B가 정답처럼 느껴진다.

하지만 출발한 지 10분 만에 B 앱의 경로는 붉은색 정체 구간으로 물든다. 조급해진 마음에 차를 돌려 A 앱의 경로로 들어선다. 그 길 역시 얼마 안 가서 막히기 시작한다. 결국 약속 시간에 늦을지도 모른다는 불안감에 사로잡혀, C 앱이 처음부터 알려줬던 '느리지만 확실한 길'로 핸들을 꺾는다. 이 모든 소동의 끝에 우리가 얻는 것은 무엇일까? 아마도 안도감보다는 깊은 피로감일 것이다.

생각해 보면, 시장의 차트를 들여다보는 우리의 모습이 이와 크게 다르지 않다. 수많은 선과 막대그래프, 복잡한 보조지표들은 저마다 다른 목소리로 미래를 속삭인다. RSI 지표는 과매수라며 경고하고, 이동평균선은 골든 크로스를 만들며 낙관적인 신호를 보낸다. 마치 세 개의 내비게이션 앱처럼, 투자자는 끊임없이 최적의 경로를 찾으려 애쓴다. 지금이 가장 빠른 길일까? 아니면 가장 안전한 길로 돌아가야 할까? 그 갈림길에서 우리는 시간을 쓰는 게 아니라, 감정을 소모한다.

차트는 미래가 아니라 과거다

차트는 미래를 알려주는 지도가 아니라, 과거의 발자취를 정밀하게 기록한 일기장에 가깝다. 우리는 그 일기장에서 반복되는 패턴을 찾아내 미래에도 적용될 것이라 믿고 싶어 한다. 인간의 뇌는 본능적으로 무질서 속에서 질서를, 불확실성 속에서 패턴을 찾도록 설계되었기 때문이다. 참 묘한 일이다.

실제로 기술적 차트 분석만으로 시장을 예측하는 것은 무작위 추세를 읽으려 하는 것과 다르지 않다는 연구 결과가 있다. 과거 주가 흐름은 미래 가격의 매우 부실한 예측 지표에 불과하다는 것이 핵심이다. 차트 분석으로 동전 던지기보다 나은 확률적 우위를 점하기 어렵다. 운 좋게 몇 번 맞출 수는 있겠지만, 그것은 말 그대로 운이 좋았을 뿐이다. 고장 난 시계도 하루에 두 번은 정확한 시각을 가리키듯.

차트 전문가들은 종종 안개처럼 모호한 언어를 구사한다. "A일 확률이 높지만, B의 가능성도 열어두어야 합니다. 그런데 만약 C라는 변수가 발생하면 거기에 맞게 대응해야 합니다. 주식은 예측이 아니라 대응의 영역이죠."라고 말한다. 결과적으로 B-2 정도가 되면, 그들은 B라고 얘기했지만, B-2도 언급했다며 자신의 통찰력을 강조한다. 사실 이것은 예측이 아니라 모든 가능성을 나열한 것에 불과하다.

금융시장 전문가들의 전망은 구체적 매수가나 매도가, 손절 시점을 제시하지 않는 한 검증이 불가능하며, 사후적으로 자신에게 유리한 쪽으로 해석해 버리기 일쑤다. 시장이 자신의 예상과 다르게 움직이면 슬그머니 "미리 손절해서 피해를 최소화했다"라고 하거나 "말씀드렸듯이 다른 시나리오로 재빠르게 대응했다"라고 주장하지만, 이런 주장들은 사실 확인이 거의 불가능하다.

정말 차트로 꾸준히 수익을 내서 투자에 성공한 사람이라면, 왜 대중에게 비법을 팔까? 생각해 보면 이상하다. 본인 자산 운용에 집중해서 지금처럼 앞으로도 조용히 돈을 긁어모으면 될 텐데. 실제로는 차트 강의, 유료 서비스로 돈을 버는 건 아닐까?

시장은 원래 예측할 수 없다

단기 매매가 어려운 가장 큰 이유는 간단하다. 짧은 시간 프레임의 가격 움직임은 예측이 극도로 힘들기 때문이다. 며칠이나 몇 시간 단위의 주가 등락은 기업 실적의 장기 추세보다도 갑작스러운 뉴스나 투자자들의 감정에 좌우되는 경우가 많다. 오늘 오른 이유가 무엇이든, 내일은 전혀 다른 변수가 작동할 수 있다.

  절대 실패하지 않는 미국 주식 ETF 투자

우리는 중요한 미팅이 있다면 여유 있게 일찍 나선다. 도중에 사고가 날 수도 있고, 예기치 못한 정체가 생길 수도 있으니까. 하물며 주식 매매는 그보다 훨씬 예측이 어렵다. 단기 트레이딩으로 정확한 타이밍을 맞추겠다는 건, 9시 정각에 열리는 중요한 미팅을 위해 평소 1시간 걸리는 걸 알면서도, 8시에 집을 나서는 것과 같다. 그렇게 대충 짠 계획이 성공할 가능성은 높지 않다.

게다가 요즘 시장은 알고리즘 트레이딩과 초단타 매매의 각축장이다. 개인투자자가 차트 몇 개 보고 덤벼들기에는, 상대가 너무 강하다. 이들은 밀리초 단위로 주문을 내고, 수백 가지 데이터를 실시간으로 분석한다. 그런 상대와 경쟁하면서 차트 모양만으로 우위를 점하겠다는 건, 솔직히 무리다.

차트에 묶인 삶

단기 매매로 작은 수익을 꾸준히 쌓아 부를 이루겠다는 목표는 대단하다. 하지만 그 길이 얼마나 많은 기회비용을 요구하는지 생각해 볼 필요가 있다. 차트 단타 매매는 경제적 위험만 있는 게 아니다. 삶 자체를 갉아먹는다.

하루 종일 시장을 모니터링하며 신경을 곤두세워야 하고, 작은 가격 움직임에도 즉각 대응해야 한다. 시시각각 변하는 주가에 일희일비하다 보면, 스트레스와 불안이 쌓인다. 하루에도 몇 번씩 주가 앱을 들여다보며 일희일비하는 시간, 중요한 회의 중에 혹은 가족과의 저녁 식사 자리에서 차트의 움직임에 신경을 곤두세우는 감정적 비용. 이것이야말로 가장 비싼 투자 손실은 아닐까?

생각해 보면, 우리는 너무 많은 것을 알려고 하기에 더 불안해진다. 어제 주가를 움직였던 수많은 경제 지표와 기업 이슈들, 그 논리적 인과관계는 불과 며칠만 지나도 기억에서 희미해진다. 그리고 남는 것은 오직 차트 위에 새겨진 패턴뿐이다. 우리는 원인을 잊고 결과의 형태에만 집착하며, 그것이 미래를 알려줄 것이라 착각한다. 그래서 그런지도 모르겠다. 투자의 대가들이 공통으로 강조하는 것이 '잊어버리는 능력'인 것은 그래서 그런지도 모르겠다.

차트를 보는 감이 유달리 좋거나 직감이 발달했거나 엄격하게 차트 분석 원칙을 따르는 원칙주의자라면 모를까, 그게 아니라면 차트 매매는 웬만하면 하지 않는 편이 낫다. 비범하지 않은 투자자가 차트 신호로 시장을 이길 수 있는 확률은 높지 않다는 건 이미 통계적으로 증명이 되었다. 평범한 사람은 차트를 열심히 연구해도 예측력이 발달하지 않는다. 운 좋게 한 번, 두 번, 많게는 세 번까지는 맞을 수는 있어도, 장기적으로 지속하기는 어렵다.

승용차가 아닌 지하철을 타기

그렇다면 우리는 어떻게 해야 할까? 어쩌면 가장 현명한 투자는 시장 예측이라는 게임에 참여하지 않는 것일지도 모른다. 낯선 도시에서 약속 시간에 늦지 않는 가장 좋은 방법은, 가장 빠른 길이 아니라 가장 예측 가능한 길을 선택하고 엄청 일찍 나서는 것이다. 그보다 더 좋은 방법은 아예 지하철처럼 정해진 시간에 정해진 길을 가는 운송 수단을 이용하는 것이다. 꾸준한 분할매수(DCA)는 바로 투자의 세계에서 지하철을 타는 것과 같다. 감정을 비우는 가장 효율적인 루틴이다.

계속해서 더 빠른 길을 찾으려 내비게이션 화면을 들여다보는 운전자는 결코 창밖의 풍경을 즐길 수 없다. 그의 여정은 목적지에 도착하는 과정이 아니라, 불안을 견디는 고행이 된다.

우리는 예측의 정확성을 높이는 데 시간을 쓸 게 아니라, 예측이 틀렸을 때도 내 삶이 흔들리지 않을 구조를 만드는 데 집중해야 한다. 투자는 삶을 뒤흔드는 파도가 아니라, 그 파도 아래에서 우리를 단단히 지탱해 주는 닻이 되어야 한다. 그러기 위해선 차트와의 거리두기가 필요하다. 차트는 유용한 참고 자료이지만, 결코 주인이 될 수는 없다.

내비게이션 앱을 끄고, 익숙한 라디오 채널을 튼다. 창밖으로 지나가는 사람들의 표정과 도시의 풍경이 그제야 눈에 들어온다. 조금 돌아가면 어떤가. 약속 시간에 조금 늦으면 또 어떤가. 이 여정 자체가 불안이 아니라 즐거움이 될 수 있다면, 그것으로 충분하지 않을까.

29

차트는 수정구슬이 아니라 신호등이다

어느 투자자가 밤마다 차트를 들여다보고 있다. 컵 앤 핸들 패턴이 완성되면 가슴이 뛰었고, 삼각 수렴을 뚫고 나가면 이미 수익을 확신했다. 차트는 그에게 뭔가를 말하는 것 같았다. "지금 사." "여기서 팔아." 그는 그 속삭임을 따랐다.

몇 번은 맞았다. 패턴대로 주가가 올랐고, 그는 자신이 시장의 언어를 배운 것처럼 느꼈다. 그런데 이상한 일이 벌어졌다. 똑같은 패턴이 나타났는데, 이번엔 주가가 반대로 움직였다. 예쁘게 완성된 컵 앤 핸들을 믿고 들어갔는데, 악재 뉴스 한 줄에 차트는 무너졌다. 그제야 그는 깨달았다. 패턴은 약속이 아니었다는 것을.

차트를 보면 과거가 보인다. 사람들이 어디서 샀고, 어디서 팔았는지. 가격이 어떻게 움직였는지. 그 흔적은 명확하다. 하지만 그게 미래를 보장하지는 않는다.

조금만 생각해 보면 차트를 보고 주가의 향방을 예측한다는 것이 이상하다는 걸 느낄 수 있다. 컵 앤 핸들이 완성됐다고 해서 주가가 꼭 오른다는 법은 어디에도 없다. 삼각 수렴을 뚫고 나간다고 해서 돌파가 성공한다는 보장도 없다. 패턴은 그냥 가능성을 암시할 뿐이다. "여기서 뭔가 일어날 수도 있어."라고 말할 뿐, "반드시 이렇게 될 거야."라고 약속하지 않는다.

그런데 문제는 여기서 시작된다. 우리는 안다. 차트가 미래를 알려주지 않는다는 걸. 그런데 그럼에도 불구하고 계속 본다. 미국 장이 열리면 어김없이 스마트폰을 켠다. 빨간불이 켜지면 불안하고, 녹색불이 켜지면 또 욕심이 난다. 차트를 보지 말아야지 다짐하면서도, 손은 이미 앱을 열고 있다. 버려야 할 버릇이라는 걸 알면서도 못 버린다.

차트를 완전히 끊을 수 없다면

차트를 아예 안 보는 게 최선일지도 모른다. 그게 가능하다면 말이다. 하지만 대부분의 투자자에게 그건 현실적이지 않다. 그럼 어떻게 해야 할까? 차트를 보되, 다르게 보는 방법은 없을까?

차트를 미래 예측 도구로 보지 말고, 타이밍 조절 도구로 보는 거다. "주가가 오를까 내릴까"를 묻지 말고, "지금 내가 뭘 하기에 적절한 구간일까"만 보는 것이다.

예를 들어보자. 장기 투자를 하더라도 주식을 팔아서 돈 쓸 일은 한두 번쯤은 생긴다. 목돈이 필요하거나 여행을 가고 싶을 때. 좀 여유롭게 쓰고 싶을 때. 그러려면 주식을 몇백만 원쯤 팔아야 한다. 이럴 때 차트를 본다. 그런데 이때는 "주가가 앞으로 오를까?"를 묻는 게 아니다. 단지 "지금, 이 순간 너무 주가가 안 좋을 때 굳이 매도하는 건 아닐까?"만 확인하는 거다.

혹은 일정하게 들어오는 급여가 아니라, 보너스를 받았을 때. 기존 투자 계획에 없던 돈이 생겼다. 이걸 지금 매수에 쓸까? 좀 기다릴까? 이럴 때도 차트를 본다. 그런데 역시 "앞으로 오를까? 내릴까?"를 점치는 게 아니다. 그냥 "지금이 너무 비싼 구간은 아닐까?"만 체크하는 것이다.

차트에 미래를 물으면 차트는 거짓말을 한다. 그런데 차트에 '지금 상태'만 물으면, 차트는 65% 정도의 정직함으로 답한다.

RSI, 대략 65%의 확률로 충분하다

여기서 쓸 만한 도구가 하나 있다. RSI(Relative Strength Index)라는 보조지표다. 누구나 조금만 공부하면 알 수 있는 개념이라, 어렵지 않다.

간단히 설명하면 이렇다. RSI는 최근 14일 동안의 주가 움직임을 0에서 100 사이의 숫자로 압축한 거다. 주가가 계속 올랐으면 RSI도 올라가고, 계속 내렸으면 RSI도 내려간다. 50을 기준으로 보통 70을 넘으면 '과매수 구간', 30 밑으로 내려가면 '과매도 구간'이라고 본다.

과매수는 "다들 너무 많이 샀다"라는 뜻이다. 단기적으로 올라갈 힘이 빠졌을 수 있다는 신호다. 과매도는 그 반대다. "다들 너무 많이 팔았다"라는 뜻이다. 단기적으로 이젠 반등할 수 있다는 암시다.

그런데 이게 90%의 정확도를 가진 예언서는 아니다. 대략 65% 정도. 열 번 중 여섯 번 정도는 맞고, 네 번은 틀린다. 생각해 보면 그

절대 실패하지 않는 **미국 주식 ETF 투자**

정도면 충분하다. 우리가 원하는 건 완벽한 예측이 아니라, 최악을 피하는 것뿐이니까.

보너스로 생긴 돈으로 매수를 하려는데, RSI가 70을 넘어서 계속 올라가고 있다면? 이때는 좀 기다려도 된다. 굳이 지금 사지 않아도 된다. 자동 적립식 매수를 하는 날이라면 기계적으로 사야겠지만, 그게 아니라면 한두 주 정도 여유를 두고 기다려본다.

반대로 여행 가려고 주식을 팔아야 하는데, RSI가 35 밑으로 내려 가고 있다면? 마찬가지다. 당장 돈이 필요한 게 아니라면, 조금 기다 린다. 1~2주 정도 여유가 있다면 그냥 좀 쉬는 거다.

이상하게도, 이렇게 느슨하게 쓰면 차트가 덜 위험하다. 주가가 오를지 내릴지를 점치려고 하면 차트는 우리를 속인다. 그런데 "지 금 내가 뭘 하기 좋은 구간인가?"만 물으면, 차트는 생각보다 솔직 하게 답해준다.

차트는 부정확한 신호등이다

생각해 보면 차트는 부정확한 신호등 같은 거다. 녹색불이 켜졌다고 해서 "앞으로 35초 동안은 녹색불일 거야."를 의미하지는 않는다. 단 지 "지금은 건너가도 괜찮아"라는 신호일 뿐이다. 빨간불이 켜졌다 고 해서 "이 빨간불은 10초 후에 녹색불로 바뀔 거야."를 뜻하지도 않는다. 그냥 "일단 지금은 건너는 건 위험할 것 같아."라는 정도다.

차트도 마찬가지다. RSI 70 이상인데 매수해야 할까? 매수 빨간 불. 굳이 지금 매수해야 할까? 정도. RSI 35 이하인데 매도할까? 매 도 빨간불. 굳이 지금 매도해야 할까! 정도를 알려준다. 그게 전부다.

미래를 알려주는 게 아니라, 지금의 상태를 '느슨하게 대략' 알려줄 뿐이다. RSI가 28을 찍고 반등해서 55를 넘어가고 있을 때, '지금 너무 올라서 매수하기 부담스럽네.'라고 혼란스러울 때 '이 정도면 매수 녹색불이네.'라고 스스로 기준으로 삼으면 편할 뿐이다.

그런데 우리는 왠지 차트에 너무 정확하게 답변할 것을 묻는다. "이 주식 내일부터 오를까?" "이제 바닥을 친 건가?" 차트는 그런 질문에 답할 능력이 없다. 차트는 과거의 기록이니까.

"지금, 내가 할 행동이 너무 극단적인 타이밍은 아닐까?" 이 정도만 물어도 충분하다. 차트는 그런 질문에는 꽤 정직하게 답해준다.

차트를 보되, 겸손하게

차트 앞에서 겸손해진다는 건 결국 이런 거다. 차트가 미래를 안다고 착각하지 않는 것. 대신 차트를 타이밍 조절 도구로만 쓰는 것. "오를 거야 내릴 거야"를 예측하는 대신, "지금 하려는 행동이 괜찮은 타이밍인가?"만 확인하는 것.

이렇게 쓰면 차트는 덜 위험하다. 왜냐하면 우리가 차트에 묻는 수준이 낮아지니까. 90%의 확률을 요구하는 게 아니라, 65% 정도만 기대하는 거다. 열 번 중 서너 번은 틀려도 괜찮다. 우리가 원하는 건 최선이 아니라, 최악을 피하는 것뿐이니까.

그리고 무엇보다, 이렇게 쓰면 차트를 덜 본다. 매일 밤 차트를 켜는 대신, 뭔가 행동을 해야 할 때만 차트를 본다. 굳이 팔아야 할 일이 생겼을 때. 보너스로 돈이 생겨서 특별히 매수할 일이 생겼을 때. 그때만 RSI를 확인하고, 나머지 시간엔 그냥 화면을 끈다. 차트를 덜 믿으니까, 차트가 더 쓸모 있다.

나쁜 버릇을 완전히 끊을 순 없다

솔직히 말하면, 나도 차트 보는 버릇을 완전히 끊는 건 불가능했다. 투자하는 이상, 가끔은 궁금하다. 지금 얼마나 올랐을까? 지금 얼마나 떨어졌을까? 그 호기심을 완전히 지우는 건 어쩌면 인간적이지 않다.

그런데 그 버릇을 다르게 쓴다. 차트를 예언서가 아니라 신호등으로 보는 것. 미래를 묻지 말고, 현재만 확인하기. "오를까, 내릴까?" 대신 "지금 하려는 행동이 너무 극단적인 순간은 아닐까?"만 체크하는 거다.

그렇게 쓰면 차트는 덜 위험하다. 우리를 속이지 않는다. 대신 조용히 신호를 보낼 뿐이다. "지금은 좀 쉬어." "지금은 괜찮아." 그 신호를 듣고, 우리는 행동을 조절한다. 예측하지 않고, 느슨하게 타이밍만 조절한다.

차트를 보되, 겸손하게. 예측하지 말고, 65% 맞는 정도로만 참고하라. 그게 우리가 차트에 물어야 할 전부다.

30

트레이딩의 유혹,
장기 투자의 무게

밤 11시 반, 미국 주식시장이 열린다. '앗! 오늘은 오를 줄 알았는데' '이러면 지지선 뚫고 내려가는 건데? 손절 라인인데 어쩌지?' 심장이 빨라진다. '손절 라인은 칼같이 지켜야지. 더 떨어지기 전에.' 결국 매도 버튼을 누른다. 몇 달간 모아온 주식들이 순식간에 정리된다.

그리고 다음 날 아침 일어나보니, 종가 마감 직전에 모두 다 반등했다. 참 쓰라린 순간이다. 투자에서 가장 치명적인 순간은 대개 가장 확신에 차거나 계획대로 하는 순간이라는 것. 손가락이 떨릴 때, 심장이 뛸 때, '지금이야!'라는 생각이 머리를 지배할 때. 그때가 바로 가장 위험한 시간이다.

우리는 왜 신호를 보고도 행동하지 못하는 걸까?

2020년 12월 19일. 예고대로 S&P500에 편입된 테슬라. 많은 투자자가 "대형 지수 편입 당일에는 기관들의 포지션 조정으로 일시적 급락이 발생한다.""최소한 풀백이 올 것이다."라며 예측했다. 역사적 데이터가 그랬고, 전문가들의 보고서도 그랬다. 이 정도 '대부분'이 예측하는 것이라면 '거의 모두'라고 할 만했다. 그래서 많은 이들이 편입 직전 또는 직후에 팔았다. 나중에 조정이 오면 더 싸게 다시 사려고.

결과는? 테슬라는 편입일 이틀 동안 겨우 10%의 조정을 받고 바로 반등해서 계속 올랐다. 한 달 동안 70% 오르고 드디어 S&P500에 편입된 뉴스가 실현되었는데, 이틀 동안 겨우 7%의 조정을 받는다고 예상하지 못했다. 이후 17일 만에 37%가 더 올랐다.

이게 트레이딩의 첫 번째 함정이다. 가짜 신호. 신호는 왔는데, 금세 반대쪽으로 방향을 튼다. 이때 당한 사람 중의 한 명이 바로 여기에 있다. 5년이 지나도 가슴이 쓰라리게 아프다.

스탠퍼드 대학의 브래드 바버와 테렌스 오딘이 개인투자자들의 거래 내역을 분석했다. 결과가 꽤 충격적이다. 투자자들이 매도한 종목은 매도 후 6개월 안에 매도 시점보다 평균 3.2% 더 올랐다. 팔지 말아야 할 걸 판 거다. 그리고 매수한 것은 6개월 전 대비 3%나 더 오른 상태였다. 이미 비싸진 걸 산 거다. 사람들은 오른 주식을 사고, 오를 주식을 판다.

Buy the Dip, 하락 시 매수하라

'하락 시 매수하라'라는 짧고 단순한 격언이다. 2008년 금융 위기 이후 이 전략은 거의 마법처럼 통했다. 특히 2020년에서 2021년, 코로나 시기에는 더 그랬다. 떨어질 때마다 사면 곧 올랐다. 회복이 빨랐다. "역시 바이 더 딥이 답이야."

그런데 그게 얼마나 운이 좋은 상황이었는지, 대부분은 몰랐다. 사기만 하면 단기간에 오르는 것은 오히려 드문 일이었다. 단기간엔 그렇게 오르지 않다가 긴 시간(최소 6~12개월 이상)이 지나야 비로소 오르는 게 보통이다.

2022년 1월, 테슬라가 1,200달러에서 900달러대로 주식 분할 전 가격으로 급락했다. 25%가 넘는 하락. RSI는 30 아래. 모든 지표가 '지금이 매수 타이밍'이라고 외쳤다. 그래서 많은 이들이 샀다. 완벽한 '바이 더 딥'이라고 생각하면서.

그 후 테슬라는 900에서 600달러대까지 더 내려갔다. '딥'이라고 생각한 그곳은 훨씬 더 깊은 계곡으로 가는 중간 지점에 불과했던 거다.

그렇다면 대안은 뭘까? 답은 너무 쉽게도 '복리'다. 흔히 '복리의 마법'이라고 부르지만, 마법이 아니라 수학이다. 느리고, 지루하고, 확실한 수학이다.

1926년부터 2022년까지 S&P500의 연평균 수익률은 한 10% 정도다. 배당 재투자 포함해서. 이걸 복리로 계산하면 어떻게 될까?

1만 달러를 10년 투자하면 약 2만 6천 달러로 불어난다. 2.6배, 나쁘지 않다. 20년이면 7만 달러 가까이, 7배로 뛴다. 30년? 18만 달러, 무려 18배다.

10년과 30년의 차이가 2.6배와 18배라는 격차를 만든다. 30년은 10년의 3배인데, 6배 넘는 차이를 낸다. 이게 복리다. 마법이 아니라 시간의 무게다. 그러므로 '복리'라는 말 앞에는 '길고 긴 시간의 복

   절대 실패하지 않는 미국 주식 ETF 투자

리'라고 '길고 긴 시간'이라는 단어가 항상 따라붙어야 한다.

그런데 문제가 있다. 우리가 보통 '장기 투자'라고 하면 '10년'을 일컫는다. 그만큼 10년이라는 투자 시간이라는 게 어려운 일이니까 그렇다. 그런데 '30년' 간 그 종목을 쥐고 있는다는 건, 이제 6년 투자자인 나로서는 얼마나 어려울지 상상하기도 어렵다.

기승전결 DCA

주가가 어떻든 정기적으로 일정 금액을 투자하는 방식인 DCA가 또 등장한다. 하지만 어쩔 수 없다. DCA는 천 번 강조해도 지나치지 않다. 같은 금액으로 주가가 낮을 때는 더 많은 주식을, 높을 때는 더 적은 주식을 살 수밖에 없게 된다. 포인트는 주가가 낮을 때 더 많은 주식을 산다는 것이다. 결국 랜덤하게 평균에 거의 부합하게 된다. 주식 투자 공부를 할 필요도 없고, 뉴스나 정보에 아무런 관심을 두지 않아도 된다.

그럴 거면 그냥 돈 생겼을 때 일시로 다 사는 게 낫지 않냐고 할 수 있다. 물론 시장이 계속 오르기만 한다면 일시 투자가 더 유리하다. 뱅가드의 연구에 따르면, 1926년부터 2011년까지 미국 주식시장에서 일시 투자가 적립식보다 약 3분의 2 기간 동안 더 나은 성과를 보였다. 시장이 장기적으로 우상향하니까.

DCA 적립식 투자의 진짜 가치는 '수익률의 수학적 최적화'가 아니다. 바로 '행동 심리학적 이점'이다. 사람은 감정의 동물이다. 시장이 급락하면 두려워서 못 산다. 오히려 급등하면 그제야 분위기에 휩쓸려 비싸게 산다. 그리고 주가가 하락하면 공포에 질려 자신도 모르게 매도하고 만다. 그리고 주가가 올라가면 다시 더 비싸게 사게 된다. 이것이 바로 '행동 간극'이다. 머리로는 알지만 몸이 안 따라가는 것.

DCA 적립식 투자는 이 간극을 메운다. 감정이 어떻든, 시장이 어떻든, 정해진 날에 정해진 금액이 들어간다. 기계처럼. 그래서 효과적이다.

대표적인 DCA 방식인 '퇴직연금 계좌'를 생각해 보자. 퇴직연금 DC형이든 퇴직연금 IRP든 계좌에 매달 자동으로 돈이 들어가고, 자동으로 투자된다. 본인의 감정과 무관하게.

이런 계좌들이 개인이 직접 관리하는 계좌보다 성과가 좋은 경우가 많다. 바로 현재 내가 직접 체감하고 있다. 개인 계좌 중 '스윙 트레이딩'을 위한 계좌가 있다. 매번 이리 뛰고 저리 뛰고 손가락이 땀이 찰 정도로 열심히 스윙 트레이딩을 하고 있는데, DC 계좌 수익률보다 쪼끔 높다. 우스갯소리로 인건비도 안 나온다. 왜일까? 역설적이게 '손을 안 대니까'가 답이다. 타이밍을 안 잡으니까. 그냥 묵묵히 쌓이니까.

'결정 피로'라는 게 있다. 심리학자 로이 바우마이스터의 연구에 따르면, 평범한 인간이 하루에 내릴 수 있는 좋은 결정의 수는 제한되어 있다. 매일 '살까? 팔까?'를 고민하면 그 에너지가 소모된다. 직업, 가족, 건강에 쓸 에너지가 주식에 빨려 들어간다. 그리고 주식에 몰입하는 에너지도 분산되게 마련이다. 그러다 보면 결국 가장 피로할 때 매수매도 타이밍을 내리는 결정을 하게 된다. 하지만 '자동화'는 이 피로를 제거한다. 결정할 게 없으니까. 그냥 흘러가니까.

장기 투자는 무조건 옳은 걸까?

꼭 그렇지는 않다. 장기 투자에도 조건이 있다.

첫째, 투자 대상이 장기적으로 성장해야 한다. S&P500 같은 지수는 역사적으로 우상향했다. 그런데 개별 종목은 다르다. 2000년대 초반 '엔론' 주식을 장기 보유했다면? 코닥을 10년 들고 있었다면? 장기 투자가 아니라 장기 손실이다.

둘째, 빚이 없어야 한다. 빚으로 산 주식은 장기 투자의 적이다. 자산은 줄어드는데 부채는 그대로니까. 시간이 지날수록 비율적으로 위험이 커진다.

셋째, 심리적으로 버틸 수 있어야 한다. 30년 투자 계획을 세웠어도, 중간에 50% 폭락을 맞으면 대부분은 못 버티고 팔고 만다. 그래서 자신의 위험 감수 능력을 정직하게 평가하는 게 중요하다.

JP모건이 분석한 S&P500의 연간 수익률 분포가 있다. 1950년부터 2022년까지. 1년 단위로 보면 수익률이 −39%에서 +47%까지 퍼져 있다. 범위가 무려 86%포인트다. 어떤 해에는 반토막이 나고, 어떤 해에는 거의 두 배가 된다. 이걸 보면 주식이 도박처럼 느껴질 수도 있다.

그런데 5년 단위로 보면 연평균 수익률이 −3%에서 +28%로 좁아진다. 10년 단위로는 +1%에서 +17%. 20년 단위로는 +4%에서 +18%.

시간이 길어질수록 극단이 사라진다. 변동성이 줄어든다. 손실의 확률이 낮아진다. 이걸 '시간 다각화'라고 부른다. 시간이 위험을 분산시킨다는 의미다. 짧게 보면 도박이지만, 길게 보면 투자가 된다.

10년 동안 잊어도 괜찮은 주식을 사라

워런 버핏이 이런 말을 했다. "시간은 훌륭한 회사의 친구이며, 조악한 회사의 적이다."

여기서 핵심은 '훌륭한 회사' 아니 '위대한 회사'다. 아무 주식이나 오래 들고 있으면 된다는 게 아니다. 장기적으로 성장할 회사, 경쟁력을 유지할 회사, 시대의 흐름을 타는 회사를 골라야 한다. 그게 어려우면 그냥 지수를 사면 된다. S&P500이든, 나스닥100이든.

필립 피셔라는 투자자는 이런 말을 남겼다. "훌륭한 주식을 매수하는 적절한 시점은 당신이 돈을 갖고 있을 때고, 매도하는 적절한 시점은 당신에게 훨씬 나은 기회가 있을 때뿐이다." 타이밍이 아니라는 거다. 돈이 있을 때 사고, 더 좋은 게 있을 때만 판다. 그 외에는 그냥 들고 있어야 한다는 것이다.

충동. 불안. 탐욕. 두려움. 이것들이 장기 투자의 진정한 장애물이다. 시장은 항상 오르락내리락하는 게 속성이고, 장기적으로는 우상향한다. 문제는 우리가 그 여정을 완주할 수 있느냐는 것이다.

"10년 동안 잊어도 괜찮은 주식을 사야 한다"라는 말이 있다. 좀 과장된 표현 같지만, 핵심은 맞다. 매일 들여다보고, 매일 고민하고, 매일 결정해야 하는 주식은 장기 투자에 적합하지 않다.

신경 쓰지 않아도 괜찮은 투자. 뉴스를 안 봐도 괜찮은 투자. 차트를 안 열어도 괜찮은 투자. 그런 투자가 결국 살아남는다. 장기 투자는 스포츠카가 아니라 완행열차에 가깝다. 화려한 가속이 아니라, 느리지만 확실하게 목적지로 향하는 여정이다. 뛰어난 수익률 전략이 아니라, 끝까지 갈 수 있는 인내가 필요하다.

31

단타의 생존 확률은
5년 후 0.9%

2008년, 옥스퍼드대 행동경제학 연구진은 런던 금융가 트레이더들의 혈중 테스토스테론 농도를 추적했다. 결과는 명확했다. 수익을 낸 날엔 테스토스테론이 상승했고, 그다음 날엔 거래량이 17% 증가했다. 즉, 이긴 날의 호르몬이 다음 날의 과신을 만든 것이다.

문제는 이 호르몬이 이성보다 확신을 자극한다는 점이다. 테스토스테론은 위험 감수 성향을 높이고, 패배의 기억을 무디게 만든다. 그 결과, 손실 뒤에도 '이번엔 다를 것'이라 믿는다.

이건 단순한 생리 현상이 아니다. 테스토스테론은 경쟁에서 승리했을 때 분비되는 보상 호르몬이다. 즉, 시장의 승부는 뇌에게 일종의 사회적 우월감 실험으로 인식된다. 돈보다 더 중독적인 건 '이겼다는 감각'이다.

2001년, 행동재무학자 브래드 바버와 테렌스 오딘은 35,000개의 계좌를 분석했다. 그들의 논문 제목은 인상적이었다. 〈Boys Will Be

Boys). 남자들은 여전히 자신이 시장을 이길 수 있다고 믿는다. 연구 결과는 냉혹했다. 남성은 여성보다 45% 더 자주 매매했고, 연평균 수익률은 1.4% 낮았다. 미혼 남성은 미혼 여성보다 2.3% 낮았다. 즉, 자신감이 아니라 과신이 수익을 갉아먹은 것이다. 바버와 오딘은 단호하게 말했다. "빈번한 거래는 당신의 부를 망칩니다(Trading is hazardous to your wealth)."

도파민 회로와 단타족의 교리

스마트폰의 알림, 실시간 차트, 매매 체결음. 이 모든 인터페이스는 도파민 회로를 자극한다. 이익이 날지 손실이 날지 모르는 불확실한 보상 구조는 뇌의 쾌락 중추를 강하게 활성화한다. 즉, 예측 불가능한 결과가 뇌에 더 큰 자극을 준다. 그래서 단기 매매는 '돈을 버는 행동'이 아니라 '보상 회로를 강화하는 반복 훈련'이 된다.

하루 동안 몇 번이고 호가창을 확인하고, 수익이 플러스로 바뀌는 순간 미세한 쾌감을 느끼는 이유가 여기에 있다. 그때 분비되는 도파민은 복리의 수익보다 훨씬 빠르고 강렬하다. 그렇기에 더 위험하다.

주식 단타 커뮤니티에는 일종의 '공유된 교리'가 있다. 경험 많은 트레이더가 초보자에게 건네는 조언들. 그 말들은 논리적이고, 명확하고, 실전적으로 들린다.

예를 들면 이런 것들이다. "시장의 주도주를 공략하라" "매매 시간대를 활용하라" "펀더멘탈 분석과 함께 기술적 분석은 필수다" "손절은 칼같이".

이 조언들은 틀리지 않았다. 오히려 정교하다. 문제는 이것이 실

　　　　　　　　　　절대 실패하지 않는 **미국 주식 ETF 투자**

천 가능한가이다.

과연 당신은 이 모든 걸 할 수 있는가?

생각해 보자. 당신은 본업이 있는 직장인이다.

실시간 거래량 상위 종목을 확인하고, 호가창의 매수/매도 잔량의 힘의 균형을 파악하고, 5/10일선의 교차를 확인하며 눌림목 매수 타점을 잡고, 종가 베팅을 준비하고, 손절 라인 -3%에서 자동 스탑로스를 걸어두고, 익절 +5%에서 정확히 청산한다.

이 모든 걸 매일 할 수 있는가? 1주일이라도 매일 할 수 있는가? 직장 본업에 충실하면서? 본업과 단타 매매를 둘 다 '지속적으로' 할 수 있다면 '슈퍼맨'이다.

반면 단타 경쟁자인 전문 트레이더는 하루 대부분의 시간을 모니터 앞에서 보내는 것이 본업이다. 알고리즘 트레이딩 시스템은 0.01초 단위로 주문을 집행한다. 그들과 당신은 같은 게임을 하고 있지 않다.

당신은 점심시간에 모바일 앱으로 호가창을 본다. 그들은 직장인들의 점심시간에 맞춰 6개 모니터로 실시간 체결가를 분석한다. 이건 공정한 경쟁이 아니다.

투자는 기술이 아니라 태도다

설령 당신이 하루 성공했다고 치자. 이날은 +5% 수익을 냈다. 기분이 좋다. 하지만 단타는 연속성의 게임이다. 한 번 이기는 게 아니라, 매일 이겨야 한다.

확률적으로 보자. 넉넉하게 단타 성공률이 60%라고 가정해 보자 (이미 매우 높은 수치다). 하루 성공 확률 60%에 5일 연속 성공 확률은 7.8%, 20일(한 달) 연속 성공 확률은 0.0036%이다.

즉, 한 달 내내 이기는 건 거의 불가능하다. 그리고 한 번이라도 크게 지면, 그동안의 수익은 한순간에 사라진다. 더 잔혹한 건, 손절을 지키지 못하는 날이다. -3%에서 끊어야 하는데, '곧 오를 것 같아서' 버틴다. 그러면 -5%, -8%, -12%. 그날 하나로 일주일 수익이 증발한다.

단타 매매의 진짜 적은 시장이 아니라, 자기 자신이다. 손절을 칼같이 100% 지킬 수 있는 사람은 거의 없다. 특히 손실이 누적될수록, 그 원칙은 더 흔들린다.

단타 매매의 가장 큰 위험은 손실이 아니다. 잘못된 투자 태도를 학습하는 것이다. 단타를 하는 동안, 당신은 이렇게 배운다. 투자는 매일 해야 하는 것이다. 가격은 예측, 가능하다. 빠르게 움직여야 기회를 잡는다. 운만 따라준다면 시장은 내가 제어할 수 있다.

이 모든 믿음은 틀렸다. 하지만 뇌는 이미 그렇게 훈련되었다. 그래서 나중에 장기 투자로 전환하려 해도, 그 습관이 발목을 잡는다. 5% 오르면 팔고 싶어지고, 3% 떨어지면 불안해진다. '버티는 것'이 아니라 '놓치는 것'처럼 느껴진다.

투자는 기술이 아니라 태도다. 그리고 태도는 습관이 만든다. 단타는 돈을 잃는 것보다, 올바른 투자 습관을 잃게 만드는 것이 더 큰 문제다.

잔혹한 확률 – 97%가 지는 게임

실제 통계는 더 냉정하다. 대만의 45만 명 데이트레이더에 대한 통계를 보면, 5년 동안 꾸준히 시장을 이긴 사람은 단 4,000명(0.9%)뿐이었다. 미국 시장도 비슷하다. 97%의 트레이더는 인덱스를 그냥 샀다면 더 벌었다.

그렇다면 1%의 승자는 누구일까? 그들은 전업 트레이더, 기관급 장비를 가진 프로들이다. 수백만 건의 데이터를 실시간으로 분석하고, 0.01초 단위로 주문을 집행한다. 일반 직장인이 점심시간에 모바일 앱으로 대응할 수 있는 세계가 아니다.

생각해 보면, 그건 바둑 아마추어가 알파고에 도전하는 일과 비슷하다. 이길 수도 있다. 하지만 100번 중 99번은 진다. 누군가는 승리했다는 그 한 번의 승리만을 위해 계속 판을 벌일 뿐이다.

타이밍 신화의 붕괴

단기 매매자들의 가장 큰 착각은 '타이밍'에 대한 신화다. "그렇게 어렵지 않다. 차트 분석만 잘하면 고점에서 팔고 저점에서 되사면 된다." 말은 쉽다.

하트퍼드 펀드의 30년 연구에 따르면, S&P500의 수익률을 반으로 줄이는 가장 간단한 방법은 '상승률 상위 10위의 상승일'을 놓치는 것이다. 단 10일. 그것만으로 전체 수익의 절반이 사라진다. 여기에 상위 30일을 놓치면, 83%의 수익이 증발한다.

놀라운 건, 그 10일 중 8일이 '폭락기 한복판, 공포의 최정점'에 바로 이어 있었다는 사실이다. 공포 속에서 시장은 이미 반등을 준비하고 있었다.

모건스탠리의 최근 분석도 흥미롭다. 1980년부터 2025년까지, 한 사람은 시장에 계속 머물렀고, 다른 사람은 하락을 피하기 위해 하락 때마다 팔고 2년 뒤에 재진입했다. 결과는 610만 달러 대 360만 달러. 같은 시장, 다른 태도. 차이는 오직 '머무름'이었다.

사람들의 자존감은 사회적 성과로 규정된다. 직장에서는 연봉, 운동에서는 기록, 그리고 투자에서는 수익률이 그 자리를 대신한다.

그래서 손실은 단순한 금전적 손해가 아니다. 자존감의 균열이다. '내 판단이 틀렸다'라는 사실보다 '나는 무능하다'라는 감정이 더 큰 상처를 남긴다.

심리학자들은 이를 '자기 위협 회피'라고 부른다. 인간은 자신의 자존감을 위협하는 사실을 본능적으로 회피한다. 그래서 손실 종목은 더 오래 들고, 이익 난 종목은 빨리 판다. 이른바 처분 효과의 전형적인 형태다.

아이러니하게도, 이 감정적 회피는 시장에서 '작은 이익과 큰 손실'이라는 구조적 결과를 낳는다. 결국 시장은 자존심이 강한 사람부터 정리해 간다.

시장은 인내한 사람에게 복리로 보상한다

조급함은 세 가지 비용을 낳는다.

첫째, 거래 비용. 빈번한 매매는 수수료와 세금의 누적 손실을 낳는다. 연간 50회 매매하는 사람과 5회 매매하는 사람의 10년 후 차이는 복리로 20% 이상 벌어진다. 복리로 쌓여야 할 돈이 수수료와 세금이 되어버린다.

둘째, 정보 피로. 하루에도 수십 번 변하는 뉴스에 반응하다 보면 시장보다 자신의 감정이 더 변한다. 정보는 이미 판단의 도구가 아니라 불안의 연료가 된다.

셋째, 기회비용. 계속 사고파는 동안, 가만히 두면 스스로 일했을 '복리'가 일할 기회를 잃는다. 빠르게 움직이는 대가로, 천천히 자연히 쌓일 수 있던 부를 포기하는 것이다.

결국 조급함은 '보이지 않는 수수료'다. 남들보다 빨리 움직인 대가로, 더 비싸게 지불하는 것이다.

시장에 오래 남은 사람들의 공통점은 의외로 단순하다. 그들은 똑똑하지 않다. 대신 겸손하다. '내가 맞다'보다 '시장이 크다'를 먼저 안다.

그래서 자주 거래하지 않는다. 예측하려 하지 않는다. 공포 속에서도 도망쳐 나오지 않는다. 그들의 수익은 천천히, 그러나 꾸준히 자란다.

반면, 과신한 이들은 말한다. '이번엔 다를 거야.' 그러나 시장은 언제나 똑같이 답한다. '그렇게 말한 사람은 이미 많이 봤다.'

시장은 흥분한 이들의 돈을 거둬, 조용한 이들에게 나누어준다. 단기 매매는 아드레날린을 주지만, 장기 투자는 산소를 준다. 전자는 잠시의 쾌감, 후자는 오래 지속되는 생존이다.

정말 부자가 되고 싶은가? 그렇다면 '이번 한 번 이기는 사람'이 아니라 '계속 남아 있는 사람'이 되어야 한다.

닥터 둠의 경고와 투자자의 선택

32

애널리스트 제각각의
목표 주가

2006년 여름의 애플 주가는 7달러 근처였다. 스티브 잡스는 검은 터틀넥을 입고 무대에서 새로운 '아이폰'이라는 이름의 작은 컴퓨터를 준비하고 있었다. 당시 월가 애널리스트 상당수는 애플에 대해 '보통 실적(Hold)' 정도의 온도를 유지했다. 그런데 내가 타임머신을 타고 20년 전으로 가서 "지금 애플 주식을 사서 가만히 두기만 해도 20년 후 2025년에는 26,000%의 수익률을 기록할 겁니다."라고 말했다면, 누가 내 말에 귀를 기울였을까? "26,000%가 오른다고?" 그냥 "미쳤다"라고 말했을 것이다.

목표 주가라는 건, 현재에 발을 담근 채로 몇 달 후를 바라보는 숫자다. 그 몇 달은 대체로 발표 시점에서 6~12개월이다. 그 기간은 정석의 투자에서 흔히 말하는 '장기적 관점'과는 거리가 멀다.

그리고 애널리스트들은 주가를 주로 뒤좇는다. 좋은 트렌드에 탄 종목이 계속 오르면, 목표 주가는 그 뒤를 따라서 높아진다. 주가가

절대 실패하지 않는 **미국 주식 ETF 투자**

올라가는 게 확실하면, 목표 주가 상향 발표를 하는 애널리스트들이
줄을 잇는다.

목표 주가는 왜 이렇게 제멋대로일까?

주식을 처음 시작했을 때, 나는 애널리스트들의 목표 주가가 뭔가
'객관적이고 공식적인 목표 주가 산출 모델'에서 나온다고 기대했
다. 그럴듯한 공식이 있고, 거기에 예상 실적을 입력하면 숫자가 툭
나오는 줄 알았다.

그런데 몇 년 보고 나니, 개뿔이었다. 어떤 증권사는 특정 기업의
현재 주가가 420달러인데 목표 주가를 300달러로 제시하며 "매도
의견"을 낸다. 그러면서 "현재 주가는 과대평가"라고 말한다. 처음
엔 생각했다. '아니, 이 회사 주가를 떨어뜨리려고 일부러 이러는 건
가?'

생각해 보면, 목표 주가라는 건 정확히 예측하기 위한 도구가 아
니다. 그건 그가 바라보는 전망이고, 희망과 우려가 섞인 하나의 추
정일 뿐이다. 그리고 그 추정의 기간이 고작 6~12개월이라는 건, 장
기 투자자에게는 별 의미가 없다. 12개월 뒤에 주가가 목표치에 도
달한다고? 뭐 어차피 단기적으로는 몇 달 안에 또 조정이 올 텐데.

월가 애널리스트들은 대체로 주가 트렌드를 따라 움직인다. 실적
이 좋고, 주가가 오르면 목표 주가를 상향한다. 그러다 실적이 무너
지면 뒤늦게 목표 주가를 하향한다. 어떤 의미에서 그들의 리포트는
"과거를 해석하고, 최근을 설명하고, 미래를 약간 빌려오는" 작업이
다. 그게 틀렸다는 게 아니라, 그게 장기 투자의 관점과는 맞지 않는

다는 얘기다.

숫자보다 그들의 시선이다

그럼에도 나는 여전히 애널리스트 리포트를 본다. 목표 주가가 궁금하다. 그리고 그들이 그 기업을 어떻게 바라보는지, 어떤 프레임으로 비즈니스를 해석하는지가 궁금하다. 내가 관심 있는 기업에 대해 애널리스트가 "이 회사의 소프트웨어 사업 마진이 앞으로 2년 후에는 몇 퍼센트 이상 증가할 것으로 보인다"라고 말하면, 그건 나에게 단서를 준다. 내가 그 회사를 보는 각도가 완전히 틀리지 않았다는 확인이 된다. 그땐 기쁘다.

목표 주가가 현재 주가보다 훨씬 높으면, '역시 보는 눈이 있는 애널리스트구나'라고 생각하고, 목표 주가가 고작 10% 위에 있으면 '목표 주가가 너무 짜네'라고 혀를 찬다. 만약 매도 의견을 내며 현재 주가보다 낮은 목표 주가를 제시하면, '보는 눈이 없군?'이라며 그 애널리스트를 무시한다.

그래, 이건 뭔가 우스운 일이다. 내가 그 애널리스트를 평가하는 기준이, 결국 "그가 내 의견과 얼마나 일치하는가?"일 뿐이라는 것. 어쩌면 이건 확증 편향일 것이다. 그러니 사실 6~12개월 후의 그 기업의 목표 주가를 발표한다는 것은 애널리스트 견해의 상징일 뿐이다. 그래서 숫자까지 말하지 않고, '매수 의견(긍정)'이나 '매도 의견(부정)'만 내는 애널리스트도 있다. '충분히 더 오른다' 하거나 '이건 거품이니 꺼진다' 정도만 의견을 낸다는 것이 오히려 솔직한 것이다.

  절대 실패하지 않는 **미국 주식 ETF 투자**

5년 후, 10년 후를 보는 사람은 소수다

2016년 사람들에게 아마존이 10년 뒤에 1,100% 오른다고 말하면, 믿을 리가 없다. 2006년 사람들에게 애플이 20년 뒤에 10,000% 오를 거라고 말하면, 미쳤다고 했을 거다. 그리고 그건 정상이다. 인간의 상상력은 현재를 벗어나는 순간 급격히 약해지기 때문이다. 1년 뒤는 상상할 수 있어도, 10년 뒤는 거의 픽션처럼 느껴진다. 그게 우리 뇌의 구조다.

그런데, 목표 주가를 다르게 말하는 애널리스트도 있다. 캐시 우드의 ARK 인베스트는 테슬라의 5년 후 목표 주가를 낼 때, 강세 시나리오, 보통 시나리오, 약세 시나리오로 나눠서 제시한다. 그런데 5년 안에 테슬라는 옵티머스라는 로봇을 출시할 예정이지만, 그들은 테슬라 목표 주가 산정에 '옵티머스 로봇' 부문을 포함하지 않았다. 왜냐하면 그걸 넣으면 너무 황당한 숫자가 나오기 때문이고, 그러면

애플 차트

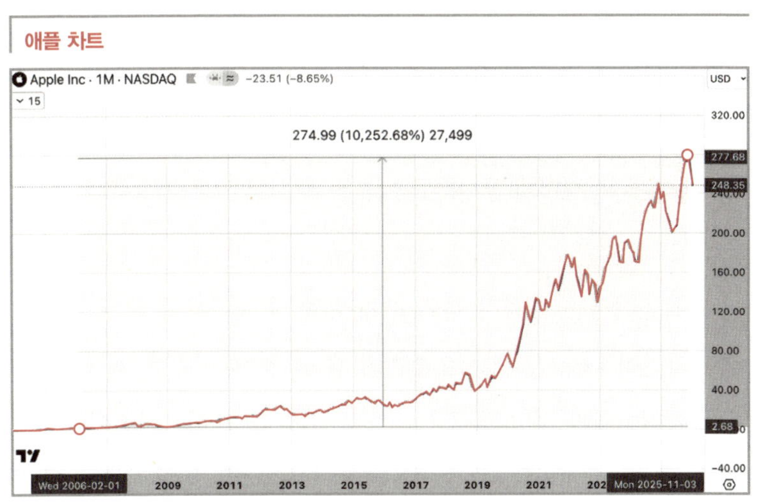

아무도 안 믿기 때문이다. 이건 오히려 정직한 태도라고 본다. "나는 믿지만, 네가 믿을 것 같지 않아"라는 식의 솔직함.

월가 애널리스트들의 12개월 목표 주가는 일종의 '단기 예측 게임'에 가깝다. 그런데 장기 투자자에게 단기 예측은 거의 쓸모가 없다. 5년, 10년을 내다보는 투자에서 중요한 건 "어떤 미래를 믿는가?"이다. 그게 데이터로 증명되지 않더라도, 그 믿음에 논리가 있으면 된다.

조정은 반드시 온다

목표 주가를 달성했다손 치더라도 그 이후에도 시장은 계속 요동친다. 조정도 오고, 상승도 온다. 목표 주가에 도달한 순간이 투자의 끝은 아니다. 솔직히 왕초보일 때 난, 목표 주가를 달성하면 주가가 안 내려가는 줄 알았다. 오히려 목표 주가가 달성되는 지점이 갈림길이 될 수도 있다. 사람들이 더 보유할까? 일부 매도할까? 더 살까?

장기 투자에서 중요한 건 목표 주가가 아니라, "이 기업이 10년 뒤에도 여전히 좋은 비즈니스를 하고 있을까?"라는 질문이다. 그 질문의 답이 '예스'라면, 12개월 뒤에 주가가 10% 더 오르든 20% 떨어지든 별로 중요하지 않다. 그냥 계속 들고 있으면 된다. 혹은 더 담으면 된다.

내가 좋아하는 기업의 목표 주가가 현재 주가보다 훨씬 낮다는 매도 의견이 나오면, 나는 요즘 이렇게 생각한다. '좋다, 제발 그 가격까지 떨어져라. 대바겐세일 기간에 내가 더 담아주마.' 이상하게도, 이제는 그게 더 반갑다.

주가가 아니라, 시간에 투자한다

차트를 보면 알 수 있다. 2005년부터 2025년까지의 애플, 아마존, 마이크로소프트, 구글. 그 긴 기간 동안 그들의 주가는 끊임없이 흔들렸다. 2008년엔 폭락했고, 2020년엔 코로나가 왔다. 2022년엔 인플레이션과 금리가 기술주를 때렸다. 그런데 그 모든 순간을 지나고 나니, 주가는 여전히 우상향이었다.

목표 주가가 의미 있으려면, 그건 최소한 5년 이상의 시간을 전제해야 한다. 하지만 대부분의 애널리스트는 그렇게 멀리 보지 않는다. 그들은 분기 실적, 경쟁사 동향, 매크로 이벤트에 반응한다. 그리고 12개월 뒤를 예측하려고 한다. 그게 그들의 일이다. 그런데 그건 장기 투자자의 일은 아니다.

나는 이제 목표 주가를 '정답'으로 보지 않는다. 그냥 하나의 의견일 뿐이다. 중요한 건, 내가 어떤 미래를 믿고 있는가다. 그 믿음이 논리적이고, 기업의 본질에 닿아 있다면, 12개월 뒤에 주가가 어디에 있든 별로 상관없다. 시간이 편을 들어줄 거다.

33

경제 전망의 진실,
예측의 함정에서 벗어나기

2022년 12월, 월가의 가장 똑똑한 경제학자들이 모여 있었다. WSJ 설문조사에 참여한 전문가 중 61%가 다음 해 2023년 미국 경기침체 확률을 50% 이상으로 봤다. 심지어 전 재무장관 래리 서머스는 "인플레이션이 4%를 넘고 실업률이 5% 미만일 때는 항상 2년 내 경기침체가 왔다"라며 역사적 증거까지 들이댔다.

그들의 논리는 완벽해 보였다. 연준은 40년 만의 최고 인플레이션을 잡기 위해 금리를 5.25%까지 끌어올렸고, 수익률 곡선은 역전되었으며, 모든 역사적 지표가 침체를 가리키고 있었다.

낙관주의자인 나는 1년 내내 하락장이었는데, 여기에 또 더 한 하락장이 온다는 것이 믿어지지 않았다. 그런데 2023년이 끝났을 때 벌어진 일은?

미국 경제는 2.9% 성장했다. 실업률은 4% 미만을 유지했고, 인플레이션은 극적으로 하락했다. 경기침체는 '올지도 모른다'라는 이야기로 불안감을 부추겼지만, 결국 오지 않았다.

경제전문가들이 놓친 것

이 예측 실패는 우연이 아니었다. 경제학자들은 필립스 곡선이라는 오래된 지도를 들고 새로운 땅을 탐험하고 있었다. 이 지도는 "인플레이션을 낮추려면 실업률이 올라갈 수밖에 없다"라는 전통적인 공식을 기반으로 했다. 하지만 팬데믹 이후의 경제는 다른 규칙으로 움직이고 있었다.

2020년 동안 미국 가계에 쌓인 막대한 초과 저축은 예상보다 훨씬 오래 소비를 뒷받침했다. 2021~2022년 극심한 인력난을 겪은 기업들은 경기 둔화 신호에도 불구하고 해고를 꺼리는 '노동 비축' 현상을 보였다. 글로벌 공급망의 회복은 수요를 파괴하지 않고도 물가를 안정시켰다.

가장 똑똑한 사람들이 틀릴 수 있다는 이야기가 아니다. 문제는 그들이 과거의 패턴에만 의존했다는 점이다. 세상이 바뀌었는데 지도는 그대로였던 셈이다.

예측의 무덤

매년 12월이면 월가에서는 특별한 의식이 치러진다. 골드만삭스, JP모건, 모건스탠리. 그 화려한 이름의 전략가들이 앞다투어 내년도 S&P500 목표치를 발표한다. 숫자에는 소수점까지 붙어 있고, 보고서에는 '확신'이라는 단어가 빠지지 않는다. 서울에서도 비슷한 풍경이 펼쳐진다. 한국은행, KDI, 정부 경제팀이 내놓는 성장률 전망.

기자들은 그 숫자를 받아 적고, 증권사들은 그걸 근거로 투자 전략을 짠다.

그런데 생각해 보면, 이 숫자들이 맞았던 적이 얼마나 될까? 나는 가끔 몇 년 전 경제 전망서를 펼쳐서, 그 직전 해에는 도대체 어떻게 전망했는지 종종 본다. 2020년부터 2024년까지, 연말에 발표된 컨센서스가 이듬해 현실과 일치한 해가 거의 없다. 한 번도 아니고, 매년. 틀리는 방향도 제각각이었다. 어떤 해는 너무 낙관적이었고, 어떤 해는 또 지나치게 비관적이었다. 예측이라는 게 그렇게 어려운 일인가? 아니면 애초에 불가능한 일을 하고 있는 건가?

2019년 말, 시장의 분위기는 평온했다. 미·중 무역 분쟁이 완화 국면에 접어들었고, 반도체 업황이 회복될 거라는 기대가 지배적이었다. 월가에서는 JP모건이 S&P500이 3,400선에 도달할 거라며 장밋빛 전망을 쏟아냈다.

그리고 석 달 후, 세상이 멈췄다. 코로나19라는 단어가 뉴스를 뒤덮었다. 2분기 GDP가 연율 기준 -28%까지 추락했다. 물론, 이건 블랙 스완이었다. 누구도 예측할 수 없었던 변수. 그래서 그 해의 실패를 전문가들 탓으로 돌리기는 어렵다. 문제는 그다음이다.

2020년 말, 전문가들은 다시 펜을 들었다. 백신이 나왔으니, 경제가 정상화될 거라고. 골드만삭스는 미국 GDP 성장률을 5.3%로 예상하면서 인플레이션을 '일시적(transitory)'이라고 불렀다. 병목 현상일 뿐이라고.

실제로는 어땠을까? S&P500은 26.9% 급등했다. 억눌렸던 소비가 폭발하고, 풀린 돈이 시장으로 쏟아졌다. 보복 소비라는 말이 유행했던 해다. 이번엔 전문가들이 너무 보수적이었다. 사람들의 욕망이 얼마나 뜨거운지를 과소평가한 거다.

그럼 2022년은? 2021년 말, 시장은 '견조한 회복'을 의심하지 않았다. 금리가 오르더라도 점진적일 걸로 전망했다. 2022년 점진적으로 시중의 자금 유동성을 줄이면서 2022년 연말까지 0.25%씩 2~3차례 금리 인상을 할 것으로 전망했다.

하지만 2022년 2월, 러시아가 우크라이나를 침공했다. 이 전쟁의 여파로 에너지 가격이 폭등하고, 인플레이션이 40년 만에 최고치를 갈아치웠다. 연준은 급격하게 금리 인상 액셀을 밟기 시작했다. 3월 0.25%, 5월 0.5%, 6월 0.75%, 7월 0.75%, 9월 0.75%, 11월 0.75%, 12월 0.5%라는 지금 다시 들어도 비명을 지를 정도의 속도와 폭으로 금리 인상을 해서 0%에서 무려 4.5%를 한해에 인상했다. 스몰스텝, 빅스텝, 자이언트스텝이라는 말이 유행하였다. 고물가, 고금리, 고환율. S&P500은 19.4% 폭락했다. '일시적'이라던 인플레이션은 전혀 일시적이지 않았다. 2021년 12월, 대부분의 경제학자나 월가의 애널리스트들은 물론 연준의 뛰어난 연구자들도 2022년의 이런 무지막지한 금리 인상은 생각하지도 못했을 것이다.

2022년 4분기가 시작되고 연말이 가까워지자, 분위기가 완전히 바뀌었다. 이번엔 비관론이 지배했다. 블룸버그 모델은 미국 경기침체 확률을 100%로 제시했다. 100%. 확실하다는 뜻이다. 여기저기에서 R의 공포(Recession 리세션, 경기침체), 심지어는 S의 공포(Stagflation 스태그플레이션, 고물가 경기침체)를 입에 담으며 2023년을 경고했다. 개인투자자들은 2022년 깊은 주식시장 수렁을 경험하고, 이어서 주

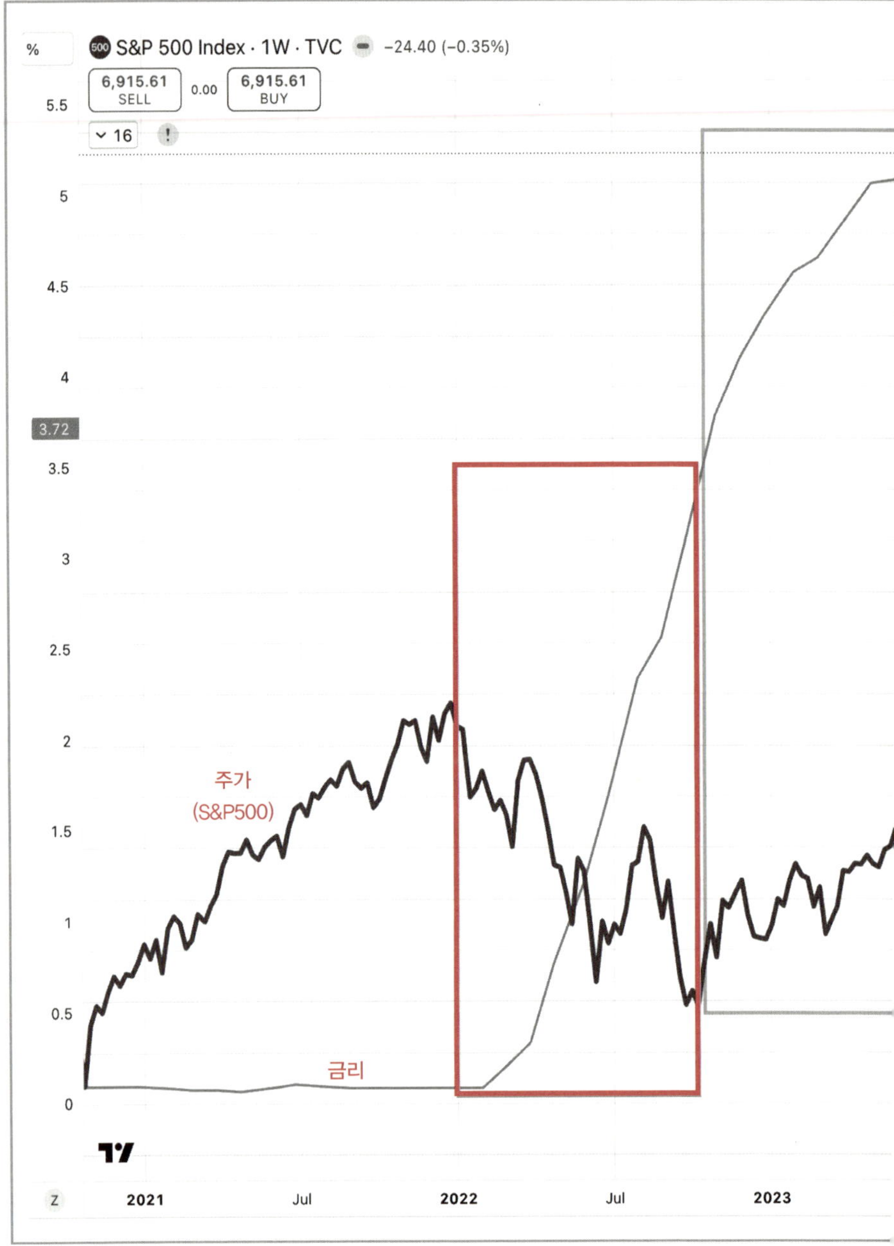

절대 실패하지 않는 미국 주식 ETF 투자

2022년 1월부터 10월 중순까지 금리의 급진적 인상이 이어지면서 S&P500 주가는 줄곧 곤두박질쳤다.(갈색 박스 부분) 하지만, 2023년 1월부터 7월까지도 금리는 계속 올라갔고, 이때 많은 경제학자들과 애널리스트들이 주식 시장은 더 침체할 것으로 예측했지만 실제 주식 시장은 크게 반등했다. 이후에도 금리는 5.5%에 1년 더 머물렀고 이런 최고 금리에도 주식 시장은 예측과 달리 상승했다. 하지만 2025년은 순조롭게 금리인하가 될 것으로 예측했지만, 오히려 금리 동결이 예상보다 긴 7개월 동안 이어졌고, 이 가운데 트럼프 대통령의 무지막지한 관세정책에 놀란 증시는 17%나 폭락했다. 금리 인상 초입에 매우 부정적으로 반응한다는 점, 하지만 금리와 주가가 단순히 반비례 관계에 있지는 않다는 것을 알 수 있다.

가가 더 깊은 지하실로 내려가지 않을까? 공포에 질려 12월 막판에 주식을 다 매도하며 '다시는 주식시장에 들어오지 않겠다'를 선언하는 이들이 속출했다.

결과는? 2023년에도, 2024년에도, 2025년에도 리세션이나 스태그플레이션은 오지 않았다. 오히려 S&P500은 2023년 1월 초부터 반등해서 2023년과 2024년 각각 24%나 상승했다. 챗GPT가 세상에 나왔고, AI라는 단어가 모든 걸 바꿔놓았다.

왜 경제 전망은 계속 틀릴까?

첫 번째 이유는 단순하다. 예측 불가능한 변수가 너무 많다. 팬데믹, 전쟁, AI의 등장. 이런 건 모델에 넣을 수가 없다. 블랙 스완은 정의상 예측 불가능하니까.

그런데 사실 더 깊은 문제가 있다. 경제 전망이라는 게 순수한 분석이 아니라는 점이다. 거기엔 희망이 섞여 있고, 정치가 섞여 있고, 영업이 섞여 있다. 정부가 1%대 성장을 전망하면 정책 실패를 인정하는 꼴이 된다. 증권사가 시장 하락을 예측하면 고객들이 떠난다. 그래서 전망치는 대체로 현실보다 낙관적인 쪽으로 쏠린다. 어려워도 희망은 있다는 식으로.

또 하나. 모델의 한계라는 게 있다. 경제학 모델은 대부분 과거 데이터를 기반으로 미래를 추정한다. 문제는 세상이 바뀌면 과거의 패턴이 무력해진다는 거다. '저물가-저금리' 시대에 만들어진 모델이 인플레이션 쇼크를 읽어내기는 어렵다. AI라는 변수가 등장했을 때, 기존 모델이 그 영향을 계량화할 방법도 없었다.

반론을 생각해 볼 필요가 있다. "그래도 전문가들의 전망이 나침반 역할은 하지 않나?" 일리가 있다. 완벽하지 않더라도 방향성은 맞출 수 있다는 주장이다. 그리고 실제로 큰 흐름에서 보면, 전문가들이 완전히 엉뚱한 방향을 가리킨 적은 드물다. 2021년에 성장을 예측했고 실제로 성장했다. 2022년에 둔화를 예측했고 실제로 둔화했다. 숫자가 틀렸을 뿐, 방향은 맞았다고 볼 수도 있다.

그런데 문제는, 투자에서는 방향만으로 충분하지 않다는 거다. 2023년 초에 "올해 침체가 온다"라는 전망을 믿고 주식을 팔았던 사람은 24% 상승장을 통째로 놓쳤다. 방향이 아니라 타이밍과 강도가 중요한 게임에서, '대략 맞다'는 건 사실상 '틀렸다'와 같은 말이다. 그렇다면 우리는 어떻게 해야 할까?

투자자를 위한 새로운 전략

답은 주식 투자할 때 예측에 의존하지 않는 것이다. 워런 버핏이 "예측에 관해서라면, 예측이 필요 없는 투자를 하라"라고 말한 이유가 여기에 있다. 경제가 어떻게 흘러갈지 맞히려고 애쓰는 대신, 다양한 시나리오에서도 견딜 수 있는 투자를 해야 한다는 뜻이다. 구체적으로 어떻게?

첫째, 예측을 지도가 아닌 날씨 예보로 봐야 한다. 몇 주, 몇 달 후의 일기예보를 100%라고 믿지 않듯이, 컨센서스 전망이 틀릴 가능성을 항상 염두에 둬야 한다. 전망 중에서 투자용 족집게 전망일수록 믿지 말아야 한다.

둘째, 아예 어떤 단기 시나리오가 오더라도 모르고 지나갈 수 있을 정도의 투자를 해야 한다. 한두 해 인플레이션이 오더라도, 디플레이션이 이어서 오더라도, 모르고 지나쳐도 될 정도의 투자 포트폴리오와 마인드로 투자해야 한다.

셋째, 변곡점보다는 큰 흐름에 집중해야 한다. 2023년에 침체가 올지 안 올지를 맞히려 애쓰는 대신, 미국이 여전히 세계에서 가장 혁신적이고 생산적인 경제라는 큰 그림에 집중하는 것이다. 엔비디아, 구글, 마이크로소프트, 테슬라 같은 기업들이 10년, 20년 후에도 세상을 바꾸고 있을 가능성이 높다면, 단기 침체 여부는 그리 중요하지 않다.

예측 vs. 현실의 잔혹한 대결

현재 벌어지고 있는 상황을 보면, 예측의 허망함이 더욱 선명해진다. 2025년 초만 하더라도 월가는 자신만만했다. "연준이 2025년 초부터 금리를 내리기 시작해서 연중 최소 4번 이상 인하할 것"이라는 시나리오가 거의 기정사실처럼 받아들여졌다. 소프트랜딩에 대한 확신, 인플레이션 안정화에 대한 희망이 그런 예측을 뒷받침했다. 그래서 주식 투자자들은 들떠 있었다. 한 해 최소 4회 금리 인하와 트럼프 대통령의 친시장 정책에 '전강후강'을 점쳤다.

그런데 2025년을 돌이켜보면, 연준은 2025년 마지못해 3번 금리를 내렸다. 그것도 9월, 10월, 12월 거의 2025년 마지막에 다다라서야 했다. 금리 인하 적절성 논란, 2026년엔 1회 금리 인하만 할 것이라는 예측, 한술 더 떠서 2026년 중에 '금리 인상이 될 가능성'을 이야기하는 편치 않은 2025년 연말을 보냈다.

2025년 초에는 생각지 못했던 트럼프의 관세 위협인지, 끈질긴 인플레이션 때문인지, 아니면 다른 이유인지도 모호하다. 이렇게 경제 예측의 수명이 갈수록 짧아지고 있다.

6개월짜리 예측도 3개월 만에 무너지고, 3개월짜리 예측도 한 달 만에 폐기된다. 이런 환경에서 예측에 의존한 투자 전략이 얼마나 위험한지는 자명하다. 이것이 경제 예측 경험의 가장 소중한 교훈이다.

전문가들이 침체를 걱정하고 있을 때, 실제로는 경제도 성장하고 주식시장도 상승했다. 만약 전문가들의 침체 예측을 믿고 주식을 2022년 말에 손절했다면? 최소한 24%의 수익 기회를 놓쳤을 것이다. 반대로 경제전망과 무관하게 꾸준히 투자를 계속했다면, 시장이 준 선물을 고스란히 받을 수 있었다.

이런 일은 지금도 반복되고 있고 앞으로도 그럴 것이다. 금리 인하 예측이 빗나가고 있고, 또 언젠가 금리는 올라갈 수도 있겠지만 주식시장은 여전히 움직일 것이다. 예측에 매달렸다면 혼란스럽겠지만, 예측을 신경 쓰지 않고 꾸준히 투자해 온 사람들은 여전히 수익이 익어가고 있다.

점쟁이 예측이 아닌 확률로 이해하기

월가의 전망 보고서들을 보면 묘한 기시감이 든다. 매년 12월이면 "내년엔 이런 일이 일어날 것"이라며 전망과 예측들이 쏟아진다.

하지만 진정한 투자자들은 운세를 보고 투자 결정을 하지 않는다. 그들이 하는 건 원칙을 세우는 것이다. "좋은 기업을 싸게 사서 오래 보유한다", "현금 흐름이 꾸준한 사업에 투자한다", "내가 이해하는 사업에만 돈을 넣는다" "단기적인 시황에 흔들리지 않고 장기 투자를 한다"와 같은 원칙 말이다.

실제로 투자 역사상 가장 성공한 거장들도 같은 말을 했다. 워런 버핏과 찰리 멍거는 "단기 경제 및 시장 전망은 쓸모없을 뿐 아니라 오히려 해롭다"라고 단언했다. 그들이 수십 년간 일관되게 주장해 온 것은 예측보다는 기업의 본질적 가치에 집중하라는 것이었다.

하워드 마크스는 더 직설적이다. "거시경제 예측은 중립적인 효과를 넘어서 실제로 투자에 해를 끼칠 수 있다"라며 "인플레이션 전망 같은 건 알 수 없는 일"이라고 잘라 말했다. 그가 강조하는 것은 예측보다는 개별 기업 분석과 리스크 관리다.

피터 린치의 말은 더욱 신랄하다. "경제학에 1년에 13분을 쓴다면, 그중 10분은 낭비한 것"이라는 그의 유명한 발언이 이를 잘 보여준다. 거시경제 예측에 시간을 쓸 바에는 좋은 기업을 찾고 그 사업을 이해하는 데 시간을 투자하라는 뜻이다.

경제학자 존 케네스 갈브레이스의 촌철살인도 빼놓을 수 없다. "경제 전망의 기능은 점성술을 존경받을 만한 것으로 보이게 만드는 것"이라는 그의 말은 예측의 본질을 꿰뚫는다.

경제 전망도 마찬가지다. 내년에 금리가 얼마가 될지, 인플레이션이 몇 퍼센트가 될지를 정확히 맞히려고 애쓰는 대신, 최소 5년에서 10년 정도 후에 봤을 때 성장할 산업과 기업에 투자하는 포트폴리오를 만들고 장기적 마인드에 집중해야 한다.

예측가들이 틀리는 것은 그들이 바보여서가 아니다. 미래가 본질적으로 불확실하기 때문이다. 그리고 바로 그 불확실성이야말로 장

  절대 실패하지 않는 미국 주식 ETF 투자

기 투자자들에게는 최고의 친구다. 남들이 단기 노이즈에 휘둘릴 때, 우리는 묵묵히 좋은 기업의 주식을 모을 수 있으니까.

어차피 아무도 1년 후의 경제를 정확히 알 수 없다면, 차라리 10년, 20년 후의 세상을 상상해 보는 편이 낫다. 그때도 사람들은 혁신적인 기술을 쓰고, 편리한 서비스를 찾고, 더 나은 삶 꿈꿀 것이다. 그런 욕구를 충족시켜 주는 기업에 투자하는 것, 그것이야말로 가장 확실한 '전망'이 아닐까? 엔비디아, 구글, 마이크로소프트, 아마존, 테슬라의 주가가 10년, 20년 후에 지금 보다 훨씬 더 오를 것이라는 정밀한 경제 전망은 필요치 않다.

34

기우제는
언젠가 비를 부른다

인디언들의 기우제. 하늘을 향해 춤을 추면, 비가 온다는 믿음. 그 춤이 비를 부른 것인지, 아니면 비가 올 때까지 춤을 춘 것일까? 설사 비가 올 때까지 춰서 비가 왔다고 하더라도 중요한 것은 그 행위가 주는 심리적 위안, 혹은 그 절박함일 것이다.

현대 금융시장에도 이와 비슷한 리듬이 존재한다. 매년, 때로는 매달 등장하는 예언가들이 있다. 우리는 그들을 '닥터 둠(Dr. Doom)'이라 부른다. 시장의 종말을 경고하는 현자들. 그들의 논리는 날카롭고 데이터는 방대하다. FedWatch가 금리 인하 확률을 조금만 낮춰도, PCE 물가 지수가 0.1%포인트만 예상을 벗어나도, 그들은 거대한 서사의 재료로 삼는다.

"앞으로 2년 안에 거대한 버블이 터질 것이다." 언론은 이 경고를 대서특필하고, 사람들은 잠시 숨을 멈춘다. 그게 반복된다.

생각해 보면, 언제나 2~4년 안에 어떤 형태로든 조정이나 침체가

절대 실패하지 않는 **미국 주식 ETF 투자**

올 확률은 꽤 높다. 경제는 순환하니까. 40%의 확률이라고 하면 뭔가 있어 보이지만, 동전 던지기 앞면이 나올 확률 50%에 미치지 못한다. 비가 올 때까지 기우제를 지내는 것처럼, 하락이 올 때까지 경고를 반복하면 언젠가는 맞춘 셈이 된다. 그리고 사람들은 그 한 번의 '맞춤'을 기억한다.

문제는 그들의 예측이 맞았느냐 틀렸느냐가 아니다. 그들의 목소리가 만들어내는 '소음의 비용'이다. 시장의 종말론은, 듣는 이의 마음속에 가장 비싼 비용인 '기회비용'을 청구한다. 우리는 폭락을 피하려다, 가장 강력한 자산인 '시간'을 놓쳐버린다. 아주 느리게 수익이 나는 VOO나 SPY ETF에 5년 동안 가만히 있었다면 85%의 수익률, 2016년부터 10년 동안 가만히 있었다면 무려 240%의 수익을 얻을 수 있었다. 중간에 폭락을 피하려다가 중도하차를 하지 않는다면 말이다.

소음의 해부

인간의 뇌는 긍정적인 전망보다 부정적인 경고에 훨씬 민감하게 반응하도록 설계되었다. 진화심리학으로 생존에 유리했기 때문이다. 사바나에서 "저기 사자가 있다"라는 경고는, "저기 맛있는 열매가 있다"라는 정보보다 훨씬 높은 우선순위를 가졌다.

'70% 수익'이라는 말보다 '50% 손실'이라는 경고가 우리의 편도체를 즉각 자극한다. 닥터 둠의 예언은 그래서 귀에 쏙쏙 들어온다. 그것은 논리가 아니라 본능을 건드린다.

미디어는 이 본능을 증폭시킨다. 공포는 가장 확실한 트래픽이다.

시장이 10% 하락하면 공포 기사가 쏟아지지만, 10% 상승할 때는 그저 '좋은 날' 정도로 치부된다. 이 비대칭성이 소음의 본질이다.

왠지, 이 소음에 지속적으로 노출되면, 우리는 합리적 계산을 마비시키는 '손실 회피 편향'에 사로잡힌다. 그래서 '주식을 팔고 현금으로 쥐고 있는' 가장 소극적이지만 때로는 가장 치명적인 선택을 하게 된다. 조만간 폭락장이 올 테니, 지금이라도 주식을 팔고 현금으로 갖고 있으라는 예언을 믿고 실천한다면, 인플레이션이 그 현금의 가치를 갉아먹는 동안, 주식시장은 저만치 앞서 달려간다.

숫자를 보자. 일봉 차트를 보면 들쑥날쑥한 그 모든 점을 연결하면, 선은 결국 오른쪽 위를 향했다. 지난 30년간 S&P500의 연평균 수익률은 한 10%쯤 된다. 배당 재투자 포함하면 더 올라간다. 30년간 연평균 수익률 10%면 나쁘지 않은 숫자다. 지금 1천만 원을 S&P500 ETF를 한 방에 사서 30년간 건드리지만 않으면 1억 7천5백만 원이 된다. 그게 1억 원이라면 17억 원이 된다. 또는 매달 10만

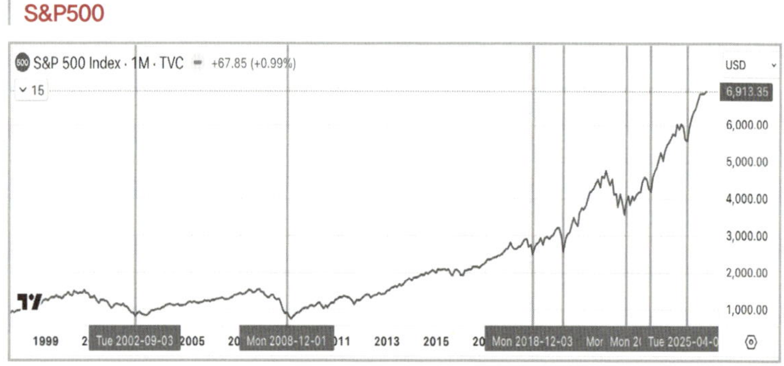

지독했던 폭락장, 약세장도 지나 보면 우상향하는 전체 흐름에 대비해 작은 생채기처럼 보인다. 그 시간을 대바겐세일로 활용해서 매수하는 기회로 삼으면서 오랫동안 주식 시장에 머물러야 한다.

원만 이 ETF를 사서 30년간 매달 사서 보유만 하고 있으면 2억 원 정도 된다. 원금은 3,600만 원에 수익률은 473%다. 이게 10만 원이 아니라 매달 100만 원이라면 20억 원이 된다.

폭락을 정확히 예측하고 빠져나왔다가, 바닥에서 정확히 다시 들어가는 것은 신의 영역이다. 솔직히, 대부분의 '현자'들도 그걸 완벽하게 해내지 못했다.

예언가들의 화려한 이력, 그리고 그 이후

마이클 버리처럼, 하락에 베팅(숏 포지션)하여 막대한 부를 쌓은 영웅담도 분명 존재한다. 그는 2008년 서브프라임 모기지 시장 붕괴를 예측하고 수십억 달러를 벌었다.

2008년 금융 위기를 정확히 예견한 누리엘 루비니(Nouriel Roubini)도 빼놓을 수 없다. 그는 '닥터 둠'이라는 별명을 얻었고, 그의 경고는 현실이 되었다. 자산운용사 GMO의 제레미 그랜섬(Jeremy Grantham)은 또 어떤가? 그는 1980년대 일본 버블, 2000년 닷컴 버블과 2008년 금융 위기, 그리고 최근의 '슈퍼 버블'까지, 시장의 거대한 광기를 식별해 내는 데 탁월한 감각을 보였다. 피터 쉬프(Peter Schiff) 역시 2008년의 붕괴를 소신 있게 외쳤다.

그들은 분명 대단한 분석가들이다. 그들의 논리는 정교했고, 용기는 존경받을 만했다. 그들의 '적중 확률'은 어땠을까?

따져보면, 그들의 시계는 종종 너무 빨랐다. 제레미 그랜섬이 닷컴 버블을 경고한 것은 1990년대 후반이었지만, 주식시장은 그 후로도 2년 가까이 미친 듯이 올랐다. 당시 나스닥은 1999년 한 해에만 무려 85% 이상 상승했다. 그 2년의 광기를 감내하지 못한 투자자는 '맞는' 예측 때문에 '틀린' 수익률을 감수해야 했다.

일찍 이들의 말을 따라 해서 미리 시장에서 벗어나서 주가 상승을 놓친 것과 이 예언을 부시하고 시장이 남아 있으면서 폭락을 온몸으로 겪은 것은 기회비용 면에서 큰 차이가 없었다. 오히려 시장에서 나갔다가 폭락장 이후 다시 들어오는 타이밍까지도 맞춰야 했으니, 미리 나간 이들에게는 어려운 일이다. 그냥 시장에 남아 있던 사람들은 다시 들어올 걱정 없이 그냥 있었던 대가로 주가 반등을 그대로 경험하게 된다.

누리엘 루비니나 피터 쉬프는 2008년의 폭락장의 거대한 성공 이후에도 지속적으로 비관론을 유지했다. 물론 부분적인 조정은 있었지만, 그들이 경고한 '제2의 대공황'은 오지 않았고, 미국 시장은 역사상 가장 긴 강세장을 이어갔다. 2009년부터 2020년까지, 11년간의 상승이다. S&P500은 한 400% 넘게 올랐다. 그 강세장을 놓친 비용은, 폭락을 피한 이익보다 훨씬 컸을 것이다.

마이클 버리 역시 2020년 이후 테슬라나 ARKK 펀드, 혹은 시장 전체에 대한 대규모 숏 베팅(하락 베팅)을 공시했지만, 그 결과가 항상 그의 2008년 명성만큼 빛나지는 않았다. 그 한 번의 거대한 맞춤이 그들의 시야를 영원히 비관론 쪽으로 기울게 만든 것은 아닐까?

그들의 예측이 완전히 틀렸다는 말이 아니다. 그들의 '타이밍'이 우리의 '시간'과 맞지 않았다는 뜻이다. 10년의 강세장을 놓치고 1년의 폭락을 피하는 것이, 과연 합리적인 교환일까?

 절대 실패하지 않는 미국 주식 ETF 투자

헤지펀드의 게임: 롱과 숏, 양쪽에서 먹는다

헤지(Hedge) 펀드의 본질은 이름 그대로 '헤지'다. 즉, 위험을 분산하는 것이다. 그들은 상승으로도, 하락으로도 수익을 낼 수 있는 복잡한 그물을 짠다.

예를 들어보자. 어떤 헤지펀드 매니저가 "앞으로 시장이 무려 30% 폭락할 것"이라고 공개적으로 경고한다고 치자. 그는 진심일 수도 있다. 그런데 동시에, 그는 S&P500 풋 옵션(하락 베팅)에 돈을 걸어놨을 가능성이 크다. 그의 경고가 널리 퍼지면 시장 심리가 위축되고, 변동성 지수(VIX)가 올라간다. 그럼, 그의 풋 옵션 가치가 상승한다.

그는 동시에 특정 섹터나 개별 종목에는 롱 포지션(상승 베팅)을 유지하고 있을 수 있다. 테슬라가 폭락할 거라고 경고하면서, 애플에는 베팅하는 식이다. 시장이 하락해도, 그가 고른 종목이 방어적이거나 상대적으로 덜 떨어지면, 그는 '상대 수익'을 얻는다. 이게 헤지펀드가 돈 버는 방식이다.

그들에게 시장 예측은 '방향 맞추기'가 아니라 '변동성 거래'에 가깝다. 그들은 공포가 심할수록, 즉 변동성이 커질수록 이익을 얻는 구조를 설계하기도 한다. 닥터 둠의 목소리가 커질수록 누군가는 돈을 번다.

개인투자자가 그들의 게임을 흉내 낼 필요는 없다. 아니, 흉내 내기도 어렵다. 우리는 풋 옵션 프리미엄을 지속적으로 지불할 여유도 없고, 롱과 숏을 동시에 운용할 복잡한 포트폴리오 구조도 없다. 그들은 롱과 숏, 양방향에서 수익을 내는 거대한 생태계의 일부다. 그들의 '예측'은 때로 그들 자신의 '포지션'을 위한 확성기 역할을 하기도 한다. 이것이 주식시장의 작동 원리이기도 하다.

하락론자의 순기능: 시장의 브레이크

그렇다면 이들 하락론자가 전혀 쓸모없는 존재일까? 아니다. 사실은, 그들은 시장 생태계에서 중요한 역할을 한다.

첫째, 그들은 시장의 '브레이크' 역할을 한다. 모두가 낙관에 취해 있을 때, 누군가는 리스크를 지적해야 한다. 2000년 닷컴 버블 당시, 수많은 투자자가 실체 없는 회사에 몰려들었다. 그때 그랜섬이나 다른 비관론자들이 없었다면? 버블은 더 커졌을 것이고, 붕괴도 더 참혹했을 것이다.

둘째, 그들은 시장의 '면역 체계'다. 공포를 일깨워 과도한 레버리지를 억제하고, 무분별한 자금 유입을 제어한다. 2008년 금융 위기 전, 누리엘 루비니의 경고를 듣고 포지션을 줄인 투자자들은 분명 존재했다. 그들 포지션을 줄인 덕분에 그래도 버블은 그만큼 작아졌다.

셋째, 그들은 시장에 '대화'를 만든다. 낙관론만 있는 시장은 위험하다. 다양한 의견이 충돌하고, 그 과정에서 정보가 가격에 반영된다. 이게 효율적 시장의 토대다.

문제는 하락론자의 존재가 아니라, 우리가 그들의 목소리에 얼마나 '올인'하느냐다. 그들의 경고를 듣되, 맹신하지 않는 것. 그들의 논리를 이해하되, 내 시간표와 그들의 시간표가 다르다는 걸 인정하는 것. 그게 균형이다. 닥터 둠의 존재도 필요하다. 그런데 그들의 폭락 시계를 내 손목에 채울 필요는 없다.

우리의 무기는 '꾸준함'과 '무관심'이다

우리의 무기는 그들의 정교한 분석이나 타이밍이 아니다. 우리의 무기는 '꾸준함'과 '무관심'이다. 시장이 환호할 때도, 공포에 질릴 때도, 그저 정해진 날에 정해진 금액을 붓는 것. 흔히 말하는 달러 코스트 애버리징이다. 이것은 감정을 비우는 일종의 의식이다.

우리가 해야 할 의식은 기우제가 아니라, 정해진 날에 씨앗을 심는 행위여야 한다. 이 단순한 행위가 왜 강력할까? 그것은 '타이밍'이라는 가장 어려운 변수를 제거하기 때문이다. 우리는 시장의 바닥을 모르고, 꼭대기 또한 모른다. 분할매수는 이 '모름'을 인정하는 가장 겸손하고도 현명한 전략이다.

비쌀 때도 사고, 쌀 때도 산다. 그럼 우리는 시장의 '평균값'에 올라탄다. 그리고 이 평균값은, 적어도 지금까지는, 시간과 함께 우상향했다.

최고의 날은 최악의 날 바로 뒤에 온다

"다가오는 폭풍우를 뻔히 보면서 비를 맞는 것이 현명한가?"라고 반문할 수 있다. 폭풍우가 온다지만 언제, 어디로, 얼마나 강하게 올지 정확히 알지 못하는 게 문제다. 언제 어떻게 오고, 언제 어떻게 지나갈지 안다면 그걸 피할 수 있지만, 그걸 모르는데 몇 달 또는 몇 년을 대피소에 갇혀서 살 수는 없지 않을까? 2020년 3월의 팬데믹 폭락과 그 직후의 기록적인 V자 반등을 누가 예측할 수 있었을까?

아, 혹시 차트를 보면서 이야기하고 있는 건가? 차트를 보면서 "이걸 왜 못 맞추지? 이 정도 떨어졌을 때 바로 정리하고 나왔었어 야지, 그랬다가 이렇게 반등하는 조짐이 보일 때 다시 들어가면 됐을 텐데…"라는 하는 사람이 있을 수 있다. 차트를 보면 알 수 있다고 생각해서 이 모든 문제가 발생한 것일지도 모른다.

실제로 연구 결과를 보면 더 명확하다. 뱅가드(Vanguard)의 2012년 연구에 따르면, 시장 타이밍을 시도한 투자자들의 3분의 2 이상이 단순히 시장에 머물러 있던 투자자보다 낮은 수익률을 기록했다. 폭락장의 타이밍을 맞추려다 먼저 빠져나가 있거나, 폭락의 한가운데서 팔거나 내일이면 이제 반등할 텐데 하루 전날 다 팔아버렸기 때문에, 반등하는 가장 좋은 날들을 놓쳤기 때문이다.

S&P500의 연간 수익 대부분은 극소수의 '최악의 날인 동시에 최고의 날들'에서 발생한다. 1990년부터 2020년까지 30년간, 시장에 완전히 투자한 투자자의 연평균 수익률은 약 9.8%였다. 그런데 그 기간 중 최고의 10일을 놓친 투자자는? 연평균 수익률이 5.6%로 떨어진다. 고작 10일. 최고의 30일을 놓치면? 2.1%까지 추락한다.

문제는, 그 최고의 날들은 대체로 가장 불확실하고 무서운 순간에 바로 이어서 온다는 거다. 2009년 3월, 2020년 3월처럼. 그때 닥터둠의 목소리가 가장 크다.

시장의 소음에서 벗어나기

시장의 소음을 듣는다는 것은, 일기예보에 중독되어 내 행동을 제한하는 것과 비슷하다. 비가 올까 봐 외출을 미루고, 추울까 봐 약속을

   절대 실패하지 않는 **미국 주식 ETF 투자**

취소한다. 결국 대부분의 나날 동안 아무것도 하지 못하고 방 안에 갇힌다.

투자는 삶의 중심이 아니라, 삶을 더 안정적으로 영위하기 위한 장치여야 한다. 예언가들의 목소리에 투자의 중심을 내어주는 순간, 이 장치는 우리를 불안하게 만드는 족쇄가 된다. 시장은 단기적으로 공포에 반응하지만, 장기적으로는 우상향하는 가치에 수렴한다.

"2020년 3월의 대폭락, 2022년 1년 내내 계속된 하락장이 앞으로 또 올 텐데, 그걸 피하려고 노력하지 않고 그냥 온몸으로 맞으라는 말인가?"라며 의문을 제기하는 이들이 있을 것이다. 그리고 '현명한 투자의 대가들은 분명히 이를 미리 감지하는 방법이 있었을 텐데…'라며 의구심을 가지는 이들도 있을 것이다. 다음 장에서 대가들이 어떻게 폭락장, 하락장을 대비하고 견뎠는지 살펴보자.

35

투자의 대가들은
어떻게 하락장을 버텼나?

2008년, 2020년, 2022년 나스닥 차트를 보면서, 다들 궁금해하는 질문이 하나 있다. "이런 폭락장이 왔을 때, 워런 버핏이나 다른 투자 대가들도 미리 피하지 못하고 견뎠을까?"

답은 Yes이자, 동시에 No다. 이런 어중간한 미묘함 속에 하락장을 견디는 핵심 전략이 숨어 있다.

결론부터 말하자면, 그들은 포트폴리오를 '온전히' 지키되, 망연자실하기만 했던 일반 투자자와는 달리 '현금'이라는 완충재를 미리 준비해 뒀다는 거다. 하락장에서 버티기만 한 게 아니라, 오히려 공격적으로 매수했다. 그런데 그 매수 자금은 어디서 나왔을까? 바로 평소에 미리 쌓아둔 현금이다. 생각해 보면, 이건 단순한 '버티기'가 아니라 '준비된 버티기'다.

워런 버핏의 현금 전략, 건조한 화약

그는 원래 보유하고 있던 주식을 폭락장 직전에 팔지 못했다. 아니 팔지 않았다. 대신 평소에 모아둔 현금으로 기회를 샀다. 그래서 워런 버핏의 버크셔 해서웨이는 늘 막대한 현금을 보유하고 있다. 2008년 금융 위기 직전에도 약 440억 달러, 2020년 팬데믹 직전에도 1,280억 달러 정도를 현금과 단기 국채로 쌓아뒀다. 2022년 말에는 무려 1,640억 달러에 달했다.

버핏은 현금을 "건조한 화약(Dry Powder)"이라고 표현한다. 전쟁터에서 화약이 젖으면 쏠 수 없다. 시장이 폭락할 때, 즉 기회가 왔을 때 바로 쏠 수 있는 '마른 총알'을 항상 준비해 두는 것이다.

실제로 2008년 금융 위기 때 버핏은 뭘 했을까? 그는 골드만삭스에 50억 달러, 제너럴 일렉트릭(GE)에 30억 달러를 투자했다. 우량 기업들이 주가 폭락과 신용 경색으로 허덕일 때, 버핏은 그들에게 자금을 제공하면서 높은 배당률과 워런트(주식 매수 권리)를 챙겼다. 이게 가능했던 건 그가 미리 현금을 쌓아뒀기 때문이다.

2020년 팬데믹 때도 마찬가지다. 버핏은 이런 폭락을 기다렸다는 듯이 3월 폭락 직후 일본의 5대 종합상사(미쓰비시, 미쓰이, 이토추, 마루베니, 스미토모)에 총 60억 달러를 투자했다. 또 2021~2022년에는 석유 기업 옥시덴탈 페트롤리움(Occidental Petroleum)에 수백억 달러를 쏟아부었다.

그가 현금을 많이 쌓아놨다고 해서 '시장을 예측했다'라고 한 것이 아니다. 버핏은 공개적으로 "시장 타이밍은 불가능하다"라고 여러 차례 말했다. 그는 그저 '언젠가 기회가 올 것'을 알고 있었고, 그

때를 위해 항상 현금을 유지했을 뿐이다. 가끔 워런 버핏의 현금 비율이 어떻다면서 '이제 곧 폭락이 올까?'라는 자극적인 이야기를 하는 이들이 있다. 워런 버핏은 예측의 신이 아니다. 폭락을 예상한 게 아님에도 불구하고, 시즌마다 워런 버핏의 현금 비율은 '폭락이 온다'라는 괴담이 되어 유튜브와 뉴스에 오르내린다.

그런데 여기서 중요한 건, 버핏조차도 하락장 동안은 기존 보유하고 있던 주식에 대해서 손해를 입었다는 사실이다. 2008년 버크셔 해서웨이의 주가는 약 50%가량 폭락했다. 2020년에도 30% 넘게 떨어졌다. 하지만 딱 그 기간만 보자면 그렇다는 것일 뿐, 2008년 이후 지금까지 무려 1,000%, 2020년 3월 이후 200% 넘게 주가가 올랐다. 가만히 두니 알아서 반등 상승한 것이다.

워런 버핏은 당연히 이를 알고 있었을 것이다. 자신이 보유한 기업들의 '내재 가치'를 믿었기 때문이다. 주가는 단기적으로 감정에 휘둘리지만, 장기적으로는 기업의 실적에 수렴한다는 걸 알았을 것이다.

피터 린치의 조언, 패닉 셀을 하지 마라

전설적인 펀드 매니저 피터 린치는 1987년 블랙 먼데이를 포함해 여러 차례 폭락장을 겪었다. 그는 훗날 이렇게 말했다.

"시장이 폭락할 때 주식을 파는 것은, 집에 불이 났을 때 소화기를 버리는 것과 같다."

피터 린치가 운용하던 마젤란 펀드는 1987년 10월 19일 블랙 먼데이 때 하루 만에 18%가 증발했다. S&P500은 그날 22.6% 폭락했다. 역사상 최악의 하루였다.

그는 뭘 했을까? 아무것도 팔지 않았다. 오히려 그도 워런 버핏처럼 사들이기만 했다. 그리고 린치도 평소에 포트폴리오의 일부를 현금으로 5~10% 정도 유지했다. 이 정도 비율은 대규모 기관 투자자로서는 상당히 높은 비율이라고 할 수 있다. 그 현금으로 폭락 직후 저평가된 우량주들을 샀다.

그가 강조한 것은 "당신이 보유한 기업의 펀더멘털을 믿어라"라는 거였다. 주가가 하락했다고 해서 그 기업의 제품이 갑자기 나빠지는 건 아니다. 맥도날드는 여전히 햄버거를 팔고, 코카콜라는 여전히 콜라를 판다. 그런데 사람들은 폭락장에서 이 단순한 사실을 잊는다. 공포가 이성을 마비시키니까. 그러므로 기업의 펀더멘탈을 믿는 이들에게 이런 폭락장은 좋은 제품을 싸게 살 수 있는 대바겐세일 기간이나 다름이 없다.

린치는 "주식을 보유하는 동안 최소한 2~3번의 조정(10% 하락)과 1~2번의 폭락(20% 이상 하락)을 경험할 각오를 해야 한다. 그게 시장이다."라고 말했다. 언젠가는 올 조정장과 폭락장을 무서워하고 미리 피하려고 애쓰는 것이 아니라, 현금을 보유하고 마음의 각오를 하고 있을 뿐인 것이다.

레이 달리오의 올 웨더 전략, 분산과 균형

헤지펀드 브리지워터의 레이 달리오는 좀 다른 접근을 했다. 그는 '올 웨더 포트폴리오(All Weather Portfolio)'라는 개념을 만들었다. 이건 어떤 경제 환경에서도 견딜 수 있도록 설계된 포트폴리오다.

구성은 대략 이렇다.

- 주식 30% (미국 주식 20%, 해외주식 10%)
- 장기 국채 40%
- 중기 국채 15%
- 단기 국채 7.5%
- 원자재+금 7.5%

주식은 30%에 불과하다. 나머지 70%는 채권과 원자재다. 왜일까? 레이 달리오는 주식과 채권이 '역상관 관계'에 있다는 점을 이용했다. 경기가 좋을 땐 주식이 오르고 채권은 주춤하지만, 경기가 나쁠 땐 채권이 올라 주식 손실을 상쇄한다. 금은 인플레이션 헤지 역할을 한다.

2008년 금융 위기 때 S&P500은 37% 폭락했지만, 올 웨더 포트폴리오는 고작 3.9% 하락에 그쳤다. 2020년 팬데믹 때도 S&P500이 한때 34% 떨어질 때, 올 웨더는 5% 안팎의 하락으로 버텼다.

그런데 여기엔 성장주를 선호하는 나 같은 사람들이 따라 하기 매우 어려운 점이 있다. 바로 평소 상승장에서의 수익률이 낮다는 것이다. 2010~2020년 10년간 S&P500은 연평균 13.9% 상승했지만, 올 웨더는 6%대에 머물렀다. 평상시엔 6%대 수익률을 보이다가 폭락장에서도 약 4% 하락에 그치는, 아주 낮은 변동성을 추구하기 때문이다.

레이 달리오의 전략은 '최대 수익'이 아니라 '지속 가능한 수익'을

   절대 실패하지 않는 **미국 주식 ETF 투자**

목표로 한다. 그는 하락장을 '버티는' 게 아니라, 아예 항상 '견딜 만한 수준'으로 만들어버린 거다. 성장주 투자를 추구하는 나로서는 안 맞는 투자법이다. 이런 투자법이 모든 투자자에게 맞는 건 아니다.

그래서 레이 달리오의 올 웨더 전략을 변형해서 활용하는 경우도 있다. 아직 은퇴까지 시간이 많이 남은 투자자라면 주식 비중을 훨씬 높인다. 주식 70%, 저변동성 ETF(USMV, LGLV 같은)를 종합하는 식으로. 이런 저변동성 ETF의 수익률은 연간 6% 내외로 낮고, 어떤 경우에는 1% 정도가 될 수도 있다. 하지만 하락장에서 현금이 없을 때 마지막으로 이 ETF를 팔아서 궁여지책 현금화해서 폭락한 주식을 살 수도 있다.

이런 방식은 레이 달리오의 순수한 방식이 아니기 때문에 오히려 공격적인 리스크 감수형의 방식이라고 할 수도 있다.

하워드 막스의 '사이클' 인식, 공포를 사라

오크트리 캐피털의 하워드 막스는 시장 사이클을 읽는 데 탁월하다. 그의 투자 철학은 간단하다.

"시장이 낙관에 취했을 때 조심하고, 공포에 질렸을 때 공격하라."

2008년 금융 위기 때 막스는 뭘 했을까? 그는 부실 채권(Distressed Debt)을 대량으로 사들였다. 당시 우량 기업들조차 신용 경색으로 채권 가격이 폭락했다. 사람들이 '세상이 끝날 것'처럼 공포에 떨 때, 막스는 냉정하게 가치를 계산했다.

그 결과 오크트리는 2009~2010년에 막대한 수익을 올렸다. 그가 산 부실 채권들이 회복되면서 가치가 2~3배로 뛰었다.

2020년 팬데믹 때도 마찬가지다. 3월 폭락 직후 막스는 "이건 기회다"라고 공개적으로 말했다. 그는 투자자들에게 보낸 메모에서 이렇게 썼다.

"지금은 조심할 때가 아니라 공격할 때다." 그런데 역시, 막스도 현금을 미리 준비해 뒀다. 오크트리는 평소에도 펀드 자금의 일부를 현금으로 유지한다. 정확한 비율은 공개되지 않지만, 보통 10~20% 정도로 추정된다.

막스의 핵심 전략은 '사이클 인식'이다. 그는 시장이 과열됐는지 침체됐는지를 판단하고, 그에 따라 공격성을 조절한다. 과열됐을 땐 현금 비중을 높이고, 침체됐을 땐 공격적으로 투자한다.

이게 시장 타이밍일까? 아니다. 막스는 "정확한 타이밍은 불가능하다"라고 인정한다. 그는 그저 '확률적 우위'를 추구할 뿐이다. 이게 바로 포트폴리오 리밸런싱이다. 주가 상승을 추구하는 공격적인 종목들이 50%이고, 방어적인 안정 추구형 종목들이 30%, 예금이 20%라면, 한참 주가가 좋을 때 이 비율이 70:10:20일 수 있다.

리밸런싱하기로 한 날(반기 1회 또는 연간 1회) 무조건 주가 좋은 쪽을 매도하고 주가가 안 좋은 쪽을 매수해서, 기계적으로 원래 목표였던 50:30:20으로 맞추는 것이다. 그렇게 하다 보면 언젠가 조정장이 찾아와도 견딜 수 있고, 조정장에서 벗어날 찰나에 현금 20%를 한참 주가가 낮아진 공격적인 종목을 매수하는 데 써서 반등할 때 수익률을 높이는 전략을 쓸 수 있다. 평소에는 높지 않은 수익률로 영위하고, 남들이 패닉에 빠질 때도 평온하게 지내면서도 웃으면서 매수 찬스를 쓸 수 있는 것이다.

개인투자자를 위한 교훈

우리는 버핏이 아니다. 그런데 배울 수는 있다. 이들 대가의 전략을 보면 몇 가지 공통점이 보인다.

첫째, 그들은 평소에 현금을 쌓아둔다. 우리로서는 버핏처럼은 아니더라도, 포트폴리오의 일부를 현금으로 두는 것이다. 보통 10~20% 정도. 이 현금은 하락장에서 '기회 자금'이 된다.

둘째, 그들은 폭락 전이나 폭락 와중에 주식을 팔지 않는다. 특히 장기 보유 목적의 우량주는 팔지 않는다. 오히려 현금으로 추가 매수한다.

셋째, 그들은 투자하는 기업의 펀더멘털을 믿는다. 주가가 하락해도 기업의 본질적 가치가 훼손되지 않았다면, 오히려 기회로 본다.

넷째, 그들은 분산한다. 달리오처럼 주식 외에 채권, 원자재 등을 섞거나, 버핏처럼 여러 산업에 분산 투자한다.

다섯째, 그들은 감정을 배제한다. 공포에 떨지 않고, 탐욕에 휩쓸리지 않는다.

그런데 '이렇게 쉬운 게 무슨 교훈인가?'라고 하는 이도 있을 것이다. 이게 말처럼 쉬울까? 아니다. 전혀 쉽지 않다. 2020년 3월, S&P500이 한 달 만에 34% 폭락할 때, 냉정을 유지하기란 거의 불가능에 가까웠다. 언론은 매일 '2차 대공황'을 예고했고, SNS는 공포로 가득했다. 그때 추가 매수를 한다? 매우 어려운 일이다. 지나고 보니 쉬워 보이지, 막상 그 안에 있으면 공포에 질릴 수밖에 없다.

36

평범한 개인투자자는 하락장에 어떻게 해야 할까?

그렇다면 우리 같은 평범한 투자자는 어떻게 해야 할까? 먼저, 심리적 준비가 필요하다. 피터 린치의 말처럼, 투자하는 동안 최소 2~3번의 조정과 1~2번의 폭락을 경험할 각오를 해야 한다. 이건 '만약'의 문제가 아니라 '언제'의 문제다. 하락장이 오면 계좌는 빨갛게 물든다. 당연하다. 그런데 그때 우리가 해야 할 일은 단 하나다.

온몸으로 하락장을 견디는 법

정확하게는, '패닉 셀(Panic Sell)을 하지 않기'. 손실이 확정되는 순간은 팔 때다. 버티면 손실은 '장부상 손실'일 뿐이고 언제 그랬냐는 듯이 스쳐 지나간다. 그런데 이게 정말 어렵다. 인간의 뇌는 손실에 극도로 민감하게 반응하도록 설계됐기 때문이다.

그래서 필요한 게 '자동화'다. 나는 퇴직연금 DC형처럼 장기 투자 개인 주식 계좌도 DCA 방식으로 운용한다. DC 계좌는 매달 15

일 회사에서 월 퇴직금 중간 정산액이 입금되면, 개인 주식 계좌는 매달 월급날 월급이 입금되면 자동으로 증권사 계좌로 자동이체가 되고, 증권사에 걸어둔 '적립식 자동 매수' 기능으로 짜둔 포트폴리오대로 매수가 진행된다. 이건 감정을 배제하는 방법이다. 상승장에서는 비싸게 사고, 하락장에서는 싸게 사게 된다. 결국 꾸준한 매수 덕분에 투자액이 늘어난다. 이 계좌가 있다는 것을 어쩌다 한번 생각하는데, 몇십 년 후에는 그냥 영원히 잊어버릴까 봐 살짝 걱정된다. 우스갯소리다.

제일 중요한 건 바로 계좌를 자주 확인하지 않는 것이다. 2022년 연구에 따르면, 포트폴리오를 매일 확인하는 투자자는 분기별로 확인하는 투자자보다 수익률이 낮았다. 왜일까? 자주 볼수록 감정적 판단을 내릴 확률이 높아지기 때문이다.

더 중요한 게 바로 '주식 관련 뉴스를 멀리하는 것'이다. 봐서 득이 될 것은 하나도 없고, 괜히 감정적 동요만 뒤따른다. 주식 관련 뉴스를 멀리하지 않고서는 DCA나 장기 투자를 하는 것은 불가능에 가깝다고 봐야 한다. 흡사 시험을 앞두고 TV가 있는 거실에서 시험 공부하지 않는 것, 책상 위에 스마트폰을 가까이에 두지 않는 것, 담배를 끊을 때는 술자리에 아예 가지 않는 것과 비슷하다. 주식 앱을 손안에 두고서는 하락장에서 멘탈을 감당해 낼 수 없다.

현금 비율 얼마가 적당할까?

그렇다면 대가들의 공통점이었던 그 현금, 우리도 평소에 현금을 얼마나 쌓아둬야 할까? 정답은 없다. 개인의 상황에 따라 다르다. 일반적으로 다음 기준을 참고할 수 있다.

- 젊고 소득이 안정적이라면: 10%
- 중년이고 은퇴가 10년 이상 남았다면: 20%
- 은퇴를 앞뒀거나 소득이 불안정하다면: 30%

이 현금은 '기회 자금'이자 '심리적 안전망'이다. 하락장이 와도 '나는 추가 매수할 현금이 있다'라는 사실이 심리적 안정감을 준다. 이 안정감이 얼마나 대단하고 설레기까지 한 것인지 겪어보지 않은 사람은 모른다. 사실은 내색은 못 하지만, '좀 더 폭락장이 깊어져라. 오래 참았던 그 현금을 드디어 쓸 기회가 오는구나'라고 생각할 정도다.

초보 시절이었던 2020년에 이 방식을 이해할 수 없었다. 특히 2020~2021년 그때는 주식을 사기만 하면 쭉쭉 주가가 올라갔으므로. '남은 현금으로 주식을 다 사야지, 굳이 현금을 남겨서 수익률을 더 크게 할 수 있는 기회를 스스로 차단할까?'라고 생각했다. 이런 안일한 생각은 2022년 하락장 때 크게 후회하게 된다.

그리고 중요한 건, 이 현금을 '언제' 쓸 것인가다. 버핏처럼 폭락 직후 한 번에 쏟아붓는 것도 방법이지만, 우리 같은 개인투자자에겐 '분할매수'가 더 안전하다.

이 분할매수의 방식도 사람마다 다 다르다. 어떤 이들은 시장이 10% 떨어지면 현금의 50%를 투입하고, 20% 떨어지면 나머지의 50%를 또 투입하고, 더 떨어지면 또 50%를 투입하는 식이다.

나는 반등 신호가 확실할 때 5~10회 분할매수를 한다. 종가 마감이 플러스인 날만 애프터마켓에서 산다. 마이너스인 날은 안 산다. 조금 더 비싸게 주고 살지라도, 확실하게 반등할 때 사는 게 규칙이다.

어렵지만 꼭 지키려고 하는 것은 '조정장 초반에 현금을 쓰지 않는 것'이다. 금방 지나갈 것 같은 조정장에서는 굳이 이 현금을 쓸 필요 없다. 최소한 한 달 이상, 장기 이평선 아래로 단기 이평선이 내려가는 구간부터는 일봉 차트가 아니라 주봉 차트를 보는 게 낫다. RSI가 30 미만이었다가 30을 반등 돌파하거나 장/단기(50/20주) 이평선의 교차를 본다. 공포·탐욕 지수 20 이하의 극심한 하락장이라면 모를까, 조정장 초반에 다 써버리면, 나중에 더 깊게 떨어졌을 때 후회하게 된다. 아주 깊고 긴 조정 구간에만 이 현금을 쓰겠다고 다짐하면서 하락장에서 버텨야 한다. 단기 이평선이 장기 이평선을 뚫을 게 확실해 보일 때까지.

이렇게 하면 조정장, 폭락장, 하락장의 '바닥'을 정확히 맞추지 못해도 괜찮다. 어차피 바닥은 아무도 모른다. 불안해하지 않고, 편안한 마음으로 저가 매수 기회를 가질 수 있는 것으로 만족한다.

DCA와 현금 비축, 그 모순

그런데 여기서 한 가지 솔직히 인정해야 할 게 있다. 이 현금 비축을 통해서 하락장에서 타이밍에 맞춰서 매수하는 방식은 기본적인 투자 방식인 DCA와 모순된다. 정확히 말하면, 순수한 DCA의 원리를 어기고 있다. DCA의 본질은 "시장 타이밍을 포기하는 것"이다. 돈이 생기는 즉시, 기계적으로, 정기적으로 투자하는 것이다. 시장이 오르건 내리건 상관없이. 그게 원칙이다.

그런데 나는 이 순수한 DCA의 원칙을 살짝 어기고 있다. 보너스를 받거나 강의료나 원고료가 생기면 따로 모아두었다가 조정장을 기다리고, 반등 신호를 확인한 후 매수에 쓰고 있다. 이건 명백히 '타이밍을 재는 것'이다. 모순이다.

왜 이런 일이 벌어질까? 이유는 간단하다. 나는 이론이 아니라 현실에 살고 있으니까. 순수한 DCA 전략대로라면, 자산의 100%를 항상 시장에 투자해야 한다. 현금을 남겨두는 건 기회비용이다. 역사적 데이터를 보면 시장은 시간이 지날수록 오른다. 그러니 하루라도 빨리, 전액을 투자하는 게 통계적으로 유리하다. 이론은 명쾌하다.

그런데 문제는, 인간은 통계가 아니라는 거다. 자산의 100%를 주식에 넣은 상태에서 -30% 폭락을 맞으면 어떻게 될까? 머리로는 안다. '이 또한 지나가리라…' 그런데 한번 계좌를 열어보고 얼마 전까지만 해도 수익률이 높았는데, 수익률이 떨어지면 우울하고, 이렇게 싸졌는데 매수할 돈은 하나도 없는 것이 더 속을 쓰리게 한다.

그 상태에서 뉴스에서는 더 떨어질 수 있다고 경고하는 애널리스트의 말을 인용하고, 주식 커뮤니티 게시판에도 지금이라도 손절해야 하는 게 아니냐는 글이 올라온다. 그럼, 나도 한순간에 '아… 이번 조정을 보통이 아니네. 지금이라도 살짝 팔아놨다가 좀 더 떨어질 때 다시 사야지'라는 생각을 하며 매도하고 있는 자 자신을 발견하고는 놀란 적이 한두 번이 아니다. 아무리 이런 글을 쓰고 DCA를 되뇌어도, 사람은 한순간에 확 정신이 돌아가는 것이다.

이게 현실이다. 이론적으로 완벽한 전략도, 실전에서 지켜지지 않으면 의미가 없다. 아니, 오히려 독이 된다. 그래서 많은 투자자들이, 심지어 대가들조차도, 일정 비율의 현금을 유지하는 게 아닐까?

특히 아무리 주식 뉴스를 외면하고 살아가고 있더라도 조정이 심하고, 계속 주가가 하락하고 있다는 뉴스를 한 번도 안 듣고 살 수는 없다. 엘리베이터 광고 모니터에 뉴스 한 줄이라도 마주친다. 그걸 보는 순간 마음이 싹 바뀌는 건 사람인 이상 어떻게 할 도리가 없다. 그러므로 현금을 좀 마련해 두는 것은 '최선의 전략'이 아니라 '지속 가능한 전략'이다. 수익률을 극대화하는 욕심을 채우는 것도 있지만, 장기 투자의 중도 포기 확률을 최소화하고, 허무하게 손실을 확정하지 않기 위함이다.

이론적 완벽함을 포기하고, 심리적 지속 가능성을 택할 수밖에 없다. 현금 비중은 DCA 방식으로 타이밍을 노리지 않는 투자의 정석에서도 심리적 안전성을 위한 최소한의 보험이다.

경기 사이클의 본질을 이해하라

37

심장박동처럼 규칙적인 불규칙성

주식시장은 늘 오르거나 내리거나 움직인다. 그 움직임이 규칙이 있는 듯 없는 듯하지만, 완전히 무작위는 아니다. 마치 심장박동처럼, 어떤 패턴이 있다. 규칙적인 불규칙성이라고 할까. 2020년 3월, 코로나 팬데믹이 터졌을 때 주가는 하루에 10%씩 폭락했다. 세상이 끝나는 것 같았다. 그런데 몇 달 뒤엔? 전례 없는 랠리가 시작됐다. 그때 투자자들이 깨달았다. 이 파도는 예측할 순 없어도, 이해할 수는 있다는 걸.

경기 사이클이라는 개념은 오래전부터 있었다. 1990년대 초, 우라가미 구니오가 쓴 《주식시장의 사계》라는 책에서도 이미 비슷한 이야기를 했다. 경제는 봄-여름-가을-겨울처럼 순환한다고. 리플레이션에서 인플레이션으로, 다시 디스인플레이션을 거쳐 디플레이션으로. 회복기, 확장기, 하강기, 수축기. 이 순환이 하루아침에 만들어진 개념이 아니다. 그런데 왜 우리는 매번 이 사이클에 놀랄까? 이 패턴

을 머리로는 알아도 막상 닥치면 가슴으로 받아들이기 어렵기 때문
이다.

유동성과 금리

경기 사이클을 움직이는 첫 번째 동력은 유동성이다. 쉽게 말해, 시
중에 돈이 얼마나 많이 도느냐의 문제다. 2020년 코로나 초기, 미국
연준은 제로금리와 양적완화로 시장에 수조 달러를 쏟아부었다. 그
결과는? 주식시장의 역사적 상승이었다. 돈이 많아지면 기업은 싼
금리로 자금을 빌려 투자하고, 소비자도 대출을 받아 소비한다. 경
기가 살아나는 이게 '금융장세'다.

그런데 문제는, 돈이 너무 많아지면 물가가 오른다는 것이다.
2021년 하반기부터 인플레이션이 심상치 않게 올랐다. 소비자물가
지수가 8% 가까이 치솟았다. 연준은 당황했다.

그래서 2022년엔 정반대로 움직였다. 금리를 급격히 올리기 시작
한 것이다. 3월엔 0.25%였던 기준금리가 12월엔 4.5%까지. 40년 만
에 급격한 인상이었다.

금리가 오르면 무슨 일이 벌어질까? 기업들은 비싼 이자 때문에
대출을 꺼리고, 소비자들도 지갑을 닫는다. 주식시장은? 폭락한다.
특히 성장주들이 심하게 빠졌다. 미래 현금흐름의 현재 가치가 할인
되니까. 테슬라 같은 기업들이 2022년 한 해 동안 70% 넘게 빠진 이
유다.

왠지 아이러니하다. 경제가 좋아지려고 한 조치가, 오히려 주식시
장을 망가뜨렸으니. 그런데 이게 바로 경기 사이클의 본질이다. 중

앙은행은 과열을 식히려 금리를 올리고, 침체가 오면 다시 금리를 내린다. 이 줄다리기가 계속된다.

2022년, 테슬라 주가가 고점 대비 70% 넘게 폭락했을 때, 투자자들이 이상하게 생각했다. 일론 머스크의 트위터 인수가 문제였을까? 물론 그것도 한몫했다. 그런데 진짜 이유는 따로 있었다. 금리였다.

금리가 오르면 주가가 빠진다는 건 다들 안다. 그런데 왜 빠지는지, 정확히 아는 사람은 많지 않다. 참 묘한 일이다. 금리는 주가를 때리는 가장 직접적인 무기인데 말이다.

할인율, 미래의 가격표

주식의 가치를 계산하는 방법 중에 한가지는 DCF(Discounted Cash Flow)다. 기업이 앞으로 벌어들일 돈을 오늘의 가치로 환산하는 거다. 여기서 핵심이 '할인율'이다. 할인율이 바로 금리다. 금리가 오르면? 미래 돈의 현재 가치가 뚝 떨어진다.

예를 들어보자. 10년 뒤에 100만 달러를 받는다고 해보자. 그런데 그걸 지금 받으면 얼마의 가치일까? 이게 바로 '현재 가치'다.

금리가 2%일 때를 먼저 보자. 100만 달러를 10년 동안 2%씩 거꾸로 깎아 내려가 보자. 1년 차엔 대충 98만 달러쯤. 2년 차엔 96만 달러 조금 넘고. 이렇게 10년을 계속 깎아내리면, 82만 달러쯤 남는다.

이게 무슨 뜻이냐면, 지금 내가 82만 달러를 손에 쥐고 있으면 그걸 2% 금리로 10년간 굴렸을 때 100만 달러가 된다는 얘기다. 거꾸로 계산해 보면 그렇다.

그런데 금리가 5%로 오르면? 같은 방식으로 10년을 거꾸로 깎는데, 깎는 속도가 더 빠르다. 1년 차에 벌써 95만 달러로 뚝 떨어지고. 2년 차엔 90만 달러 초반대로. 10년을 이렇게 빠르게 깎아내리면 61만 달러밖에 안 남는다. 10년 뒤라는 시점도 똑같고, 같은 100만 달러인데 말이다.

금리만 2%에서 5%로 올랐을 뿐인데, 현재 가치가 82만에서 61만으로 줄어든 거다. 21만 달러가 공중분해 됐다. 비율로 치면 25% 넘게.

왜 이렇게 되냐면, 금리가 높을수록 '지금 돈을 받는 게' 훨씬 더 가치 있기 때문이다. 5% 금리 세상에서는 지금 61만 달러만 있어도 10년 후 100만 달러를 만들 수 있다. 그러니까 '10년 후 100만 달러'의 가치가 떨어지는 거지.

반대로 금리가 낮으면? 지금 돈을 굴려봤자 별로 안 불어나니까, 미래의 돈이 상대적으로 더 귀해진다. 그래서 현재 가치가 82만까지 올라가는 것이다.

주식도 마찬가지다. 테슬라가 10년 뒤에 벌어들일 돈을 지금 가치로 환산할 때, 금리가 낮으면 주가가 높게 매겨지고, 금리가 뛰면 같은 미래 이익인데도 주가는 내려간다. 숫자가 증발한 게 아니라, 돈의 시간 가치가 달라진 것이다.

왠지 불공평하다는 생각이 들지 않나? 기업은 여전히 같은 돈을 벌 텐데, 투자자 입장에선 가치가 확 줄어드니까. 그런데 시장은 그렇게 돌아간다. 할인율이 문제다.

성장주가 더 두들겨 맞는 이유

2022년 나스닥이 S&P500보다 훨씬 심하게 빠진 이유가 여기 있다. 나스닥엔 성장주가 많다. 테슬라, 엔비디아, 메타 같은 기업들. 이 회사들의 특징은 지금 당장의 이익보다 먼 미래의 이익이 크다는 거다. 테슬라는 10년 뒤 자율주행 시장을 잡을 거라는 기대로 가격이 올라 있었다. 엔비디아는 AI 칩 시장의 미래를 선반영했다.

이게 좀 신기한데, 같은 금리 변화인데 시간이 멀수록 타격이 훨씬 크다. 1년 뒤 받을 100만 달러를 보자. 금리 2%일 때 현재 가치는 98만 달러쯤. 금리가 5%로 뛰면 95만 달러로 떨어진다. 3% 정도 줄어드는 것이다.

그런데 10년 뒤 100만 달러는? 금리 2%일 때 82만, 5%일 때 61만. 무려 25%가 증발한다. 왜 이렇게 차이가 날까? 복리 때문이다.

1년은 금리가 한 번만 작용한다. 그래서 충격이 작다. 10년은? 금리가 열 번 중첩된다. 1년 차에 깎이고, 2년 차에 또 깎이고. 이게 계속 쌓이면서 격차가 벌어진다. 눈덩이가 굴러가듯이.

성장주가 금리에 민감한 이유다. 테슬라든 엔비디아든, 먼 미래의 이익을 팔고 있으니까. 금리가 뛰면 그 먼 미래를 할인 당한다. 멀리 있는 미래일수록, 금리 변화의 영향을 기하급수적으로 받는다.

그래서 2022년 3월부터 12월까지, 금리가 제로에서 4.5%로 치솟는 동안, 성장주들이 집중포화를 맞았다. 테슬라는 70% 넘게 빠졌고, 메타는 한때 77%까지 떨어졌다. 아마존도 50% 넘게 조정받았다.

반면에 엑슨모빌은 2022년 상반기에만 50% 넘게 올랐다. 엑슨모빌의 가치는 먼 미래가 아니라 '지금 당장' 생산하는 석유에서 나온

　　　　　　　　　　절대 실패하지 않는 **미국 주식 ETF 투자**

다. 당기 이익 중심이라 할인율 영향을 거의 안 받는 구조다. 게다가 인플레이션으로 유가가 치솟으니, 오히려 호재였다.

이상한 일이다. 같은 시장인데, 어떤 주식은 반토막 나고, 어떤 주식은 두 배가 되고. 그런데 그게 금리 하나로 설명된다.

섹터별 온도 차

금리 인상기엔 섹터마다 운명이 갈린다. 필수소비재, 헬스케어, 에너지처럼 '지금 당장' 수요가 있는 산업은 방어적이다. 사람들은 경기가 나빠도 밥은 먹고, 약은 사고, 전기는 쓴다. 코카콜라나 존슨앤드존슨 같은 회사들이 금리 인상기에 상대적으로 덜 빠지는 이유다.

반면 기술주, 특히 수익이 먼 미래에 있는 기업들은 취약하다. 2022년 나스닥은 한 33%쯤 빠졌다. S&P500은 19% 정도. 무려 14%포인트 차이다. 이 격차가 바로 '할인율 효과'다.

그런데 여기서 묘한 점이 하나 있다. 2023년 들어 나스닥이 다시 폭등했다는 거다. AI 붐이 터지면서 엔비디아 같은 성장주가 6배 넘게 올랐다. 금리는 여전히 높았는데 말이다. 왜일까?

답은 간단하다. 실적이 나오기 시작했으니까. 엔비디아의 미래 이익이 '먼 미래'가 아니라 '바로 지금'으로 당겨진 거다. 할인율이 높아도, 벌어들이는 돈이 폭증하면 상관없다. 이게 2024~2025년의 교훈이다.

금리와 춤추는 법

그럼 우리는 금리를 예측해서 매매해야 할까? 솔직히 말하면, 그건 거의 불가능하다. 연준 의장도 6개월 뒤 금리를 정확히 예측 못 한다. 2022년 초만 해도 연준은 '인플레이션은 일시적'이라고 했다. 그런데 몇 달 뒤엔 40년 만의 긴축을 시작했다.

그래서 어떻게 해야 할까? 금리 변화를 이해하되, 그에 맞춰 올인하거나 전량 매도하지 않는 거다. 금리가 오르면 성장주가 더 타격받는다는 걸 알면, 포트폴리오를 약간 방어적으로 조정할 수 있다. 현금 비중을 좀 늘리거나, 배당주 비중을 살짝 높이거나. 그런데 '전부 팔고 현금으로 가야지'는 위험하다. 타이밍을 맞추기 어렵고, 놓치는 상승장이 더 아프니까.

2022년 말, 공포에 질려 다 던진 사람들이 제일 억울하다. 2023년 나스닥은 43%나 올랐다. 금리가 여전히 높았는데도. 시장은 금리만 보는 게 아니라, 실적도 보고, 기대도 보고, 유동성도 본다. 복잡하다.

하워드 막스는 이렇게 말했다. "우리는 금리를 예측할 수 없다. 하지만 금리가 오를 때 어떤 일이 벌어지는지는 알 수 있다." 그 차이가 중요하다. 금리는 저울이다. 한쪽엔 미래가, 다른 한쪽엔 현재가 올라가 있다. 금리가 오르면 미래 쪽이 가벼워진다. 그게 전부다. 단순하지만, 무섭게 정확한 원리다.

실적, 결국 기업이 돈을 버느냐, 마느냐?

유동성만큼 중요한 게 기업 실적이다. 아무리 돈이 많이 풀려도, 기업이 돈을 못 벌면 주가는 오를 수 없다. 당연한 얘기다. 2022년 한 해 동안, 테슬라 주가가 최고점 대비 70% 넘게 빠졌다. 2021년 11월 고점 480달러에서 시작된 하락이 2022년 내내 이어지면서 연말엔

100달러대까지 추락했다. 그리고 2024년 10월까지 3년 동안, 280 달러 저항선을 돌파하지 못했다. 왜 그랬을까? 금리 인상과 일론 머스크의 트위터 인수를 위한 테슬라 주식 매도가 직접적 원인이었지만, 2023년 들어 발표된 재무제표를 보면 자동차 부문 마진율이 전년 32.9%에서 19%로 폭락했다. 가격 인하 전략으로 판매량은 유지했지만, 수익성은 희생됐다. 시장이 가장 두려워하는 것이 수익성의 하락이다.

기업이 좋은 실적을 내면 투자와 고용이 늘어난다. 가계 소득이 증가하고, 소비가 늘고, 다시 기업 매출이 좋아지는 선순환. 2020~2021년 테크 기업들이 대규모 채용을 했을 때가 그랬다. 실리콘밸리 엔지니어들의 연봉이 치솟았다. 그런데 2022년 말부터 테슬라, 메타, 아마존, 구글 등 빅테크들이 대규모 구조조정을 시작했다. 시장은 이를 경기 하강 국면의 신호로 받아들였다.

그런데 최근 몇 년은 좀 이상했다. 고금리인데도 경기침체가 심하게 오지 않았다. 왜일까? AI에 대한 기대 때문이라는 분석이 많다. 그런데 이게 단순히 '기대'만은 아니었다는 게 2024~2025년 들어 명확해졌다. 실제 데이터가 나오기 시작한 거다.

미국의 AI 인프라 투자인 데이터센터, 서버, 소프트웨어가 2024~2025년 실질 GDP 성장률에 약 0.8%포인트를 추가로 보탠 것으로 분석된다. AI가 이제 '성장률의 눈에 보이는 기여 항목'이 됐다는 얘기다. 엔비디아가 2023년 1월 160달러에서 2024년 1,000달러를 돌파한 건, 버블이라기보다는 실물 경제의 변화를 반영한 측면이 컸다.

여러 거시 연구는 향후 10년 안에 AI가 미국 잠재 GDP 수준을 5% 이상 끌어올릴 수 있다는 시나리오를 제시한다. 연간 성장률로 환산하면 0.3~0.5%포인트의 추가 성장 여지가 있다는 추정이다. 이건 닷컴 버블과는 다르다. 당시엔 기술이 먼저 있고 활용처를 찾아 헤맸다면, 이번엔 실제 생산성 향상 데이터가 쌓이면서 투자가 뒤따르는 구조다.

시장은 약 5~6개월 앞을 본다

주식시장의 가장 신기한 특징 하나가 선행성이다. 시장은 현재가 아니라 미래를 가격에 반영한다. 2021년 말부터 2022년 초, 실물 경제 지표는 여전히 좋았다. 고용은 늘고, 소비도 견조했다. 그런데 나스닥은 2021년 11월 중순 고점을 찍고 슬금슬금 빠지기 시작했다. 왜? 시장은 이미 알고 있었다. 좋은 경제 지표가 나왔지만 곧이어 '인플레이션 심화 → 연준의 금리 인상 불가피 → 성장주 타격'이라는 연쇄 반응이 있음을 직감했다. 실제로 연준이 첫 금리 인상을 단행한 건 2022년 3월이었다. 시장은 그보다 4~5개월 앞서 움직인 셈이다.

에드 야드니 박사의 연구에 따르면, S&P500 지수는 경기침체 시작 약 5~6개월 전에 하락하기 시작하고, 경제 회복 약 4~6개월 전에 상승하기 시작한다고 한다. 시장이 현재가 아닌 미래를 '가격'에 선반영하기 때문이다.

2020년 3월 코로나 팬데믹 초기를 생각해 보자. 주가는 최악의 상황을 선반영하여 급락했다. 그런데 연준과 정부의 적극적 개입으로 최악의 상황이 빠르게 개선되자? 주가는 실물 경제가 완전히 회

　　　　　　　　　절대 실패하지 않는 미국 주식 ETF 투자

복되기도 전에 빠르게 반등했다. 뉴스를 따라가면 항상 뒤처진다는 교훈이다. 뉴스가 정말 나쁠 때는 이미 시장이 바닥을 치고 있을 수 있고, 뉴스가 정말 좋을 때는 이미 고점에 도달했을 수도 있다.

우리는 뉴스로 세상을 이해하려 하는데, 시장은 뉴스보다 앞서 움직인다. 그러므로 뉴스를 보고 투자 판단을 내리면 이미 늦었다는 것이다.

금리 역전 신화의 균열

2022년 7월, 장단기 금리가 역전됐다. 10년물 국채 금리가 2년물보다 낮아진 거다. 전문가들이 난리였다. "장기 금리가 단기 금리보다 낮다니, 경기침체가 올 것이다!"

통계적으로 보면 맞는 말이었다. 뉴욕 연방준비은행 연구에 따르면, 지난 60년간 지표가 역전된 후 6~18개월 내 경기침체가 발생할 확률이 약 70%였다고 한다. "한 번도 틀린 적이 없는 예측 지표"라는 말이 반복됐다.

그런데 어떻게 됐을까? 2022년 7월로부터 6~18개월이 한참 지난, 2025년 11월 기준, 10년-2년물 금리차는 약 +0.55%로 플러스 영역을 회복했다. 단기물(2년)은 연준의 금리 인하 기대로 3.5%대까지 내려왔고, 장기물(10년)은 성장과 인플레 기대가 남아 있어 4%대 중반에 형성되면서 수익률 곡선이 다시 우상향으로 바뀌었다. 그리고 2023년, 2024년, 2025년이 지나고 2026년이 왔지만, '장단기 금리차 역전에 따른' 예상된 '깊은 침체'는 오지 않았다. 미국 경제는 마이너스 성장 대신 2% 안팎의 플러스 성장을 유지했다.

왜 그랬을까? BMO, TD 같은 금융기관들은 2024~2025년 보고서에서 솔직하게 인정했다. "이번엔 금리 역전이 틀렸다. 깊은 침체가 올 줄 알았는데, 기껏해야 살짝 둔화되거나 연착륙으로 끝난 것 같다."

왜 이번엔 금리 역전이 틀렸을까? 일부 보고서는 이렇게 설명한다. 코로나 때 사람들이 돈을 많이 모아뒀고, 정부도 돈을 왕창 풀었다. 덕분에 금리가 올라도 경제가 버틸 체력이 있었다는 거다. 또 다른 포인트는 연준이 인플레이션을 2%대 중후반까지 낮추면서도 2024년 말부터 금리 인하 사이클을 개시해, 과거보다 훨씬 '관리된 감속'을 시도했다는 점이다. 실업률은 일부 상승했지만, 대규모 해고 국면 없이 조정이 진행됐다.

노벨 경제학상 수상자 폴 새뮤얼슨의 유명한 농담이 있다. "주식 시장은 경기침체 9번 중 5번을 예측했다." 주식 시장이 "경기침체 온다!"라고 경고한 게 9번인데, 실제로 온 건 5번뿐이었다는 얘기다. 경제 지표가 유용하긴 하지만, 절반은 틀릴 수도 있다는 걸 꼬집는 말이다. 이번 사이클이 딱 그랬다.

그래서 어떻게 해야 할까? 지표를 무시하라는 게 아니다. 다만 맹신하지 말라는 거다. 금리 역전이 경고 신호인 건 맞다. 하지만 100%의 확률은 아니다. 장단기 금리 역전 현상 6~18개월 중에 "당장 팔아야 한다"라는 의미는 아니다. 맥락을 이해하되, 구체적 타이밍은 확률적으로, 미실현될 가능성을 두고 접근하는 게 낫다.

2024~2025년 발간된 리포트들은 이렇게 말한다. "수익률 곡선은 여전히 유용한 신호지만, 이번 사이클은 연착륙·무착륙(no landing)

에 가까운 경로로 흘러간다." 일부 리서치는 "곡선이 역전됐다가 다시 정상화된 뒤에 침체가 온 사례가 더 많다"라며 아직도 장단기 금리차 이후 올 깊은 경기침체를 경고하지만, 동시에 AI·재정 지출·가계 소비 탄성이 결합 된 미국 경제의 특수성 때문에 과거 단순 회귀식 모델이 설명력을 잃어가고 있다고 인정한다. 장단기 금리차가 있고 6~18개월도 매우 스펙트럼이 넓은 예측 범위인데, 여기에 더해서 40개월이 지난 시점까지도 그 영향권 안이라고 예측하면, 인디언 기후제처럼 '언젠가는 온다'라고 하는 것과 다름이 없다.

섹터는 돌고 돈다

주식시장에선 특정 산업이 핫하게 떠올랐다가 곧 식고, 다른 섹터가 부상하는 현상이 반복된다. 이게 섹터 로테이션이다. 2021년엔 반도체 기업들이 '없어서 못 판다'고 할 정도였다. 인텔, AMD, 퀄컴 등 역대급 호황이었다. 그런데 2022년엔 인플레이션과 금리 인상 우려로 반도체 섹터가 급락했다. 30~50% 조정을 받았다. 2022년 직전만 하더라도 코로나로 인한 공급망 병목 때문에 아주 작은 반도체 하나 없어서 난리가 나서 저마다 반도체 관련 주식을 샀는데, 그 몇 달 뒤엔 폭락한 것이다. 대신 시장의 관심은 인플레이션 방어가 가능한 에너지, 필수소비재로 옮겨갔다. 엑손모빌은 2022년 상반기에만 50% 넘게 올랐다.

그러다 2022년 말부터 AI 열풍이 시작되면서 다시 반도체, 특히 엔비디아 주가가 폭등했다. 불과 1년 반 만에 6배 이상 뛰었다. 2024~2025년 들어 AI 투자가 실제 매출과 이익으로 연결되기 시작한 거다. 마이크로소프트, 구글, 메타의 AI 관련 매출도 눈에 띄게 증가했고, 이게 섹터 전체를 받쳐줬다.

모건스탠리의 전략가 마이크 윌슨의 연구를 보면, 경기 사이클의 각각 단계마다 특정 섹터가 강세를 보이는 경향이 있다고 한다. 초기 회복기엔 경기 민감 주가, 확장기엔 기술주가, 후기 확장기엔 헬스케어 같은 방어주가 강세를 보인다고.

그럼 우리는 이 로테이션을 예측해서 계속 갈아타야 할까? 솔직히 말하면, 그건 거의 불가능하다. 섹터 로테이션은 너무 빠르고 예측 불가능하다. 때론 1~2개월만 반짝하고 끝나기도 한다. 차라리 장기적으로 성장하는 산업과 기업에 집중하고, 단기 섹터 변동에 과민 반응하지 않는 게 낫다. 워런 버핏이 테크 버블 때 테크 주를 안 사서 조롱받았지만, 그의 수익, 부의 축적은 추앙받고 있다. 모든 섹터의 상승 축복을 다 누리려는 욕심부터 버려야 한다. 섹터 로테이션을 얘기하며 지금이라도 갈아타야 할 때라는 이야기를 듣고 투자 포트폴리오를 바꾸면 그때부터 고생 시작, 불행의 연속이다. 섹터 로테이션을 감안한 포트폴리오를 미리 준비해 둔 사람이 누려야 할 행운을, 뒤늦게 누리려고 하면 안 된다.

세상에서 제일 억울한 투자자가 2021년 11월에 엔비디아를 30달러에 사서, 2022년 10월에 11달러에 판 사람이다. 지금은 180달러이다. 2021년에 30달러에 샀더라도 6배다. 그러니 잠깐의 섹터 로테이션에 예민하게 반응해서 '샀다, 팔았다'를 잘못하면 투자의 기회는 잃어버린다. 오히려 조정받을 때를 기회로 보고 기계적으로 매수하는 게 낫다.

경제는 복잡계다

경제는 정치, 사회, 기술, 심리까지 얽혀 있는 복잡계다. 단순한 공식으로 설명할 수 없다. 2022년 말, 전문가들이 2023년에 금리 인상 → 경기침체를 예상했다. 2022년 말에 공포에 질려 다 던지고 도망간 사람들도 세상에서 제일 억울한 투자자다. AI 붐이 일면서 2023년부터 2025년까지 예상과 다른 전개가 펼쳐졌다. 수많은 요인이 작용하는 복잡계에선 이런 일이 흔하다.

노벨 경제학상 수상자 리처드 탈러는 이렇게 말했다. "전통적 경제학은 인간을 완벽하게 합리적인 존재로 가정하지만, 현실에서 인간은 감정과 인지 편향에 영향을 받는 복잡한 존재다." 이런 복잡성이 경제 예측을 어렵게 만든다.

산타페 연구소의 브라이언 아서는 경제를 '적응적 복잡계'로 설명한다. 이런 시스템에선 작은 변화가 예상치 못한 큰 결과를 가져올 수 있다. 나비효과다. 2020년 코로나 팬데믹이 완벽한 예시다. 누가 바이러스가 글로벌 경제를 멈추고, 성장주를 폭등시킬 거라 예상했을까?

2024~2025년은 특히 흥미로운 시기였다. AI 설비투자 붐이 실물 GDP 성장률을 직접 끌어올린 첫 시기였고, 이 새로운 성장 엔진 덕분에 전통적인 경기 예측 지표(수익률 곡선, 섬 룰 등)의 신뢰도에 대한 논쟁이 한층 거세졌다. 어떤 경제학자들은 "우리가 새로운 경제 체제로 진입하고 있을 수 있다"라고 말한다.

그래서 어떻게 해야 할까? 투자의 대가 하워드 막스는 이렇게 조언한다. "우리는 미래를 예측할 수 없다. 그러나 리스크가 어디에

있는지 파악하고, 그에 대비할 수 있다." 불확실한 세계에서의 투자
는 '앞으로 무슨 일이 일어날 것인가'보다 '일어날 수 있는 일에 어
떻게 대비할 것인가'에 더 집중해야 한다는 거다. 정확한 예측보다
불확실성 관리가 더 중요하다는 얘기다. 그래서, 우리는 어떻게 해
야 할까?

경기 사이클을 완벽하게 예측할 순 없다

2022년 역전이 발생한 지 3년이 지난 2025년 말, 장단기 금리차는
다시 플러스로 돌아왔고, 미국 경제는 역사책에 남을 만한 '깊은 침
체' 대신 완만한 둔화와 연착륙 사이 어딘가에 안착한 모습이다. 이
게 우리에게 주는 교훈은 뭘까?

경기 사이클의 존재와 패턴을 이해하는 것만으로도 충분히 도움
이 된다. 최소한 갑작스러운 변화에 당황하진 않게 되니까. 또 해당
섹터나 주식시장 전체가 침체에 빠졌더라도 이 또한 조만간 또 다른
국면으로 변화할 수 있다고 믿는 것이다. 그래서 다 팔고 도망가지
않아야 한다. 그리고 더 중요한 건, 지표가 틀릴 수도 있다는 걸 아는
거다.

하지만 섹터 로테이션이나 경기 사이클이 너무 두렵다면 몇 가지
원칙을 생각해 볼 수 있다. 우선, 한 섹터에 올인하지 않고 VOO나
SPY 등 500대 우량기업을 담은 ETF나 미국 주식시장 전체를 담은
VTI와 같은 ETF로 투자 대상을 넓힌다. 물론 평균 수익률 이상을
기대해서는 안 된다. 변동성에 대한 두려움을 줄이면서도 수익률도
더 많이 올리는 방법은 없다. 모순적이다.

　　　　　　　　　　　　절대 실패하지 않는 미국 주식 ETF 투자

그리고 매수매도 방법도 한 번에 매수하거나 전량 매도하지 않고, 분할로 점진적으로 접근한다. 단기 변동성은 어차피 불가피하다. 흔들려도 장기 목표에 집중한다. 여기에 항상 일정 비율, 한 20% 정도의 현금을 쥐고 있으면 기회가 왔을 때 움직일 수 있고, 그런 준비가 되어 있다는 것만으로도 멘탈이 훨씬 든든해질 수 있다.

하지만 이런 접근법도 완벽하진 않다. 그런데 적어도 예측이 틀렸을 때 치명타를 피할 수는 있다. 피터 린치의 말이 생각난다. "주식 시장을 예측하는 것보다 다음 5분 날씨를 예측하는 게 더 쉽다." 그는 대신 "매크로 경제를 예측하려 하지 말고, 좋은 기업을 찾아라."라고 조언했다. 경기 사이클보다 중요한 건 좋은 비즈니스를 찾는 거라는 얘기다.

주식시장은 파도처럼 오르내린다. 그런데 자본주의의 동력은 결국 혁신과 생산성 향상이다. 그리고 이게 장기적으로 시장을 끌어올리는 근본적인 힘이다. AI라는 새로운 엔진이 등장하면서 우리는 그 힘을 더 직접적으로 보게 됐다. 경기 사이클의 파도 위에서, 단기 예측보다는 장기 동력을 찾는 게 낫다. 그게 좀 더 확실한 전략이다.

마치 심장박동처럼, 시장은 계속 뛴다. 빠르게, 때론 느리게. 불규칙하지만 멈추지 않는다. 우리가 할 일은 그 박동을 예측하는 게 아니라, 그 리듬에 맞춰 숨 쉬는 법을 배우는 거다.

38

두 마리 토끼와
금리라는 총

연준 의장의 책상 위에는 하루 수백 장의 보고서가 쌓인다. 고용 지표, 물가 지수, 소비 동향, 기업 투자. 그런데 그가 쥐고 있는 도구는 단 하나, '금리'다. 이 하나의 레버로 그는 두 마리의 토끼를 동시에 잡아야 한다. 그 토끼는 바로 '물가 안정'과 '최대 고용'. 1977년 미국 의회가 연방 준비 제도법을 개정하면서 연준에 부여한 임무다.

보통 두 개의 목표를 동시에 달성하는 것은 불가능에 가깝다. 물가 안정과 최대 고용을 동시에 달성하는 것도 마찬가지다. 물가가 높으면 물가를 잡기 위해 연준은 금리를 올린다. 금리가 오르면 돈을 빌리기 어려워지고, 기업은 투자와 고용을 줄이고, 가계는 소비를 줄인다. 그 결과 경기가 식는다. 경기가 식으니, 가계는 소비를 줄이고, 소비가 줄어드니 그제야 물가도 안정된다.

그런데 선을 넘는 경우가 많다. 경기가 너무 식어서 아예 침체되면? 그제야 금리를 내린다. 기업과 가계가 대출을 좀 더 수월하게 받을 수 있게 되고, 기업은 투자하고 가계는 소비를 조금씩 늘린다. 기업은 매출이 늘어나니 고용을 늘린다. 이론상으로는 그렇다.

물가 안정과 최대 고용, 이 두 목표가 같은 방향을 향하는 건 쉬운 일이 아니다. 물가를 잡으려고 금리를 올리면 고용이 흔들린다. 고용을 살리려고 금리를 내리면 물가가 뛰어오른다.

심지어는 두 마리를 다 놓치기도 한다. 1970년대 말, 미국은 이 두 마리 토끼가 동시에 달아나는 광경을 목격했다. 인플레이션 10%에 실업률도 10%. 이게 바로 '인플레이션'보다 더 무시무시하다는 '스태그플레이션'이다. 당시 연준 의장 폴 볼커는 결단을 내렸다. 둘 다 잡기는 불가능하니, 일단 더 급한 한 마리만 잡자. 바로 '물가'다. 그는 물가를 잡기 위해서 금리를 무려 20%까지 끌어올렸고, 무지막지한 금리에 경제는 두 번 연속 침체에 빠졌지만 결국 인플레이션은 잡아냈다. 20%의 금리라니 상상이 안 간다. 물가를 잡기 위한 대가는 엄청나게 컸지만, 물가는 잡았다.

왜 금리가 이렇게 강력한 도구일까?

이건 경제의 혈관을 이해해야 한다. 기업이 공장을 짓는다고 해보자. 대부분의 기업가가 자기 자산으로 회사에 필요한 모든 비용과 투자를 다 하지 못한다. 대부분은 은행에서 빌린다. 금리가 3%일 때와 8%일 때, 같은 100억 원을 빌려도 이자 부담은 연간 5억 원이 차이 난다. 10년이면 50억 원. 어떤 프로젝트는 3%에선 수익이 나지만, 8%에선 적자다. 특히 아직 흑자를 내지 못하는 스타트업이나 미래에는 돈을 벌겠지만 지금 당장은 투자가 많은 성장 기업의 경우에는 담보가 약하기 때문에 이자가 높다. 그러므로 금리가 오르면 적자 기업이 어려워지거나 수익성이 낮은 투자가 하나씩 접힌다. 고용도 따라서 줄어든다. 그게 연쇄적으로 소비를 위축시킨다.

가계도 마찬가지다. 집을 살 때 대부분 대출을 받는다. 금리가 낮으면 더 많은 대출을 받아 더 비싼 집을 살 수 있다. 차도 할부를 받아 더 비싼 차로 산다. 금리가 내려가면 사람들은 조금 더 과감해진다. 대출을 받아 투자도 하고 경기가 살아난다. 반대로 금리가 오르면? 월 상환액이 늘어나고, 소비가 위축된다. 투자도 줄인다. 이게 금리의 메카니즘이다.

금리의 실제 여정

그럼, 이 메카니즘이 실제로 어떻게 작동했는지, 2018년부터 2025년까지의 아주 최근 여정을 따라가 보자.

2018년, 연준은 금리를 네 차례나 올렸다. 연말에는 2.5%에 도달했다. 다행히 경기침체까지 가지 않았고, 인플레이션도 적정 수준이었다. 하지만 이상하게도 주식시장은 불안해했다. 금리가 더 오를지도 모른다는 공포. 아니나 다를까, 2018년 12월 S&P500은 20% 가까이 폭락했다. 크리스마스 직전이었다. 연준 의장 제롬 파월은 주식시장의 비명을 들었다.

그러자 2019년, 분위기가 확 바뀌었다. 연준은 2019년에 세 차례 금리를 인하했다. 2.5%에서 1.75%로. 무역전쟁 우려, 글로벌 성장 둔화 때문이었다. 주식시장은 안도했고 주가는 다시 올랐다. S&P500은 한 해에만 30% 가까이 상승했다. 금리와 주식시장의 상관관계는 무척 빠르고 밀접하다.

금리를 올릴 것 같다는 걱정만으로도 공포가 되어 폭락하고, 금리가 내릴 것 같다는 기대만으로도 폭등한다.

그리고 2020년 3월. 코로나바이러스가 세상을 덮쳤다. 기업도 가계도 한 방에 다 무너졌다. 사상 초유의 사태로 세계 경제가 붕괴할지 모른다는 공포가 덮쳤고, 주식시장은 폭락을 이어갔다.

다시 볼 수 있을까? '제로금리'의 시대

전대미문의 사태에 연준은 역사상 가장 빠르게 반응했다. 두 차례 긴급회의를 열어 금리를 제로 수준(0~0.25%)으로 끌어내렸다. 2008년 금융 위기 이후 처음 있는 일이었다. 동시에 양적완화를 재개했다. 중앙은행이 시중의 채권을 사들여 돈을 풀었다. 정부는 아예 현금을 뿌렸다. 실업수당도 늘렸다. 경기부양책의 규모는 수조 달러에 달했다.

코로나로 사람들은 집에 갇혔지만, 돈은 흘러넘쳤다. 몇 달 전만 해도 예상치 못한 일이 벌어지기 시작했다. 여행을 못 가니까 주식을 샀다. 외식을 못 하니까 온라인쇼핑몰에서 가전제품을 샀다. 밈 주식이 날아올랐고, 암호화폐가 폭등했고, 집값이 치솟았다. 제로금리의 시대. 돈을 빌리는 데 거의 비용이 들지 않았다. 누구나 대출을 받아서 주식 투자를 할 수 있었다. 왠지 세상이 달라진 것 같았다. 그런데 사실은, 인플레이션의 씨앗이 뿌려지고 있었다.

2021년, 물가가 슬금슬금 올랐다. 연준 의장은 '일시적'이라고 말했다. 코로나로 인한 공급망 병목 현상 때문이라서, 곧 정상화될 거라고 시장을 안심시켰고, 시장은 그 말을 믿었다. 아니, 믿고 싶었다. S&P500은 2020년에 이어 2021년에도 27%, 나스닥은 21% 올랐다. 주식시장 모두가 행복해 보였다.

그러다가 2022년이 왔다. 물가가 눈에 띄게 오르기 시작했고, 연준의 태도는 돌변했다. 그것을 알아차린 주식시장은 1월부터 요동치기 시작했다.

연준은 3월부터 본격적으로 금리를 올리기 시작했는데, 그 속도가 전례 없었다. 한 번에 0.75%포인트씩. 네 차례 연속. 역사상 가장 빠른 금리 인상 사이클이었다. 6월에는 미국 소비자물가지수(CPI)가 9.1%를 찍었다. 40년 만에 최고치. '일시적인 인플레이션'이라는 말은 아무도 하지 않았다. 연준은 급변했다. 2022년 초 제로 수준이던 금리가 연말에는 4.5%에 도달했다.

금리 인상이 얼마나 주식시장에 파괴적인가?

주식시장은 비명을 질렀다. S&P500은 그해 20%, 나스닥은 33% 폭락했다. 2008년 금융 위기 이후 최악의 해였다. 주식과 디커플링이어야했던 채권도 무너졌다. 블룸버그 미국 채권 종합 지수는 13% 하락해 1976년 이후 최악의 성적을 기록했다. 주식과 채권이 동시에 무너지는, 어디에도 숨을 곳이 없는 해였다.

하지만 은행 예금은 달랐다. 오랫동안 거의 0%에 머물던 예금 금리가 4%를 넘어섰다. 가만히 앉아서 연 4% 이자를 받을 수 있었다. 주식 투자라는 위험을 감수할 이유가 없었다. 은행에 예금하면 되는데 왜 투자 위험이 있는 주식 투자를 할까.

    절대 실패하지 않는 **미국 주식 ETF 투자**

그런데도 2023년에 연준은 금리를 0.25%를 4번 더 올렸다. 5.25~5.5%까지. 22년 만의 최고 수준이었다. 그 수준에서 1년 넘게 유지했다. 인플레이션이 천천히 내려왔다. 2022년 6월 9.1%였던 CPI는 2024년에는 3%로 내려왔다. 핵심 PCE 물가 지수도 3% 바로 밑까지 내려갔다. 볼커의 교훈이 작동한 것일까? 이번에도 고통스러웠지만 효과는 있었다.

경기침체를 예견한 경제학자들도 틀렸다

그런데 참 묘하고도 다행스러운 일이었다. 전문가들이 5.5%의 금리 시대 뒤에 경기침체를 예고했다. '리세션(경기침체)'을 뜻하는 'R의 공포'나 심지어는 스태그플레이션(고물가 속 경기 침체)을 뜻하는 'S의 공포'를 말하는 목소리가 연말에 여기저기가 나왔다. 하지만 2023년 미국 경제는 리세션도 스태그플레이션도 나타나지 않았다. 경제는 무너지지 않았고, 실업률도 4% 안팎에 머물렀다. 소비는 예상보다 탄탄했다. '연착륙'이라는 단어가 등장했다. 고금리 끝에 과연 경기가 주춤할 뿐 무너지지 않는 연착륙이 가능할까? 물가도 잡고 고용도 유지하는 것. 두 마리 토끼를 동시에 잡는 게 가능할까? 2023~2024년 내내 이런 의심이 이어졌다.

2024년 9월, 연준은 드디어 금리를 내리기 시작했다. 0.5%포인트 인하로 시작해 12월에는 4.5%까지 낮아졌다. 2025년에도 인하는 계속되어 2026년 1월 현재 3.5~3.75% 수준에 머물러 있다. 시장은 다시 활기를 되찾았다. S&P500은 2026년 1월 중순 사상 최고치를 경신했다. 높은 금리에도 불구하고 2023년부터 AI 붐이 가세했다.

엔비디아, 마이크로소프트, 애플. 빅테크가 시장을 높이 이끌었다.

모든 과정에서 우리는 무엇을 배울 수 있을까?

첫째, 금리는 단순한 숫자가 아니다. 그것은 경제의 온도계이자 조절 장치다. 금리가 오르면 미래의 현금흐름은 가치가 떨어진다. 성장주가 타격을 받는 이유다. 금리가 내리면 현재보다 미래가 더 빛난다. 성장에 대한 기대가 주가에 반영된다. 이 단순한 원리가 수조 달러의 자산 가격을 움직인다.

둘째, 연준은 전지전능하지 않다. 그들도 틀린다. 2021년에 '일시적 높은 물가'라고 했던 판단은 틀렸다. 2022년에서야 너무 늦게 반응했다는 비판을 받았다. 그들은 수백 명의 박사급 경제학자를 고용하고 있지만, 여전히 미래를 예측하지 못한다. 다만 현재의 데이터에 반응할 뿐이다.

셋째, 시장은 과잉 반응한다. 공포에도, 희망에도. 2022년 10~12월 주식시장은 저점을 찍었다. 그때가 바닥이었다. 그런데 그걸 아무도 몰랐다. 많은 경제 전문가들이 2023년 주식시장은 더 안 좋다고 전망했다. 2023년에 바로 반등할 것으로 예측한 사람은 소수였다. 주식시장은 늘 먼저 움직인다. 경제가 안 좋으면 연준이 곧 금리 인하를 할 것이라는 기대가 싹튼다. 그래서 연준이 금리를 내리기도 전에 기대로 오르고, 또 금리를 올리기도 전에 '금리 인하를 다 했으니 이제 금리 인상할 일만 남았겠지'라는 생각으로 주식시장은 꺼진다.

넷째, 장기 투자자에게 금리는 소음일 수 있다. 2022년의 하락장을 견디고 주식을 공포에 내던지지 않았던 이들은 급반등한 2023년과 2024년의 상승을 다 누렸다. S&P500은 지난 50년 동안 연평균 10%쯤 상승해 왔다. 그사이에 많은 금리 인상과 인하가 있었고, 수많은 침체와 회복이 있었다. 하지만 하락장에도 주식을 던지지 않고 꾸준히 보유하고 있던 사람에게 내린 만큼 올려주는 것을 반복한다.

2026년 금리 인하 GO? STOP?

연준의 두 마리 토끼 사냥은 계속될 것이다. 연준이 목표로 제시한 '2% 물가'로 아직 가지 못했고, 고용 시장에도 균열의 조짐이 보인다. 2026년의 연준은 또 한 번 어려운 선택의 기로에 서 있다. 끈적끈적한 물가가 언제 다시 튈지 모르는 상황에서 금리를 더 내릴 것인가, 멈출 것인가? 그리고 트럼프 2기 행정부의 무역 갈등과 관세라는 새로운 변수도 등장했다. 여기에 어떻게든 금리인하를 하려는 트럼프 대통령의 저돌성은 어떤 효과를 낼지 예측 불가다.

하지만 개인투자자가 이 모든 것을 예측할 필요가 있을까? 연준 위원들도 못 하는 일을 왜 우리가 해야 할까? 어쩌면 가장 현명한 전략은, 연준의 다음 행보를 맞추려 하지 않는 것일지도 모른다. 꾸준히 매수하고, 길게 보유하고, 시장이 아닌 시간을 믿는 것.

두 마리 토끼를 한 번에 잡는 건 어렵다. 연준도 그렇고, 우리도 그렇다. 하지만 한 가지는 확실하다. 토끼를 쫓는 동안 정작 중요한 것을 놓치는 경우가 더 많다. 금리가 오르든 내리든, 시장이 출렁이든 말든, 결국 남는 건 오래 버틴 사람이다. 시간이라는 토끼는 조용히 기다리는 사람에게만 잡힌다.

39

내 계좌에 내리는 비,
소나기일까? 태풍일까?

시장은 오르거나 내리거나 오락가락한다. 조용히 일정하고 오르거나 내리는 게 아니라, 흔들리듯 왔다 갔다 할 때가 더 많다. 그런데 그 흔들림에도 정도가 있다. 장마철 비, 약한 폭풍우, 가끔은 태풍도 온다. 기상 상태는 일기예보로 구분할 수 있다. 하지만 주식시장의 흔들림은 지나가기 전에는 비인지, 폭풍우인지, 태풍인지 알 수 없다. 비가 오면 우산을 쓰면 되는데, 태풍인 줄 알고 짐을 싸서 아예 도망치는 사람들이 있다. 반대로 태풍이 오는데 우산만 들고 나가는 사람도 있다.

'조정'이라는 단어는 참 묘하다. 영어로는 'correction', 바로잡음이라는 뜻이다. 마치 시장이 뭔가 잘못된 걸 고치는 것처럼 들린다. 주가가 그렇게 떨어지는 데, 그게 '바로잡는 것'이라고? 하지만 주식시장에 익숙해지고 나면 그 표현이 맞다는 것을 알게 된다. 시장은 스스로 끊임없이 고친다. 과열되면 식히고, 너무 차가워지면 데운다. 그 과정에서 누군가는 돈을 잃고, 누군가는 기회를 잡는다.

조정의 범위

조정은 아래에 구체적으로 설명할 조정의 깊이(세기)를 3가지 정도의 수준으로 나눌 수 있고, 조정의 폭(범위)도 3가지 정도로 나눌 수 있다.

첫 번째는 개별 종목(기업 단위)의 조정이다. 시장도 맑고 섹터(업종)도 좋은데, 유독 내 종목 하나만 태풍을 맞고 있다면? 이건 기업 고유의 악재(실적 쇼크, 경영진 리스크 등)일 수 있다. 2024년 1월 초부터 4월 초까지 나스닥은 8%가량 상승했는데, 테슬라는 반대로 35% 넘게 폭락했다. 고금리로 인한 전기차 판매량 감소, 렌트카 회사 허츠의 테슬라 차량 대량 매각, 실적 미달 발표, 일론 머스크 CEO 보상 무효 판결, 중국 공장 가동률 저하 등 악재가 중첩되면서 나 홀로 2023년도 상승분을 다 반납하는 조정을 당했다(하지만 몇 달 후 2024년 6월부터 조정받은 만큼 상승도 했다).

또는 시장의 상승세와 무관하게 혼자 너무 많이 오른 경우에도 홀로 조정을 받기도 한다. 2024년 10월 말부터 12월 중순까지 S&P500이 5%가량 상승할 동안 테슬라는 무려 125% 급등했다. 그리고 2025년 4월 초까지 S&P500이 -17% 정도 조정받을 때 테슬라는 무려 -55%가량 조정을 받았다. 이는 과열된 엔진을 식히는 과정일 수 있다. 테슬라도 그 이후 다시 80% 이상 상승했다.

두 번째는 섹터의 조정, 특정 동네에만 비가 오는 국지성 호우다. 예를 들어, 금리 인상 이슈가 불거지면 기술주 섹터에는 태풍급 조정이 몰아치지만, 돈을 빌려줘서 이자 수익이 늘어나는 금융주 섹터는 약한 비만 뿌리고 지나갈 수 있다.

재미있는 현상은 대장주의 '나비효과'다. 특정 섹터의 대장주인 엔비디아가 급등하면 반도체 섹터 전체를 끌고 올라갔다가, 조정받을 때도 섹터 전반이 동반 하락한다. 이때는 내 종목의 문제가 아니라, '섹터 전체의 흐름'이므로, 섣불리 매도하기보다 섹터의 조정 후 반등을 기다리는 것이 현명하다.

세 번째는 시장 전체의 조정으로, 우리가 가장 두려워하는 조정이다. 거시경제의 충격(전쟁, 팬데믹, 금융 위기 등)이 오면 거의 모든 종목, 섹터가 조정을 받는다. 테슬라도, 애플도, 심지어 코카콜라나 버크셔 해서웨이 같은 안정적인 종목도 다 같이 떨어진다. 숲 전체에 태풍이 온 것이다. 이때는 "왜 내 것만 떨어져?"라고 걱정할 필요가 없다. 초보나 고수나 전문가나 기관 투자자 모두가 겪는 고통이다. 역설적으로 시장 전체에서 그동안 사고 싶었던 우량주를 싸게 살 수 있는 '대바겐세일'이기도 하다.

그리고 미국 주식시장은 S&P500, 나스닥, 다우30, 러셀2000이 있는데, 이 중에서 S&P500 지수를 시장의 대표로 본다. 다우30은 종목이 30개로 너무 적다. 나스닥은 기술주에 쏠려 있어 변동성이 원래 크다. 러셀2000은 시가총액 1,001위에서 3,000위까지의 기업들이라 미국 주식시장에서 비중이 10% 미만이다. 그렇기에 미국 경제의 80%를 반영하는 S&P500 지수를 표준으로 친다.

장마철 비 수준의 얕은 조정: 풀백(Pullback)

S&P500 기준으로 5%에서 10% 사이의 하락. 매년 서너 번쯤 찾아오는 손님이다. 불청객이라기보다는 부정기적으로 들리는 이웃 같

은 존재라고 볼 수 있다. 단일 종목은 부지기수로 이 정도의 풀백은 찾아온다. 테슬라로 치면 450달러에서 410달러로 떨어지는 정도. 우산 쓰고 가다 보면 언젠가는 멈추는 비.

그런데 문제는 이 정도 하락에도 뉴스가 요란하다는 거다. "시장 급락!", "투자자 불안 확산!" 헤드라인은 늘 자극적이다. 왜일까? 조용한 뉴스는 클릭을 못 받으니까. 그래서 5% 하락에도 마치 세상이 끝나는 것처럼 보도한다. 이게 작은 조정인지, 큰 조정인지, 태풍의 시작인지 알 수가 없어서일 수도 있다. 지나가 봐야 알 수 있다. 방송과 신문에서는 호들갑을 떨고, 일부 투자자들은 잔뜩 긴장한다. 긴장해서 그런지 대부분은 얕은 조정을 짧게 끝내고 슬슬 반등한다. 찐 반등일지 아닐지 몰라 또 긴장하곤 한다.

그런데 이런 얕은 조정을 '건강한 조정'이라고 부르는 것이 초보일 때는 불만이었다. 내 주식이 이렇게 10% 가까이 흘러내리는데 '건강하다고?' 당하는 사람에게는 억울하기 그지없다. 시장이 쉬지 않고 오르기만 하면 그게 더 무서운 일이다. 만약 조정 없이 오랫동안 상승한 결과는 어떨까? 더 큰 하락으로 돌아온다. 시장은 숨을 자주 쉬어야 한다. 그것을 자연스러운 현상이라고 받아들이고 두려워하지 말아야 한다.

폭풍우 수준의 본격 조정

S&P500 지수의 10%에서 20% 사이의 하락을 말한다. 개별 종목의 경우에는 30% 내외까지 하락하기도 한다. 연 1~2회 정도 찾아오는 본격적인 조정이다. 2025년 2월 중하순에서 4월 초순까지 19% 정도

조정이 있었다. 폭풍우다. 20% 미만이라 아슬아슬하게 태풍(베어마켓, 약세장) 선언은 면했다. 개별 종목은 더 심하게 떨어진다. 이 당시 엔비디아도 150달러에서 100달러 아래까지 내려앉았다. 무려 35%쯤 빠진 셈이다. 이 정도면 우산 쓰고 집 밖을 싸돌아다니면 안 된다. 시장이 10% 넘게 하락하는 조정이 시작되면 저가 매수 기회는 아껴서 써야 한다는 이야기이다. 물론 DCA 방식으로 기계적인 분할매수는 멈추지 말아야 하지만, '엄청나게 하락했으니 몰빵의 기회'라면서 분할매수 없이 급하게 몰빵 매수하는 일은 지양해야 한다.

사실 이런 조정이 닥치면 대부분의 투자자는 '저가 매수'의 이성보다는 '손절매'의 본능 사이에서 갈등하게 된다. 계좌가 녹아내린 것도 쓰리지만, "여기서 더 떨어지면 어떡하지?"라는 공포가 앞서기 때문이다.

'이번엔 진짜 대세 하락장 아닐까?', '드디어 버블이 터지는 건가?' 비관론자들의 섬뜩한 경고 글을 읽고 나면 머릿속은 더욱 복잡해진다. 굳게 다짐했던 '장기 투자자로서 멘탈을 지키자'라는 원칙은 공포 앞에서 희미해져, 머릿속 저 구석으로 찌그러져 버리기 일쑤다.

정 견디기 힘들고 괴롭다면, 보유 물량의 10~20% 정도를 분할매도하는 것도 방법이다. 그것으로 마음의 평화를 얻을 수 있다면, 나머지 80~90%는 안전하니 그 또한 훌륭한 리스크 관리다.

하지만 이때 가장 중요한 건 소음을 차단하는 것이다. 주식 뉴스와 커뮤니티를 멀리한다. 불안감을 못 이겨 자극적인 뉴스에 휘둘리다 '전량 매도' 버튼을 누르는 순간은, 아이러니하게도 조정장의 가장 깊은 *끄트머리*에서 흔히 목격되는 풍경이다.

개미투자자들의 심리가 최악으로 몰려 멘탈이 붕괴되고, 주식담보 대출의 담보 하한선이 붕괴되어 반대매매(마진콜)가 속출하고, 주가가 더 하락하고 시장에 비명이 가득 찬다. 역설적이지만 바로 그때가 그토록 기다리던 '바닥 신호'일 가능성이 가장 높다.

태풍 수준의 깊은 조정

S&P500 지수가 20% 이상 하락하게 되면 'S&P Dow Jones Indices' 지수위원회에서 '베어마켓'으로 진입했음을 정의하고 언론은 대서특필한다. 우리가 흔히들 얘기하는 약세장의 시작이다.

2022년 주식시장이 그랬다. S&P500은 -25%, 나스닥은 무려 -36%의 하락을 보였다. 제2차 세계대전 이후 S&P500은 이런 베어마켓을 12번 겪었다. 평균 하락 폭이 33% 정도였고, 지속 기간은 14~15개월쯤, 전 고점까지 회복하는 건 평균 2년 가까이 걸렸다. 가장 심했던 건 2007~2009년 금융 위기다. 56%까지 떨어졌다. 전 고점 회복에 4년이 넘게 걸렸다. 2022년은 MDD(최대 하락 폭) 기준으로 2차 세계대전 이후 역대 4번째(나스닥 기준), 역대 7번째(S&P500 기준)로 큰 낙폭이 1년 내내 이어졌다.

참 깊고 긴 시간이다. 태풍 수준의 깊은 조정의 긴 시간 동안 폭풍우 수준의 본격 조정이 몇 차례 반복된다. 태양계 수준의 우주를 여러 개 갖고 있는 은하계처럼 깊고 긴 조정은 그 안에 여러 개의 조정을 담고 있다. 가깝게는 2022년 베어마켓이 그랬다(364쪽 그림 참조). 이 정도 선에서 조정이 마무리될 것처럼 하다 다시 더 깊은 조정이

이어지기를 반복한다. 그러므로 그 끝을 알기가 어렵다. 투자자들은 자포자기하고 희망 갖기를 반복하다가 결국 완전 투항(capitulation) 을 한다. 그제야 희미하게 매수세가 들어오고 서서히 반등하기 시작 한다.

그런데 중요한 것은 어쨌든 모든 베어마켓은 끝났다는 것이다. 당 연하게도 예외 없이. 그리고 끝난 후에는 언제나 더 높이 올라갔다. 2020년 코로나 베어마켓이 극단적인 사례다. 한 달 만에 33% 폭락. 그런데 회복도 2~3개월 만에 이뤄졌다. 역사상 가장 빠른 베어마켓 이자, 가장 빠른 회복이었다. 그때 버틴 사람들은 기억할 거다. 그 공 포를. 그리고 그 공포 끝에 찾아온 보상을.

빠른 주식, 느린 주식

여기서 한 가지 짚고 넘어갈 게 있다. 모든 주식이 같은 속도로 흔들리지 않는다는 사실이다.

테슬라, 엔비디아 같은 고성장주는 전형적인 '빠른' 주식이다. 내릴 때 고장 난 엘리베이터처럼 급락하고, 오를 때 로켓처럼 치솟는다. 2022년이 좋은 예시다. S&P500은 한 19%쯤 빠졌다. 엔비디아는? 65%가 넘게 빠졌다. 세 배가 넘는 하락 폭이다. 반등도 220일 만에 했다.

이걸 숫자로 설명하는 베타(Beta)라는 개념이 있다. 시장 대비 변동성을 측정하는 지표인데, S&P500의 베타가 1.0이라면 성장주는 대략 2.0 정도 된다. 시장이 1% 움직일 때 성장주는 평균 2% 움직인다는 얘기다. 테슬라와 엔비디아 수준이다. 양날의 검이다.

반대로 코카콜라 같은 주식은 '느린' 주식이다. 2022년에 S&P500이 19% 빠질 때 코카콜라는 오히려 7%쯤 올랐다. 방어주의 힘이다. 이런 주식들의 베타는 보통 0.5에서 0.7 사이로 시장보다 덜 흔들린다.

왜 이게 중요할까? 멘탈 때문이다. 테슬라나 엔비디아 같은 성장주에 투자한다면 50% 하락을 견딜 준비가 되어 있어야 한다. 말로는 쉽다. "나는 장기 투자자니까 괜찮아." 그런데 실제로 계좌가 반토막 나는 걸 보면 얘기가 달라진다. 그 순간 사람들 대부분은 패닉에 빠진다. 그게 인간이다. '에이, 설마 내가?'라고 할 수 있다. 막상 주가가 무섭게 빠지면, 매도해야 할 이유가 10가지 넘게 머릿속에 폭죽을 터뜨린다. 무엇보다 '더 내려가면 어쩌지? 그 전에 이거라도 건지자'라는 마음이 든다. 지금 보다 더, 언제까지 더 내려갈지 모른 다는 게 공포다.

상상 속 장기 투자와 실전의 간극

'장투'라는 말은 참 쉽게 쓰인다. "10년 들고 가면 된다." "20년 들고 가면 부자 된다." 맞는 말이다. 역사적으로 증명된 것이다.

그런데 문제는 그 10년, 20년 사이에 무슨 일이 벌어지느냐다. 2022년처럼 계좌가 65% 녹아내리는 걸 그냥 바라보고 있을 수 있을까? 정말 그럴 수 있을까? 대부분은 실제로는 못 견딘다. 이건 거의 '믿음'의 영역이다. 통계가 그렇게 말한다. 개인투자자의 평균 보유 기간은 1년이 채 안 된다는 연구도 있다. 장기 투자를 말하면서 실제로는 단기에 판다.

레이 달리오가 '올 웨더 포트폴리오'를 만든 이유도 여기에 있다. 어떤 날씨에도 견딜 수 있는 포트폴리오. 높은 수익률을 노리는 게 아니다. 생존을 노리는 거다. 성장주, 가치주, 채권, 금을 섞어서 변동 성을 낮춘다. 수익률은 시장 평균보다 비슷하거나 오히려 살짝 낮은 정도. 그런데 변동성이 시장 평균보다 낮다. 그래서 버틸 수 있다.

레이 달리오 같은 최고의 전문가의 투자 전략이 '수익률'이 아니라 '생존'을 목표로 한다는 것. 그런데 생각해 보면 당연하다. 죽으면 끝 이니까. 중간에 손절하고 나가면 그 뒤에 무슨 상승이 오든 소용없다.

반론: 주식 투자는 수익 때문에 하는데 고성장주가 낫지 않나?

물론 반대 의견도 있다. 테슬라는 2020년 한 해에만 740% 올랐다.

　절대 실패하지 않는 **미국 주식 ETF 투자**

74%가 아니라 740%다. 코카콜라가 수십 년 걸려도 못 만들 수익률이다. 변동성을 감수하고 고성장주에 올인하는 게 더 합리적인 선택 아닌가?

버틸 수만 있다면 그것도 답이다. 그런데 '버틸 수 있느냐'가 문제다. 2020년 3월 폭락장에서 테슬라를 추가 매수한 소수의 사람은 엄청난 보상을 받았다. 그런데 폭락의 한가운데서, 더 떨어질 가능성이 더 높다고 다들 이야기하는 공포 속에서 실제로 매수한 사람이 얼마나 될까? 대부분은 공포에 질려서 팔았다. 아니면 아무것도 못 하고 얼어붙어 있었다. 아무것도 못 한 사람도 결국은 승자다.

결국 최고의 전략은 '버틸 수 있는 전략'이라는 얘기다. 고성장주 100%를 버틸 수 있는 사람은 그렇게 하면 된다. 그런데 자기의 멘탈을 과대평가하는 건 위험하다. 대부분 사람은 자신이 생각하는 것보다 막상 버텨야 하는 국면에 들어가면 훨씬 약하다. 그래서 시장이 그걸 가르쳐준다. 가끔은 아주 비싼 수업료를 내면서.

폭풍이 지나간 자리

2025년 2월에서 4월 사이, 시장은 또 한 번 요동쳤다. 그 하락장을 겪은 사람들은 알 거다. 이론과 실전이 얼마나 다른지. '큰 수익'보다 '살아남는 것'이 더 중요하다는 걸.

퇴직연금 같은 장기 계좌가 강제로 분산 투자되도록 설계된 이유가 있다. 그게 답답할 때도 있다. '왜 안전자산 30%라는 가이드 라인을 두는 거지?'라며 규제에 답답해한다. 그런데 하락장이 오면 생각이 달라진다. '아, 그래서 이렇게 만들어놨구나. 다행이다.'라며.

시장은 늘 돌아왔다. 1929년 대공황 이후에도, 2008년 금융 위기 이후에도, 2020년 코로나 이후에도. 문제는 그 '돌아오는 동안'을 버티는 거다. 시간이 지나고 나면 그 길고 힘들었던 시기가 거의 작은 생채기처럼 보인다.

워런 버핏이 남긴 말이 있다. "다른 사람들이 탐욕스러울 때 두려워하고, 다른 사람들이 두려워할 때 탐욕스러워라." 말은 쉽지만, 막상 내 계좌가 파랗게 질려갈 때 '욕심'을 내기란 불가능에 가깝다. 버핏이 금융 위기 때 과감히 투자할 수 있었던 건, 그가 두려움을 몰라서가 아니라 수없는 하락장을 겪으며 맷집을 키워왔기 때문일 것이다.

우리에게도 앞으로 수많은 조정장이 올 것이다. 난폭한 폭락장일 수도 있다. 그것이 비인지, 폭풍우인지, 태풍인지 구분하려고 노력하는 대신, 그것이 폭풍우나 태풍일지라도 피하지 않고 지나가기를 묵묵히 기다리는 방법을 지금이라도 준비하고 익혀둬야 한다. 지금까지 이 책에서 설명한 모든 것이 그것을 위한 준비와 이해를 위한 것이었다.

실제 폭풍이 지나간 자리는 폐허가 남지만, 이와는 다르게 주식시장에서의 폭풍이 지나간 자리 뒤에는 반등이 찾아온다. 놀라운 주식시장 상승세가 오는 경우가 대부분이다. 반면 폭풍의 막판 거센 비바람 속에서 겁에 질려 주식을 매도한 이들은 이때 다시 한번 심각한 상승 기회 박탈과 함께 정신적 타격을 받는다. 상승할 주식이 없고, 인내하지 못했다는 자괴감과 모멸감을 겪게 된다.

 절대 실패하지 않는 미국 주식 ETF 투자

40

'존버'를 다짐했던 당신이
무너지는 순간

"누구나 그럴듯한 계획이 있다, 처맞기 전까지는"

마이클 타이슨의 말이다. 권투처럼 주식도 처음 -5%가 빠졌을 때는 여유가 있었다. "건강한 조정이야, 오히려 싸게 살 기회지." 하며 줍줍하는 여유를 보인다. 그런데 -10%가 되고, -20%를 넘어 계좌의 맨 앞자리가 단위가 하나 삭제되는 바뀌는 순간, 웃음기는 사라진다. 사람은 돈 앞에서 확 변한다. 절박해지기 때문이다.

뉴스는 주가가 더 하락할 거라는 확신을 심어주기에 부족함이 없는 악성 기사를 쏟아낸다. 굳게 다짐했던 '장기 투자'와 'Just Keep Going'의 원칙은 온데간데없고, 공포에 질려 '투매(Panic Selling)'나 '지금까지 내가 아무것도 안 하고 뭘 한 거지? 지금이라도 뭔가 해야겠다'라는 강박에 사로잡힌다.

조정이 깊어지면 고통받지 않는 투자자는 없다. 고수도, 월가의 펀드 매니저도 예외는 아니다. 문제는 이 필연적인 고통 앞에서, 빨리 벗어나고 싶은 마음에 저지르는 치명적인 실수를 누구나 한다. 계좌를 영영 회복 불가능하게 만드는 '최악의 선택'을, 개인적인 경험담을 통해 소개할 테니, 읽는 분도 스스로 이 상태인지 점검해 보라. 레버리지와 인버스를 타본 적이 없는 분들은 절대로, 굳이 직접 체험해 보지 말길 빈다. 이렇게 소개하는 것은 하라는 게 아니라, 처참함을 몸소 겪지 말라고 소개하는 것이다.

레버리지와 인버스의 함정

손실이 심각해지면 투자자의 눈에는 악마의 유혹이 들어온다. 누구나 귀신에 씐다.

"아무래도 더 하락할 것 같다. 지금이라도 인버스(SQQQ 같은)로 갈아타서 하락분을 먹고, 바닥에서 다시 3배 레버리지(TQQQ)로 갈아타면 원금을 금방 복구할 수 있지 않을까? 이 방법밖에는 없지 않을까? 난 할 수 있다! 아니 해야만 한다!" 결론부터 말하면, 이건 계좌를 엉망진창으로 만드는 가장 빠른 지름길이다.

대부분의 개인투자자는 인버스를 타는 순간 초조하게 시황을 모니터링하며, 주식시장 하락이 더 깊어지기를 기대한다. 하지만 기대와는 반대로 그제야 주가는 바닥을 치고 올라가는 것을 목격하게 된다. 그래서 밤잠 못 자고 계속 인버스마저 마이너스로 찍히는 것을 보다가, '아, 내가 다 던지고 인버스 갈아타서 이제 반등하나 보다. 가만히 있을걸, 괜히 인버스를 타서 또 얼마나 손해야'라며 자책 속에 SQQQ를 매도하고, 이 손해까지 다 보상받기 위해서 TQQQ로 갈아탄다. 그런데 그 순간, 주가는 다시 내려간다. -5%, -10%, -15%….

이렇게 엇박자를 타기 십상이다. 하지만 이건 '내가 운이 없어서'가 아니라 조정장에서 훈련받지 않은 개인투자자들이 모두 겪는 전형적인 행동 오류다. 앞서 말한 '손실 회피 편향'이 여기서도 작동한다. 손실이 커질수록 합리적 판단이 무너지고 극단적으로 선택을 하게 되는 거다.

실제로 레버리지 ETF들의 상품 설명서를 보면 발행사들조차 이렇게 경고한다. "이 상품은 일일 수익률 추종을 목표로 하며, 장기 보유 시 복리 효과의 오차로 인해 예상과 다른 결과가 발생할 수 있습니다." 그런데 이 경고를 읽고도 '나는 다르다'라고 생각한다. 왠지 내가 타면 성공할 것 같다.

이렇게 우왕좌왕 인버스와 곱버스를 막 갈아타다가는 아무리 워런 버핏이라도 자산은 순식간에 녹아내린다.

왠지 우리는 착각한다. 고수들이나 월가 트레이더들은 이렇게 해서 손실을 보전할 것이라고. 그런데 그들은 그렇게 하지도 않고, 그렇게 못 한다. 내려갈 때도 먹고, 올라갈 때도 먹는 '스위칭' 전략은 신의 영역이다.

월가의 오랜 격언이 있다. "시장 타이밍을 맞추려는 시도는 프로에게도 자살 행위다. 방향을 예측할 수 있다고 믿는 순간, 당신은 이미 시장에 돈을 갖다 바친 것이다."

이보다 더 최악은 바닥에서 이제 확실히 반등할 것이니 이때 신용 대출을 받거나 주식담보 대출을 받아서 모든 손실을 다 보상받겠다는 미치광이 전략이다. 이것이 가장 위험하다. 불덩이에 화약을 안고 뛰어드는 자살 행위나 다름없다. 개인투자자 대부분이 이런 무모한 모험을 감행하다가 재산을 탕진하고 빚쟁이로 살아간다. 운 좋게 한 번은 성공할 수 있다. 그런데 행운은 두 번, 세 번 따라주지 않는다.

우량주를 팔고 '싼 주식'으로 도망가기

"내 포트폴리오의 1등 주를 팔고, 지금 반의 반토막 난 저 '싼 주식'을 사는 것이 반등할 때 더 빠르지 않을까?"

조정장에서 일반 투자자들이 또 많이 지르는 실수가 바로 이거다. 엔비디아, 애플, 마이크로소프트 같은 우량주나 QQQ, VOO 같은 아주 기본적인 ETF나 평소 보유하고 있던 포트폴리오의 ETF를 처분하고, 원래는 포트폴리오에 담길 계획이 없었지만, 이번 조정에서 상대적으로 더 많이 떨어진 종목이나 ETF로 순간적인 판단으로 옮겨 탄다. 손실을 메우기 위해서 '더 많이 떨어졌으니 더 빨리 오를 거야'라는 착각으로 원래 계획에도 없던 종목이나 ETF로 갈아탄다.

그렇게 해서 더 빨리 더 많이 반등할 확률은 매우 낮다. 투자 연구 기관들이 수십 년간 추적한 결과를 보면, 하락장에서 우량주를 팔고 변동성 큰 종목으로 옮긴 투자자들의 회복 속도가 오히려 더 느렸다고 한다. 그런데 왜 이런 일이 반복될까?

사람들은 '더 많이 떨어진 것'을 보면 '더 빨리 오를 것'이라고 착각한다. 그런데 시장은 그렇게 단순하지 않다. 2020년 코로나 팬데믹 당시를 한번 떠올려보자. 애플은 최고점 대비 -32% 정도 떨어졌다. 같은 기간 미국의 대형 렌터카 회사였던 허츠(Hertz)는 무려 -95%까지 폭락했다. 그럼, 허츠가 더 빨리 올랐을까? 아니다. 1년

절대 실패하지 않는 **미국 주식 ETF 투자**

후 애플은 +85% 반등했지만, 허츠는 파산 신청 후 상장 폐지됐다. '많이 떨어진 것'이 '더 빨리 오를 것'이라는 착각이 얼마나 위험한지 보여주는 사례다.

투자 고수들이 입을 모아 하는 말이 있다. "하락장에서 우량주를 버리는 건, 전쟁터에서 가장 튼튼한 방패를 던지고 구멍 난 티셔츠로 갈아입는 것과 같다. 회복 탄력성은 기업의 펀더멘털이 결정한다."

우량주는 하락장에서 방어력이 좋고, 반등할 때 회복 탄력성도 좋다. 계획에도 없던 '많이 떨어진 것으로 갈아타기'는 전쟁터에서 방탄조끼를 벗어 던지고 구멍 난 티셔츠로 갈아입는 행위와 같다. 이 유혹을 뿌리치고, 내가 아는 확실한 가치를 쥐고 있는 것. 그게 조정장에서 해야 할 행동의 전부다.

그래서 최고 우량주에만 투자하라는 것이었다. 우량 종목과 ETF는 상승장에서도 좋지만, 조정장에서도 나름 잘 버텨주고, 회복할 때도 덩치가 커서 더뎌 보이지만 결국 어느샌가 회복되기 때문이다. 하지만 우량주 중에서도 테슬라나 엔비디아처럼 변동성이 큰 종목은 하락할 때 매우 큰 스트레스다. 그런데 변동성이 큰 것은 감수해야 할 몫이다.

다만, 테슬라나 엔비디아 2배나 3배 레버리지는 위험하다. 1배의 변동성과 2배의 변동성은 완전히 다른 차원의 이야기다.

정말로 괴롭다면, '일부 분할 매도'를 해라

그럼에도 불구하고 잠을 못 잘 정도로 불안하다면, -20%를 지나 -30%까지 내려가서 너무 심리적 스트레스를 받고 있다면 무조건적인 '존버'만이 정답은 아닐 수 있다. 이때는 현실적인 타협이 필요하다.

만약 현재 -20% 이상 마이너스 상태이고 너무 괴롭다면, 10~20%만 매도해서 마음의 평화를 찾는 것도 좋다. 보유 물량 전량을 던지는 게 아니라, 딱 밤잠을 잘 수 있을 만큼의 비중만 줄이는 거다. 그리고 그 이후에 또 -10% 더 하락한다면, 여기에 추가로 딱 10%만 더 매도하라. 절대로 전량 매도하거나 크게 매도하면 안 된다.

행동경제학 연구를 보면, 투자자가 견딜 수 있는 손실 한계는 개인마다 다르다고 한다. 어떤 사람은 -10%만 되어도 밤잠을 못 자고, 어떤 사람은 -50%를 봐도 태연하다. 중요한 건 '내 한계'를 아는 거다.

투자 전문가들 사이에서 통용되는 원칙이 있다. "심리적 한계를 넘으면 패닉 셀링으로 이어지고, 이는 전량 매도보다 더 나쁜 결과를 낳는다. 차라리 일부를 팔아 마음을 진정시키고 나머지를 지키는 게 훨씬 합리적이다."

실제로 여러 증권사 리서치를 종합해 보면, 하락장에서 포트폴리오의 10~15% 정도만 매도해서 현금을 확보한 투자자들이 전량 보유한 사람보다는 수익률이 약간 낮았지만, 전량 매도한 사람들보다는 훨씬 나은 결과를 보였다고 한다.

하지만 이것은 정말 어려운 행동이다. 트레이딩을 훈련받지 않은 개인에게 이런 행위는 매우 어렵고, 손실을 더 가중시킬 수 있다. 엄정하고 능숙하게 할 자신이 없다면 차라리 아무것도 하지 않는 게 좋다.

이렇게 10~20% 정도 매도해서 마련한 현금은 멘탈 관리용이다. "더 떨어지면 이 돈으로 줍지. 뭐"라는 여유가 패닉 셀링을 막아준다. 그리고 대부분의 물량(80% 이상)은 그대로 보유해야 시장이 급반등할 때 소외되지 않는다. 그렇다면 재매수, 어떻게 하는 게 제일 안전할까?

팔았으면 다시 사야 한다. 그런데 언제?

정답은 없다. 개인이 할 수 있는 가장 단순하고 안전한 방법은 뭘까? 이것도 정말 잘 해야 한다.

첫째, 바닥을 맞추려 들지 마라.

'지금이 바닥이야'라고 확신하는 순간은 오지 않는다. 바닥은 지나고 나서야 보인다. 그러니 '바닥을 찍었다. 지금이 바닥이다'라는 생각이 들 때가 아니라, '이제 반등하는구나'라며 반등세를 볼 때 들어가는 것이 안전하다. 며칠 더 지났다고 최악의 바닥에서 최고의 꼭대기까지 단숨에 올라가는 건 아니니까. 단기 이평선이 장기 이평선을 확실하게 뚫을 때까지 기다리는 게 안전하지만, 바닥에서 사겠다는 욕심은 버려야 한다.

월가에서 격언 중 "바닥을 맞추려는 시도는 가장 어리석은 탐욕이다."라는 말이 있다. 바닥은 지나고 나서야 확인된다. 실제로 여러 투자기관의 과거 데이터를 보면, 정확한 바닥에서 매수한 사람과 바닥 이후 5~10거래일 정도 지나서 매수한 사람의 장기 수익률 차이는 생각보다 크지 않았다고 한다. 그런데 너무 일찍 들어갔다가 '가짜 바닥'을 잡은 사람들은 훨씬 큰 추가 손실을 봤다. 조금 늦어도 확실할 때 들어가는 게 훨씬 안전하다는 뜻이다.

둘째, 한 방에 다 매수하지 마라.

10~20% 현금화했다면, 그 돈을 3~5회로 쪼개서 매수하라. 예를 들어, 이렇게 3회가 아니라 5회 분할을 한다면 20%씩 매수. (매수 타이밍에는 정도나 정답이 없다. 각자의 감각적인 해석과 규칙일 뿐이다. 65%의 확률이라고 믿을 뿐이다.)

- 1차: 200주 이평선이라는 큰 의미 있는 지지선을 찍고 반등 신호가 보였던 다음 주, 전체 현금의 30% 매수
- 2차: 반등하면서 50주 이평선이라는 의미 있는 저항선을 뚫은 다음 주, 30% 추가 매수
- 3차: 단기 이평선(20주 선)이 장기 이평선(50주 선)을 뚫은 골든 크로스를 보인 다음 주, 나머지 40% 투입

왜 이렇게 하냐고? 정말 바닥일지도 모르니까. 아닐지도 모르니까. 그게 인간이 할 수 있는 최선이다. 거의 확실한 반등이니 '분할매수는 아깝다'라고 생각할 때가 위험한 때다. 한방에 반등한다고 해도 분할매수를 한 건 거의 이익에서 차이가 없지만, 리스크 관리에는 큰 차이가 있다.

성공한 투자자들의 공통된 원칙 중 하나가 바로 이거다. "절대로 한 번에 포지션을 구축하지 않는다. 시장이 예상과 다르게 움직일 가능성이 항상 존재하기 때문이다. 분할매수는 겸손의 표현이자, 생존의 기술이다."

(주간 차트) 2022년 말~2023년 초, 약세장이 언제 끝나 반등할지 아무도 알 수 없었다. 다만 즉흥적으로 결정하지 않고, 사전에 '나만의 줍줍 매수 타이밍'은 마음 깊이 새겨두고 있는 것이 좋다.

여러 자산운용사의 백테스트 결과를 봐도, 하락장에서 3~5회 정도로 나눠서 재진입한 투자자들이 한 방에 매수한 사람들보다 평균적으로 더 나은 수익률을 기록했다고 한다. 타이밍이 조금씩 어긋나도 평균적으로 괜찮은 가격에 들어갈 수 있다는 뜻이다.

셋째, 매수 타이밍의 신호들.

완벽한 신호는 없다. 그런데 약한 힌트 정도는 있다.

- 거래량 증가와 상승: 바닥에서 찐반등할 때는 거래량이 평소보다 훨씬 많다. 거래량이 눈에 띄게 늘어나지 않는 상승은 가짜일 확률이 높다.

- 2~3일 연속 상승: 하루 급등은 속일 수 있지만, 3일 연속은 속이기 어렵다.
- VIX 지수 하락: 공포 지수가 확실히 떨어진다는 건, 시장이 숨을 돌린다는 뜻이다.

그런데 이것도 절대적인 건 아니다. 그냥 조금 덜 틀릴 확률을 높이는 것뿐이다.

넷째, 재매수도 우량주로.

팔 때 우량주를 팔았다면, 살 때도 우량주를 사라. 이상하게도, 하락장 끝에서 사람들은 '이번엔 더 많이 떨어진 잡주가 더 빨리 오를 거야'라고 착각한다. 하지만 역사는 말한다. 회복 탄력성은 우량주가 제일 좋다고.

현금 20%는 바닥에서 쓰는 게 아니다

'최후의 순간을 위한 20% 현금'이라는 말을 들어봤을 거다. 그런데 도대체 이 20%는 언제 써야 하나? '정말 더 이상 못 버틴다', '정말 최악의 지하 20층이다'라고 할 때? 아니다.

다시 한번 강조하지만, 현금 20%는 '바닥이구나'라는 생각이 들 때 쓰는 게 아니다. 바닥은 아무도 맞추지 못한다. '바닥을 찍고 확실히 반등하는구나!' 하는 것은 최소한 바닥을 지나고 3~4일, 아니 1~2주일 정도는 지나 봐야 안다.

최악의 바닥에서 반등은 그렇게 쉽게 한 방에 오지 않는다. 쌍바닥을 다시 한번 찍을 수 있고, 지지부진하게 오락가락 하루에도 여

절대 실패하지 않는 미국 주식 ETF 투자

러 번 반등 여부를 실험하는 모습을 보인다.

그리고 지독한 하락을 했다면, 조금 늦게 천천히 들어가도 먹을 수 있는 반등의 폭은 크니, 너무 바닥에서 20%를 쓰려고 애쓰지 않는 게 좋다. 며칠 더 지났다고 최악의 바닥에서 최고의 꼭대기까지 단숨에 올라가서 매수 기회를 놓치는 일은 없다. 너무 서두르지 않아도 된다. 오히려 찐반등이 아닐 확률을 경계해야 한다.

20%를 어떻게 슬기롭게 쓰냐에 따라서, 바닥을 경험한 자에게 주는 보상을 누릴 수 있다. 절대로 '이게 최악의 바닥일 거야' 단계에서 쓰는 게 아니라 '확실히 여유 있게 지켜봐도 이건 바닥 탈출해서 반등이 확실해'라는 때에 써야 한다.

그것도 한 방에 다 쓰는 게 아니라, 20%를 쪼개고 쪼개서 3~5회 분할매수 해야 한다.

다시 말하지만, 당신은 훈련받은 트레이더가 아니다. 우리 같은 개인투자자들은 뭔가를 해서 잘못할 확률이 60% 이상이다. 그러므로 항상 분할매수, 매도를 잊지 말아야 한다. 그것만이 허술한 개인투자자를 지켜주는 방패막이다.

조금 덜 이익 보고, 안전하게 하겠다는 마음. 그게 가장 중요하다.

살아남는 것이 강한 것이다

역사상 모든 부자는 폭락장에서 태어났다. 그런데 그들은 현란한 기술로 파도를 탄 사람들이 아니라, 튼튼한 배(우량주) 안에서 파도가 지나가기를 묵묵히 기다린 사람들이다.

지금이 조정장 또는 하락장이라면 해야 할 일은 명확하다. 다시 한번 읽고 다짐하자.

하나. 인버스나 레버리지로 손실을 한 방에 만회하려는 도박을 해서는 안 된다. 성공 확률은 10% 미만이다.

둘. 우량주를 팔아 더 많이 하락한 '싼 주식'으로 갈아타는 우를 범하지 말자. 그건 투기 확률을 높이고 장기 성장의 기회를 스스로 차버리는 행위다.

셋. 너무 힘들면 소량만 매도하고, 그 예수금 꼭 쥐고 함부로 쓰지 않도록 지켜야 한다.

넷. 현금 20%가 있다면 최악의 바닥이라고 판단할 때가 아니라, '여유 있게 며칠 숨 돌리고 이제 확실한 반등이야'라고 생각할 때 분할매수로 써라.

비바람이 몰아칠 때 밖으로 나가서 싸우는 건 용기가 아니라 만용이다. 튼튼한 집 안에서 문을 걸어 잠그고 절도 있게 버티는 것, 그게 개인이 기관을 이기는 유일한 길이다.

그리고, 절대로 레버리지와 인버스로 돈 벌 생각은 하지 않는 게 육체적, 정신적 건강에 좋다. 퇴근 후 온라인 부업으로 한 달에 100만 원 벌기, 매일 일과 시간에 본업을 하고 와서 대리운전 기사 하면서 한 달에 100만 원 더 벌기, 미국 주식 레버리지와 인버스로 한 달에 100만 원을 벌기 중 어느 것이 10년 정도 해서 가장 돈 벌기 수월할까? 세 가지 모두 10년 동안 하기 힘들다. 첫 한두 달은 해낼 수 있다. 하지만 이걸 몇 년 동안 해서 돈 벌기란 정말 고달프고 힘든 일이다. 특히 온라인 부업과 대리운전은 하고 나면 돈이 벌리겠지만, 레버리지와 인버스는 오히려 원금까지 잃어버리고 빚까지 질 수 있다는 점을 기억해야 한다. 다음엔 더 잘해서 대출받아서 잠깐 레버리지와 인버스 하면 대박이 날 것으로 믿는 이들도 있기 때문이다.

내 멋진 미래에
투자한다는 것

41

마침, AI·로봇의 시대.
완전 럭키비키!

2019년 말, 미국 주식을 시작하고 처음에는 주식으로 돈이 벌리는 게 신기하기만 했다. 그것도 미국 주식으로. 그러다가 2021년 11월 최고점을 경험하고, 2022년 1년 내내 최악의 약세장도 경험했다. 그리고 2023년 그제야 정신을 똑바로 차리고, 왜 내가 투자하려고 하는지, 어떻게 하면 제대로 된 투자를 할지 고민하기 시작했다. DCA 방식으로 매달 월급날 포트폴리오에 따라 자동으로 적립식 매수가 이루어지고, 퇴직연금 DC형 계좌에 회사가 매달 퇴직금을 넣어주면 그것도 포트폴리오에 따라 자동으로 매수가 되게 해놨다. 계좌 잔고를 확인하면 주가가 떨어지는 징크스가 있어서 일부러라도 확인하지 않는다.

수백 년만의 기술 전환기 시작

2022년은 한 해 내내 인플레이션과 금리 인상 이야기로 우울한 도

배가 이루어졌다. 실제로 주가는 끝도 없이 계속 떨어지고 빅테크들은 더 힘없이 떨어지고 테슬라는 끝도 없이 추락하고, 엔비디아도 기세를 잃고 나락으로 가는 듯했다. 주식 투자가 뭐 이런가 싶었다. 기업들의 실적이나 미래지향적인 것은 온데간데없고 오직 인플레이션 얘기로 시작해서 금리 인상 얘기로 이어졌다. 주가도 실망스러웠지만 주식 투자가 재미가 없었다.

그러다가 2023년 1월부터 서서히 뉴스 헤드라인이 바뀌기 시작했다. 챗GPT가 매일 뉴스에 등장하고, 사람들이 "AI가 세상을 바꾼다"라고 떠들었다. 실리콘밸리 전체가 움직였고, 빅테크 기업이 연간 수백억 달러를 AI에 쏟아붓기 시작했다. 제미나이, 클로드, 퍼플렉시티가 거의 매 분기 업데이트 경쟁을 벌였다. 그 와중에 엔비디아 주가는 한 해 만에 두 배, 세 배씩 뛰었다.

나는 그냥 장기 투자를 시작하려던 참이었는데, 시장은 수백 년만의 기술 전환기 시작이었다. 마치 증기기관 시대가 열릴 때, 철도 시대가 열릴 때, 인터넷 시대가 열릴 때 그 자리에 서 있는 느낌이었다. 아마 100년 후의 후세대들은 2022년 11월 30일 오픈AI의 챗GPT 3.5의 출시, 그리고 2025년 11월18일 구글의 제미나이 3.0의 업그레이드로 챗GPT와의 진검승부를 시작한 날을 역사적인 기록으로 남길 것이다. 이게 운인지, 우연인지, 아니면 그냥 시대가 원래 이렇게 흘러가는 건지 알 수 없었다. 한 가지 분명한 건, 최고의 투자 기회를 내가 노력하지 않고 만났다는 것이다.

장기 투자자에게도 타이밍이 중요할까?

방향이 맞는 장기 투자를 하는 데, 그 중간에 타이밍까지 맞는다면 그 투자 결과는 훨씬 증폭된다. AI와 로봇이 앞으로 10년, 20년 동안 경제 전체의 생산성을 끌어올릴 가능성이 크다면, 그 중심에 서 있는 기업들을 사서 아무것도 하지 않고 그냥 오래 묵히는 전략은 "아무것도 안 하는 게 아니라, 가장 강력한 무언가를 하는 것"이 된다. 시대의 방향을 읽고, 그 방향에 돈을 얹어두고, 시간이 일하게 만드는 것. 이게 장기 투자의 본질 아닐까?

그런데 문제는 이거다. "지금이 정말 그 타이밍인가?" 아니면 "또 하나의 과대광고 사이클인가?" 이 질문에 답하려면, 지금 벌어지는 일들을 좀 더 차분히 들여다볼 필요가 있다.

빅테크 기업들이 연간 수백억 달러를 AI 인프라에 쏟아붓고 있다. 이들은 이미 현금흐름이 두툼한 기업들이다. 꿈을 팔아 돈을 모으는 게 아니라, 돈을 이미 벌고 있는 기업들이 미래를 사고 있는 그림이다.

챗GPT는 2022년 11월 말 출시한 후 두 달 만에 사용자 1억 명을 넘겼다. 그 후 3년 동안 구글 제미나이는 기대에 미치지 못하는 경쟁자였다. 늦게나마 챗GPT를 추월하기 위해서 치열하게 업데이트 경쟁을 벌이다, 2025년 말에 와서야 성과를 내면서 '역시 구글'이라는 평가를 받고 있다. 일론 머스크도 xAI라는 AI 전문기업을 설립해서 막대한 투자를 통해서 그록(Grok)을 야심차게 키우고 있다. 테슬라 자율주행과 옵티머스 로봇의 소프트웨어에 사용되는 등 '물리 AI'의 기반이 되고 있다.

사용자들의 가려운 부분을 긁어주는 클로드, 퍼플렉시티, 오픈소스인 메타의 라마도 발 빠르게 발전하고 있다. 기업들은 이들을 활용해서 AI 챗봇을 고객센터에 붙이기 시작했고, 코딩 보조 도구는 개발자들의 일상이 됐고, 비개발자들도 바이브 코딩으로 원하는 앱을 만들기 시작했다. 물류창고엔 로봇이 돌아다니기 시작했고, 자율주행 택시는 샌프란시스코와 피닉스에서 이미 영업 중이다. 이건 '10년 뒤 꿈'이 아니라 '지금 벌어지는 일'이다.

AI 시대의 핵심 기업들은 대부분 이미 자기 산업에서 1~2위를 차지하고 있는 기업들이다. 엔비디아는 GPU 시장의 80% 이상을 장악했고, 마이크로소프트는 클라우드와 오피스 생태계를 움켜쥐고 있다. 테슬라는 전기차와 자율주행 데이터에서 압도적이고, 구글은 검색과 광고, 유튜브라는 플랫폼을 갖고 있다. 이들은 AI가 없어도 잘 나가는 기업들인데, AI가 더해지면서 서비스의 깊이와 폭까지 더해지는 기업이 되고 있다.

그럼, 이 타이밍에 장기 투자자는 뭘 해야 할까? 정답은 의외로 단순하다. 꾸준히 사 모으되, 방향을 AI·로봇 중심으로 조금만 기울이면 된다.

중요한 건 'AI 버블의 타이밍을 맞히려 하지 말라'는 점이다. 지금 AI 주들이 비싸 보인다고 해서 '떨어질 때까지 기다렸다가 사야지'라고 생각하면, 결국 못 산다. 시장은 늘 불확실하고, 가격은 늘 '지금은 비싸 보인다'라고 속삭인다. 주가가 하락한다고 해서 객관적인 누군가가 나타나서 '이제 적정 주가'라고 해주지 않는다. 그때도 '여전히 고평가다'라고 하는 경우가 많다. 하지만 10년 뒤에 돌아보면,

지금이 싸게 느껴질 것이다. 그게 기술 전환기의 특징이다.

그래서 타이밍을 노리지 않는 장기 투자자의 무기이자 방패는 'DCA 분할매수'다. 매달 일정 금액을 '기계적으로' 사 모으는 것. 가격이 오르든 내리든 상관없이. 이 방식의 강점은 감정을 배제한다는 데 있다. '지금 사야 하나, 말아야 하나?'라는 고민 자체를 없애버린다. 그냥 산다. 꾸준히. 시간이 평균 단가를 조절해 주고, 시장의 방향이 수익을 만들어준다.

AI와 로봇과 같은 수백 년 만의 기술 전환기는 자주 오지 않는다. 평생에 한 번 정도? 그 타이밍을 만났을 때, 장기 투자자가 할 일은 복잡하지 않다. 방향을 확인하고, 꾸준히 사 모으고, 시간이 일하게 만드는 것. 그게 전부다.

42

혁명의 시대,
AI 버블과 함께 사는 법

2022년 말과 2023년 초, 많은 전문가들이 경고했다. 연준이 금리를 더 올릴 것이고, 경기침체가 올 것이라고. 실제로 2023년 3월 실리콘밸리 은행이 무너졌고, 5월에 퍼스트 리퍼블릭이 파산했다. "지금이라도 주식을 팔아서 현금화하라"는 조언이 넘쳐났다.

하지만 2023년 S&P500은 24%, 나스닥은 43% 올랐다. 그리고 2024년 초에도 비슷했다. '여전히 리세션의 위기는 사라지지 않았다' '밸류에이션이 너무 높다.' '닷컴 버블처럼 AI 버블이 곧 터진다.' 주가는 오르고 있었지만, 투자자의 마음 불안은 여전했다. 버블을 가릴 때 흔히들 쓰는 도구인 '워런 버핏 지표'는 200%를 넘었고, '쉴러(CAPE)'는 39를 찍었다. 역사적으로 위험한 수준이라는 경고가 끊이지 않았다.

그런데 2024년에도 S&P500 주가는 또 23%, 나스닥은 29% 올랐다. 생각해 보면, 시장 예측이라는 건 참 묘한 게임이다. 맞으면 영웅이 되고, 틀려도 다음 예측을 할 수 있다. 그런데 그 예측을 믿고 행동한 사람들의 기회비용은? 아무도 계산하거나 보상해 주지 않는다. 예측한 사람은 그저 "제 의견일 뿐입니다."라는 면책조항 하나로 용서를 받고, 다음에 또 예측한다. 그런데 우리는 지금 또 한 번의 경고 앞에 서 있다. "닷컴 버블처럼 AI 버블도 곧 터진다." 정말 그럴까?

비관론자들의 근거, 숫자로 본 불균형

경고의 목소리에도 나름의 근거는 있다. 최근 2년간 빅테크 기업들이 AI 인프라에 쏟아부은 돈이 5,600억 달러(약 770조 원)다. 그런데 이 투자로 벌어들인 AI 관련 매출은? 고작 350억 달러. 투입 대비 산출의 비율이 16:1이다. 이상하게도, 이 숫자만 보면 비관론자들의 말이 일리 있어 보인다.

MIT 연구에 따르면 기업들의 AI 시범 프로젝트 95%가 의미 있는 성과를 내지 못했다고 한다. 여기에 또 다른 신호가 있다. 미국 가계의 주식 보유 비중이 42%로, 닷컴 버블 이후 최고치를 기록했다. 2023~2024년이 기관 투자자의 시장이었다면, 2025년 들어서는 개인투자자들이 그 바통을 이어받았다. 시장이 펀더멘털보다는 '스토리'에 더 크게 반응하기 시작했다는 뜻이다.

다만, 아직 마지막 단계의 위험 신호는 보이지 않는다. 개인투자자들의 신용 매수(레버리지) 잔고가 2년 내 저점 대비 44% 증가했지만, 과거 거대한 버블 시기에는 증가율이 90%를 훌쩍 넘어섰다. 즉, "시장은 비싸지고 과열 조짐이 보이지만, 아직 파국의 엔드게임은 아니다." 정도다.

절대 실패하지 않는 **미국 주식 ETF 투자**

"버블 붕괴를 앞두고 있다."라고 하는 쪽과 "AI 시대는 이제 시작되었는데, 성과가 바로 나올 수가 있냐, 아직 버블의 초입이다."라는 쪽이 팽팽하다. 우리는 어떻게 해야 할까?

닷컴 버블 하면 2000년과 2025년, 무엇이 다른가?

닷컴 버블이 절정이었던 1999년 말, Pets.com이라는 회사가 있었다. 2000년 2월 IPO 첫날 시가총액이 3억 달러를 찍었다.

그런데 문제가 있었다. 사료를 팔 때마다 손실이 났다. 배송비가 제품 가격보다 비쌌다. '규모의 경제가 이루어지면 흑자로 전환될 것'이라고 했지만, 그 '규모의 경제'는 몇 달 안에 오지 않을 것이었다. 오래도 아니고 겨우 9개월 만에 파산했다. 귀여운 강아지 마스코트가 아직도 기억난다.

닷컴 버블 하면 비슷한 이야기가 수십 개 있었다. eToys, boo.com 등. 이들의 공통점은 명확했다. 실제 수익이 없었다. '클릭 수가 곧 미래 수익'이라는 환상만 있었다. 하지만 그 몇 년을 기다리지 못하게 기업들은 사라졌다.

지금은 다르다. 엔비디아는 2024 회계연도에 순이익 297억 달러를 냈다. 이건 미래 들어올 돈이 아니라 실제 돈이다. 마이크로소프트는 Azure AI를 통해 기업에 컴퓨팅 파워를 팔고 있다. 분기마다 수백억 달러의 현금이 들어온다. 이건 '언젠가 돈을 벌 거야'라는 이야기가 아니다. 지금 돈을 벌고 있다는 것이다.

물론 반론은 있다. "여전히 밸류에이션이 너무 높다." 그런데 닷컴 버블 때 시스코의 P/E 비율은 200배를 넘었다. 지금 엔비디아는 높을 때 50~60배를 오간다. 높긴 하지만, 시스코처럼 '뭐 이런 숫자가 다 있어?' 수준은 아니다.

또 다른 차이가 있다. 2000년에는 인프라 자체가 부족했다. 글로벌 인터넷 보급률은 5%도 안 됐다. 전자상거래 결제 시스템조차 갖춰지지 못했다. 특히 우리나라는 2014년까지만 해도 지금 20대들은 상상이 안 될 '인터넷 익스플로러' 브라우저에서 ActiveX로 수많은 보안 플러그인을 깔고 공인인증서를 USB에 담아 다니면서 깔아야 결제를 할 수 있었다. 2000년에 "인터넷 시대가 온다"라는 말은 몇 년 후에 왔다. 투자와 결실의 시차가 있었다.

지금은 어떤가? 전 세계 인구의 절반 이상이 스마트폰을 들고 다닌다. 너무 쉽게 간편결제가 된다. 내 얼굴만 들이밀면 바로 '띵~'하며 결제가 된다. 이게 일상이다. 클라우드 인프라는 이미 깔려 있다. GPU 공급망은 돌아가고 있다. AI가 작동할 준비가 되어 있고, 기업들은 적극적으로 받아들이고 있다.

하지만 AI 버블은 닷컴 버블과 다르다는 것이지, 버블이 아니라는 것은 아니다. 앞으로 AI도 버블을 쌓을 것이다. 그렇다고 버블을 주식 투자자로서 피하는 게 맞는 걸까?

언제 버블이 터질지, 예측은 환상이다

우리는 자꾸 미래를 맞히려고 한다. "이번 버블은 언제 터질까?" "지금이 정점일까?" "조금만 더 기다리면 떨어지지 않을까?" 이상한 일이다. 우리는 내일 비가 올지도 정확히 모르면서, 6개월, 1년, 2년 후 주가는 예측할 수 있다고 믿는다.

절대 실패하지 않는 **미국 주식 ETF 투자**

시장 예측이 환상인 이유는 간단하다. 시장은 수백만 명의 욕망과 공포가 실시간으로 충돌하는 곳이다. 누군가 "AI 버블이 터진다"라고 말하는 순간, 다른 누군가는 그 말을 듣고 매도하고, 또 다른 누군가는 그 하락을 기회로 보고 매수한다. 왠지 우리는 예측이 틀린 사람들의 말도 자꾸 기억한다. 그리고 두려워한다.

그런데 정작 중요한 건 다른 데 있다. 예측에 실패하는 것보다 더 큰 손실은, 예측을 시도하느라 시장에 머무르지 못하는 것이다. '떨어질 것 같아서' 2022년 말과 2023년 초에 주식을 팔고 현금을 얻으면서 주식시장에서 빠져나온 사람은 2년 연속 24%의 수익을 놓쳤다. 그 기회비용은 돌아오지 않는다. 타임머신도 소용없다.

시장을 예측하려는 순간, 우리는 투자자가 아니라 도박꾼이 된다. 도박은 재미있지만, 장기적으로는 항상 딜러가 이긴다. 그럼 우리는 어떻게 해야 할까? 간단하다. 예측을 멈추는 것이다.

DCA, 감정을 비우는 기계

적금 붓듯이 정기적으로 분할 매수하는 DCA는 전략이라기보다는 철학에 가깝다. '나는 미래를 모른다'라는 고백에서부터 만들어진 개념이다.

이 책을 통틀어 아마 몇십 번 넘게 DCA라는 말이 나와서 지겨울지 모르지만, DCA가 매번 결론이다. '월급날'처럼 매달 정해진 날, 정해진 금액을 투자한다. 시장이 오르든 내리든 상관없이. 뉴스가 좋든 나쁘든 상관없이. 그냥 매수하는 날 매수한다.

하지만 DCA에도 약점은 있다. 바로 그 약점은 우리 자신이다. 주가가 50% 폭락하면? 겁이 난다. '더 떨어지면 어떡하지?' 그리고 주가가 100% 올랐으면? 욕심이 난다. '더 오를 것 같은데 더 사야 하나?' DCA는 쉽지만, 실제로 DCA 계좌를 들여다보는 순간 '이걸 어떻게 하지?'라고 생각하는 순간 어려워진다. 그래서 우리는 한 가지 장치를 더 추가해야 한다.

리밸런싱, 욕심과 공포를 달력으로 바꾸기

리밸런싱은 DCA의 짝이다. DCA가 "언제 살지 고민하지 마!"라면, 리밸런싱은 "언제 팔지 고민하지 마!"다.

식단을 구성할 때도 메인 요리와 반찬으로 구성하듯이, 주식 포트폴리오도 두 부분으로 구성한다. 하나는 '기반(foundation)', 즉 투자의 핵심이다. S&P500 같은 지수나, 엔비디아나 마이크로소프트 같은 현금을 실제로 버는 기업들로 구성한다. 다른 하나는 '모험(ventures)', 탐험선이다. 성장 가능성은 크지만, 변동성이 큰 기업들이라 주식시장이 하락하면 낙폭이 큰 기업들이다.

비율을 정한다. 예를 들어 기반 70%, 모험 30% 이런 식으로. 그리고 1년 또는 6개월마다, 리밸런싱 하기로 한 날에, 목표했던 포트폴리오 비율로 맞춘다. 모험 쪽이 너무 올라서 40%가 됐다면? 10%를 팔아서 기반 쪽으로 옮긴다. 모험 쪽이 폭락해서 20%가 됐다면? 기반 쪽에서 10%를 빼서 모험에 넣는다. 이게 다다.

'수익은 언제 실현하나? 매도 없이 매수만 해도 되나?'라는 감정적 질문이, '리밸런싱 날짜가 됐나?'라는 기계적 질문으로 바뀐다. 욕심과 공포를 달력으로 대체하는 것이다.

 절대 실패하지 않는 **미국 주식 ETF 투자**

그런데 여기서 중요한 건, 우리는 '수익 실현'을 하려는 게 아니라는 점이다. '많이 올랐으니, 수익을 챙겨야지. 줄 때 먹자'라는 생각으로 홀라당 팔면 안된다. 그냥 비율을 맞추는 것뿐이다. 모험 쪽이 올라서 비중이 커졌다면, 원래 비율로 돌려놓는다. 기반 쪽이 올라서 비중이 커졌다면, 그것도 조정한다.

달력에 따라 움직인다. 6개월마다, 혹은 12개월마다. '지금 주가가 잘 올라가고 있는데 왜?'와 같은 그때그때의 판단과 감정은 빠진다.

물론 쉽지 않다. 50% 수익 내면서 한참 오르는 주식을 파는 건 아깝고, 30% 떨어진 주식을 더 사는 건 무섭다. 그런데 바로 그 순간이, 리밸런싱이 빛을 발휘하는 순간이다. 우리는 감정의 반대로 움직인다. 그게 장기적으로 이기는 방법이다.

버블을 즐기되, 방어도 하자

'그래도 진짜 버블 정점이 오면 어떡하지?' 사실 이건 답이 없다. 정점은 지나고 나서야 보인다. 그렇지만 DCA와 장기 투자의 조합을 하기 전에 포트폴리오를 잘 짜야 한다.

첫째, 포트폴리오 자체를 방어적으로 설계한다. 기반과 모험을 나누는 것만으로도, 전체가 무너질 위험은 줄어든다. 모험 종목들(또는 ETF)의 비중이 30%라면, 모든 모험이 평균 -80%로 폭락해도, 전체 포트폴리오 손실은 -24%다(30% 비중×-80%). 끔찍하긴 하지만, 전체에 치명적이진 않다.

둘째, 미리 시나리오를 써둔다. 예를 들어, '나는 10년 장기 투자하기로 했으니 매도 없이 매수만 하겠다'라고 하거나, 'S&P500이

-10% 떨어지면 관망. -20% 떨어지면 모험 쪽 비중 30%→20%로 축소. -30% 떨어지면 현금 투입하겠다.'라고 미리 방향을 정해두는 것이다. 이건 예측이 아니라 대본이다. 시장의 급변을 재앙이 아니라, 미리 준비된 연극의 한 장면으로 만드는 것이다. 배우는 대본을 외우고, 우리는 대응 시나리오를 외운다. '난 아무리 폭락이 와도 매도 없이 원래대로 기계적인 매수만 한다.' 쪽인지, '나는 하락 폭에 따라서 기계적으로 매도해서 리스크를 줄인다.' 쪽인지 정해야 한다. 보통은 전자를 하기로 해놓고, 막상 폭락이 오면 후자로 변신한다. 그러면 안 되기 때문에 미리 정해놔야 한다.

셋째, 버블을 즐긴다. 예기치 못하게 버블이 터질 수도 있다. 그런데 한편으로는 버블이라는 큰 주식 자산 성장을 경험할 수 있다는 것도 대단하다.

생각해 보면, 우리는 아주 특별한 시대를 살고 있다. 사회 교과서나 세계사 교과서에서만 배웠던 산업혁명, 마차에서 자동차로 발전되는 교통혁명, PC가 보급되던 컴퓨터 혁명, 그리고 인터넷 혁명, 모바일 혁명. 우리는 이 모든 것보다 더 인류의 모습을 바꿀 AI와 로봇 혁명의 시대를 우리의 온몸으로 맞고 있고, 더 극적으로 맞게 될 것이다. 신기할 정도다.

AI가 세상을 바꾸고 있다. 그건 사실이다. 그 과정에서 주가가 올랐다. 그것도 사실이다. 우리가 그 상승에 올라탄 것은 운이 아니라, 시장에 머물렀기 때문이다. 2000년 닷컴 버블이 터진 뒤, S&P500은 2013년에 이전 고점을 회복했다. 그래서 어떤 사람들은 "그것 봐라, 버블 붕괴가 얼마나 무시무시한가? 내가 2000년에 산 주식이 13년 만에 회복했다고!"라고 역설할 수도 있다.

하지만 그 13년 동안 한 번도 매수를 하지 않는 사람이 안 되면 된다. 그 13년을 '지긋지긋한 회복에 걸린 13년'이라고 만 불평하는 사람이 되지 말고, '좋은 주식을 싸게 살 수 있는 대바겐세일 찬스'라고 생각하며 기계적으로 줍줍하는 사람이 되자. 그 13년 동안 줍줍을 한 사람은 2013년 고점 회복할 때 몇 배의 자산을 누릴 수 있었다.

2008년 금융 위기 때도 마찬가지였다. 4년 만에 회복했고, 지금은 그때 주가의 6배다. 그 하락장의 시간 동안 아무것도 하지 않고 고점 회복만을 기다리는 사람이 되지 말고, 기계적으로 매달 줍줍해서 불어난 자산을 가진 사람이 되자. DCA와 장기 투자의 조합이라면 훨씬 더 좋은 기회로 만들 수 있다. 버블이 터지는 건 무섭지만, 시장을 떠나는 것이 더 무섭다. 회복기를 놓치면, 기회는 돌아오지 않는다.

우리가 통제할 수 있는 것

우리는 AI 버블이 터질지 안 터질지 모른다. '워런 버핏 지표'가 맞는지, 아닌지도 모른다. 내년 주가가 오를지 떨어질지도 모른다.

그런데 우리가 확실히 알고 있는 건 이것이다.

- AI 버블이 언제 터질지 맞히는 것은 불가능하다.
- AI에 투자를 계속하는 것이 버블 붕괴를 맞추는 것보다 더 중요하다.
- 감정은 장기 투자의 적이다.

- 달력과 규칙은 감정을 이긴다.
- 지난달에도 투자하고, 이번 달에도 투자하고, 다음 달에도 투자한다.

시장의 소음에서 한 걸음 물러서야, '시간'이 내 편이 되기 시작한다. 매일 아침 뉴스를 보며 '혹시 다음 달에 AI 버블이 터지나? 지금이라도 수익 실현해야 하는 거 아닌가?'라고 떨고 있으면, 돈을 벌어도 행복하지 않다. 투자가 삶의 중심이 되면, 삶이 시장의 인질이 된다.

DCA와 기계적인 리밸런싱의 진짜 가치는 여기 있다. 우리를 시장의 소음에서 해방해 준다. AI가 버블이든, 누가 엔비디아 하락에 베팅했든 나는 나의 삶을 산다. 아침에 일어나서 커피를 마시고, 가족과 시간을 보내고, 하고 싶은 일을 한다. 투자는 그저 배경음악일 뿐이다. 좋은 음악이면 좋겠지만, 잠깐 안 좋아하는 음악이 나온다고 내 삶이 어떻게 되는 건 아니다. 시장의 소음에서 한 걸음 물러설 때, 비로소 '시간'이 내 편이 되기 시작한다.

2020년 3월에 "이 코로나라는 역대 최악의 전염병은 한두 달 안에 끝날 전염병이 아니다. 폭락은 지속될 것이고, 이 하락장은 몇 년 동안 지속될지 모른다"라는 말을 듣고 두려움에 손절한 사람들은 2020년 하반기나 2021년에 한참 주가가 오른 후에서야 뒤늦게 '지금이라도' 하며 올라타진 않았을까?

2022년 말에 "2023년 최악의 하락장이 온다"라는 말을 듣고 두려워 얼른 손절하고 빠져나간 사람들은 2023년, 2024년, 2025년을

절대 실패하지 않는 **미국 주식 ETF 투자**

보내면서 무슨 생각을 했을까?

그들은 틀린 게 아니다. 조심스러웠을 뿐이다. 그런데 그 조심스러움의 대가는, 엄청난 기회비용이다. 그 비용은 돌아오지 않는다. 감정 없이, 예측하지 말고, 포트폴리오 비율 그대로, 꾸준히, 엑셀에 적혀 있는 계획대로 주식을 매수해야 한다. 나를 믿지 말고, 자동 매수를 믿어야 한다.

43

2년 후, AI와 로봇이 만들 변곡점을 기다리며

어떤 기술이든 세상에 처음 등장할 때와 진짜로 세상을 바꾸기 시작할 때 사이에는 묘한 시차가 존재한다. 인터넷도 비슷했다. 월드와이드웹이 등장한 게 1991년인데, 닷컴 버블이 꺼지고 나서 2003년 이후 아마존과 구글이 진짜 돈을 벌기 시작했다. 기술은 늘 먼저 도착하고, 경제는 한참 뒤에 따라온다.

생각해 보면, 지금 우리가 서 있는 자리도 그 시차의 한가운데다.

2023년부터 2025년까지, 세상은 LLM이라는 낯선 존재에 열광했다. 챗GPT가 등장하고, 엔비디아 주가가 하늘을 뚫었다. 데이터센터 투자가 줄을 이었고, 빅테크들은 서로 경쟁하듯 GPU를 사들였다. 그런데 정작 생산성 통계를 보면, 2년 동안 별로 달라진 게 없다. 이상한 일이다. 이렇게 난리를 쳤는데 왜 생산성이라는 숫자는 큰 차이가 없을까? 이 부분이 바로 'AI 버블 붕괴론'을 말하는 AI 회의론자들의 의심이다.

새로운 기술이 등장하면 처음엔 인프라를 까는 데 모든 자원이 쏠린다. 철도 시대엔 철로를 깔았고, 전기 시대엔 발전소와 송전망을 세웠다. 그 시기엔 투자는 폭발하지만, 생산성은 제자리다. 진짜 변화는 인프라가 충분히 깔리고, 사람들이 그걸 활용하는 법을 익힌 다음에야 시작된다.

2026년은 아마 그 전환의 문턱이 될 거다. 설치가 끝나고, 전개가 시작되는 해. 그리고 2027년쯤 되면, 드디어 숫자가 움직이기 시작할 것이다.

1조 달러의 베팅

지금 벌어지고 있는 일의 규모를 제대로 이해하려면, 숫자부터 직시해야 한다. 마이크로소프트, 구글, 아마존, 메타. 이런 회사를 '하이퍼스케일러'라고 부른다. 이들이 2025년부터 2027년까지 3년간 쏟아붓는 설비 투자액이 무려 1조 1,500억 달러다. 원화로 치면 1,600조 원이 넘는다.

'아직 AI로 제대로 된 수익을 내는 기업이 얼마 없는데, 왜 이렇게 돈을 쏟아붓는 걸까?' 단기적으로 투자 대비 수익은 낮아 보인다. 그런데 문제는, AI 인프라 경쟁에서 뒤처지면 다음 10년의 플랫폼 주도권을 잃을 수 있다는 두려움이 더 크다. 마이크로소프트는 모바일에서 밀린 기억, 구글은 소셜에서 페이스북에 진 기억. 그런 악몽이 되풀이될까 봐 두렵다.

그래서 멈출 수가 없다. 경쟁자가 투자하면 나도 해야 한다. 이게 과잉 투자인지, 생존을 위한 필수 지출인지는 몇 년이 지나 봐야 알 수 있을 거다. 한 가지 분명한 건, 이 돈이 어디론가 흘러간다는 사실이다. 엔비디아로, SK하이닉스로, 전력 설비 회사들로. 누군가는 이 베팅의 수혜자가 된다.

하드웨어의 시간, 그리고 소프트웨어의 시간

2026년까지는 여전히 하드웨어를 깔아야 할 시대다. 소프트웨어로 크게 돈을 버는 것은 그 이후다.

2024년과 2025년은 AI의 학습 인프라에 집중되는 시기였다. GPT5.2, 제미나이3 등 더 크고 더 똑똑한 모델을 만들려면 일단 연산 능력부터 확보해야 한다. 그런데 2026년부터는 추론 인프라로 무게중심이 옮겨간다. 모델은 이제 어느 정도 만들어졌고, 문제는 이걸 수십억 명이 쓸 수 있게 확장하는 것이 과제다.

그래서 반도체 회사들, 특히 메모리 회사들이 계속 바쁘다. 엔비디아의 차세대 아키텍처인 루빈(Rubin)이 2026년 하반기에 나온다. 이게 직전 아키텍처인 블랙웰보다 연산 성능에서는 2.5배 높고, HBM4라는 새로운 메모리를 쓴다. SK하이닉스와 삼성전자가 이 HBM4 양산 일정을 2026년 초로 앞당기고 있다는 뉴스에 주목하는 이유다.

전력이라는 병목

2026년 이후 가장 큰 걸림돌은 뭘까? 반도체가 아니다. 바로 전력이다. 데이터센터의 전력 소비량이 대폭 늘어나야 한다. AI 학습과 추론을 위한 데이터센터는 기존 클라우드 센터보다 전력 밀도가 3~4

 절대 실패하지 않는 **미국 주식 ETF 투자**

배 높다. 문제는 송전망 확충에 5~10년이 걸린다는 거다. AI 기술은 18개월마다 세대가 바뀌는데, 전력 인프라는 그 속도를 따라가지 못한다. 이 문제의 해결책으로 원자력이 떠올랐다. 후쿠시마 이후 전 세계가 원전을 줄이겠다고 했는데, 아이러니하게도 AI 때문에 다시 원전을 켜게 생겼다. 마이크로소프트와 아마존이 원전 재가동에 투자했다.

그런데 문제는 의외인 곳에서 나온다. 바로 이 전력 문제가 인플레이션 요인이 된다는 점이다. 전력이 부족하면 가격이 오른다. 'AI 인플레이션'이라는 말이 괜히 나온 게 아니다. 장기적으로는 24시간 끊기지 않는 청정 전력을 확보하는 것이 핵심 자산으로 자리 잡게 될 것이다. 지금 반도체가 안 보인 것 이상으로 에너지 안보가 중요한 시대가 오고 있다.

로봇의 경제학

2026년은 휴머노이드 로봇이 연구실을 벗어나 산업 현장에 본격 배치되는 원년이 될 것이다. 대기업은 말할 것도 없고 중견·중소기업의 웬만한 물류센터나 공장에서도 도입하게 될 것이다.

테슬라의 옵티머스 로봇은 자체 공장에서 실증을 거친 뒤 2026년부터 외부 고객에게 판매한다는 계획이다. 일론 머스크는 생산량이 연간 10만 대 수준으로 확장될 거라고 했다. '피규어 AI' 같은 경쟁사들도 2026~2028년을 대중화의 변곡점으로 보고 있다. 그런데 여기서 중요한 건 숫자다.

대량 생산이 시작되면 로봇 시간당 운영 비용이 3~8달러쯤 된다.

미국 제조업 평균 시급이 25~30달러다. 이 인건비 차이가 뭘 의미하는지 굳이 설명할 필요가 있을까. 기업에서는 거부할 수 없는 유혹이다. 인건비 절감만이 아니다. 로봇은 노동환경에 대한 요구나 야근 수당을 달라고 하지 않는다. 충전과 정비하는 시간을 제외하고 거의 하루 종일 가동할 수 있다. 물류·제조처럼 구조화된 환경에서 먼저 도입되겠지만, AI의 일반화 능력이 좋아지면 건설, 헬스케어 같은 비정형 환경으로도 빠르게 확산할 수 있다.

에이전트가 일하는 경제

로봇이 육체노동을 바꾼다면, 에이전트 AI는 사무 노동을 바꾼다. 2026년 소프트웨어 산업의 키워드는 '챗봇에서 에이전트로의 변화'다. 에이전트 AI는 그냥 질문에 답하는 게 아니라, 스스로 계획을 세우고, 도구를 쓰고, 업무를 완수한다. 사용자가 "다음 주 출장 일정 잡아줘"라고 하면, 에이전트가 알아서 비행기표를 검색하고, 호텔을 예약하고, 일정(달력)에 등록한다.

가트너 예측에 따르면, 2028년까지 B2B 구매의 90%가 AI 에이전트에 의해 중개된다. 엔터프라이즈 애플리케이션의 33%가 에이전트 기능을 포함한다.

결과적으로 두 가지가 벌어진다. 첫째, AI를 제대로 통합 못 한 범용 사스(SaaS, 구독형 소프트웨어) 회사들은 이탈률이 치솟는다. 둘째, 특정 산업(법률, 의료, 금융)의 워크 플로우를 완벽하게 자동화하는 버티컬 AI 회사들이 부상한다. 독점적 데이터를 가진 곳이 이긴다.

살아남는 회사들은 과금 체계를 바꾸게 된다. '사용자 수'가 아니라 '수행한 업무량'이나 '창출한 가치'를 기준으로 하는 '결과 기반 과금(Outcome-based Pricing)'으로 바뀐다. 이건 단순한 비즈니스 모델 변화가 아니라, 소프트웨어 산업 전체의 재편이다.

J-커브의 비밀

여기서 핵심 질문이 있다. 이 모든 투자가 언제 성과로 나타날까? MIT의 에릭 브린욜프슨 교수가 제안한 '생산성 J-커브' 이론에 따르면, 새로운 기술이 도입될 때 처음엔 생산성이 오히려 정체되거나 떨어진다. 왜냐하면 학습 비용이 들고, 기존 프로세스를 뜯어고쳐야 하고, 무형 자산에 투자해야 하니까. 그런데 일정 시점을 넘으면 급격히 상승한다. 그래프가 J자 모양이라 'J-커브'라고 한다.

지금 우리가 있는 곳이 'J'의 바닥이다. 2024년과 2025년, 기업들은 AI 도입을 위해 데이터를 정리하고, 직원을 교육하고, 인프라를 구축하고 있다. 이건 다 '무형 자산'에 대한 투자인데, 통계에는 안 잡힌다. GDP 숫자에 생산성 향상으로 바로 반영이 안 된다는 뜻이다.

그런데 이제 2027년이 변곡점이 된다. 이때부터 투자가 결실을 맺기 시작한다. 미국 GDP 통계에 가시적인 생산성 향상이 나타날 거라는 게 대체적인 전망이다.

골드만삭스는 생성형 AI가 향후 10년간 글로벌 GDP를 7%(약 7조 달러) 추가 성장시킬 잠재력이 있다고 봤다. 7조 달러면 지금 영국 경제 규모보다 크다. 그만큼의 가치가 새로 창출된다는 얘기다.

물론, 이건 잠재력이지 확정된 미래가 아니다. 기술 혁명의 타이밍을 정확히 맞추는 건 불가능에 가깝다. 하지만 방향은 분명하다.

J-커브는 결국 몇 년 안에 올라간다.

투자자의 시간

2026년 이후 주식시장은 'AI 기대감'에서 'AI 실적'으로 평가 기준이 바뀔 것이다. 지금까지는 AI 칩을 산다는 이유만으로 그 기업의 주가가 올랐던 시기였다. 그래서 엔비디아가 현재로서는 최고의 승자다. 그런데 2026년 이후로는 달라질 수 있다. AI를 활용해서 실제로 마진을 개선한 기업, 새로운 매출을 만든 기업이 승자가 될 것이다.

하지만 당분간은 하드웨어가 강세라고 전망한다. 엔비디아, 브로드컴, TSMC, SK하이닉스, 그리고 전력 설비 회사들(Eaton, Vertiv), 원자력 관련주(Cameco 등)가 유망하다. 아직은 인프라를 계속 깔아야 하는 시기다.

2027년 이후는 다르다. 인프라가 충분히 깔리면 가치는 애플리케이션으로 이동한다. 범용 SaaS보다는 독점적 데이터를 가진 버티컬 AI 기업이 주목받을 거다. 바이오(신약 개발), 방산, 금융 분야에서 AI를 잘 활용하는 기업들이다.

리스크 요인도 봐야 한다. 2026년 말쯤 되면 GPU 과잉 공급 신호가 나올 수 있다. 하이퍼 스케일러들의 데이터센터 가동률이 정점을 찍으면, 반도체 섹터에 단기 조정이 올 수 있다. EU AI 법 시행이나 각국의 AI 세금 논의도 기업 이익을 훼손할 가능성이 있다.

그런데 더 큰 그림에서 보면, 이런 조정은 투자자에게는 기회일 수도 있다. 2027년 이후도 AI와 로봇 기술의 방향은 바뀌지 않으니까. 조정이 올 때마다 매수의 기회로 활용할 수 있을 것이다.

변곡점을 기다리며

2026년과 2027년은 AI와 로봇이 실험실의 '신기한 기술'에서 경제의 '필수 생산 요소'로 전환되는 결정적 시기다. 생산성은 비선형적으로 도약하게 된다. J-커브의 변곡점을 지나면서 GDP 성장의 새로운 동력이 된다. 노동은 재정의된다. 인간은 실행자에서 지휘자로 역할이 바뀌고, 기계와의 협업이 필수가 된다. 에너지가 경제의 기반이 된다. 컴퓨팅 파워가 곧 국력이 되는 시대에, 안정적인 전력 확보가 경제 안보의 핵심이다.

시장은 앞으로도 계속 요동칠 거다. AI 인플레이션이 튀고, 고용 지표가 한 번씩 깨지고, 주가가 갑자기 폭 꺼지는 날도 분명히 올 것이다. 그런데 이런 단기 파도에 마음이 휘청거릴수록, 정작 더 큰 흐름을 보는 눈은 흐려지기 쉽다.

그래서 앞으로 중요한 질문은 "경기가 일시로 흔들리느냐?"가 아니라 "AI와 로봇이 깔릴 수 있는 물리적·디지털 인프라를 누가 먼저 선점하느냐?"로 옮겨간다. 전력, 통신망, 데이터센터, 반도체, 로봇, 물류 인프라 같은 것들이 촘촘히 깔릴수록, 그 위에 올라타는 서비스와 기업의 확장 속도가 달라진다.

생각해 보면, AI와 로봇 혁명은 이제 겨우 예고편이 끝나고, 본편이 막 시작되는 시점에 와 있다. 2027년을 하나의 변곡점으로 바라보는 투자자라면 "AI가 이제 다 성장했다"라고 투자를 뺄 게 아니라, 다가오는 본편의 무대 세트가 어떻게 깔리고 있는지 보면서 AI 투자의 변화를 읽는 쪽일 것이다.

단순함이 이기는 이유

지금, 우리 앞에는 두 가지 길이 있다.

하나는 피나는 공부를 통해 복잡한 전략과 예측, 끊임없는 매매로 시장을 이기려는 길이다. 다른 하나는 단순한 원칙을 정하고, 시간에 맡기는 길이다. 개인투자자에게 두 길의 종착지는 완전히 다르다.

이 책을 쓰면서 스스로에게 여러 번 던진 질문이 있다. "그럼, 대체 뭘 하란 것일까?" 그런데 정작 중요한 건 반대다. 무엇을 '하지 말아야'하는가. 투자의 성공은 무언가를 더하는 게 아니라, 불필요한 것을 빼내는 데서 시작된다.

먼저 버려야 할 것들

그러면 무엇을 하지 말아야 할까?

시장을 예측하려는 시도를 버려야 한다.

금리가 오를지 내릴지, 경기가 침체할지, 내년에 주식시장이 더 좋을지. 아무도 모른다. 월가의 전문가들도 매년 틀린다. 2023년 초, 거의 모든 전문가가 경기침체를 예상했다. 그런데 S&P500은 그해 20% 넘게 올랐다. 공부하고 예측하면 맞출 수 있다는 것은 환상이다. 그 환상을 좇느라 기회를 놓치는 게 진짜 손실이다.

매일 주식 앱을 확인하고 차트를 보는 습관을 버려야 한다.

주식 앱을 열어서 수익률을 확인하고 차트를 들여다보는 시간이 늘수록 수익률은 떨어진다. 왜일까? 단기 변동성이 감정을 자극하고, 그 감정이 어리석은 판단을 만들기 때문이다. 하루에 1%씩 오르락내리락하는 주가는 아무 의미가 없다. 그런데 우리는 그 1%에 희비를 느낀다.

레버리지와 단타는 애초에 게임이 아니다.

레버리지 ETF는 방향을 맞춰도 변동성 끌림으로 계좌를 녹인다. 단타는 99%가 실패하는, 승산 없는 도박이다. 한두 번은 맞출 수 있지만, 이걸 매번 매년 이길 수가 없다. 이건 투자가 아니라 파산으로 가는 지름길이다.

하락장에서 패닉 셀을 하지 마라.

이걸 하지 말라고 아무리 써 붙인들 공포에 질려 나도 모르게 매도 버튼을 눌러버릴 테니 이런 말을 하는 게 좀 우습기도 하다. 과매수 구간에서 제일 비싸게 매수하는 게 1만큼 나쁘다면, 공포에 질려 패닉 셀을 하는 것은 99만큼 나쁘다. 비싸게 매수한 것은 시간이 지나면 오히려 저점이 된다. 하지만 공포에 질려 파는 순간, 손실은 영구적으로 확정된다. 시장은 늘 회복해 왔다. 2008년도, 2020년도. 그런데 그때 판 사람들은 그 회복을 보지 못했다. 그게 진짜 손실이다.

뉴스에 예민하게 반응하지 마라.

'지금 사야 할 TOP 10', '닥터 둠의 경고' 같은 기사는 클릭을 위한 소음일 뿐이다. 뉴스를 보고 움직이면 이미 늦었다. 사실은 그게 핵심이다. 제일 좋은 것은 뉴스를 멀리하는 것이다. 주식을 몰랐던 시절처럼 주식 뉴스를 멀리하라.

그럼, 무엇을 해야 하는가?

반대로, 그러면 무엇을 하라는 것인가?

DCA(분할매수)를 기계적으로 실행하라.

매달 정해진 날, 정해진 금액을, 가격 불문하고 매수한다. 시장이 오르든 내리든 상관없다. 감정을 배제하고 평균 단가를 낮추는 이 단순, 무식해 보이는 행위가 가장 강력하다. 왜? 계속 주식을 사모아서 충분히 시간을 들여 보유하는 게 최선이다. 시간이 복리를 만들고, 복리가 부를 만든다.

자동화하라.

월급날 증권 계좌로 자동이체, 주식 앱의 자동 매수 기능을 켜놓으면 끝이다. 의지력은 믿을 게 못 된다. 시스템이 나를 대신 투자하게 만들어라. 생각 없이. 감정 없이.

시장 전체를 소유하라

S&P500, 나스닥100 ETF 같은 인덱스 펀드는 개별 기업 리스크를 피하면서 시장 전체의 성장을 담는다. 국민연금도 하는 방법이다. 단순하지만 검증된 전략이다. 그런데 사람들은 이걸 무시하고 '대박 종목'을 찾으러 간다.

시가총액 순위만 믿어라.

엔비디아, 구글, 마이크로소프트, 애플, 아마존, 메타, 테슬라 등 기업들이 시가총액 상위에 있는 건 우연이 아니다. 해자(Moat), 현금흐름, 기술력. 시장이 검증한 1등 기업들은 그 자리에 있을 수밖에 없는 이유가 있다. 역사적으로 시총 상위 기업을 장기 보유한 사람들은 시장을 이겼다. 단, 이 기업들을 일일이 담거나 한두 기업에 몰빵하지 말고, ETF로 담아라. 일일이 신경 쓰지 않아도 전문 펀드 매니저가 빠질 기업은 빼고, 넣을 기업은 알아서 넣어준다.

고정 수입 외의 현금이 생긴다면 모아둬라.

현금은 하락장에서 멘탈을 지켜주는 방패다. 폭락 후 저가 매수로 폭발적인 수익을 낼 수 있는 무기다. 마른 화약처럼, 불붙을 때까지 아껴두는 거다. 월급 등 고정 수입이 생기면 DCA를 하느라 남은 현금이 거의 없겠지만, 그래도 보너스 같은 현금이 생기면 바로 매수하지 말고 그 정도는 모아두는 게 정신 건강에 좋다. DCA도 사람이 하는 것인데, 항상 사람은 여윳돈이 있어야 인간다워진다.

리밸런싱은 1년에 한두 번만 하라.

정해진 날짜에만 원래 비중으로 돌린다. 많이 오른 것은 팔고, 내린 것은 산다. 감정 없이 고점 매도, 저점 매수가 자동으로 이뤄진다. 단순하지만 매우 효과적이다. DCA+ 장기 보유로 30년 후에 될 부자를 10년 안에 되게 해줄지도 모른다.

시간이 제일 중요하다

투자의 본질은 복잡한 전략도 아니고, 타이밍도 아니고 시간이다. 시장을 맞추려는 시도(Timing the market)보다 시장에 머무르는 것(Time in the market)이 훨씬 중요하다.

역사적 데이터가 말한다. 20년간 최고의 10거래일을 놓치면 수익률이 절반으로 떨어진다. 그런데 그 10일이 언제인지 아무도 모르지만, 대개는 최악의 날 다음 날이다. 그래서 우리는 최악의 날에도 늘 시장에 있어야 한다.

복리는 시간이 만드는 마법이다. 10%씩 30년? 17배쯤 된다. 7%씩 30년? 한 7배 정도. 그런데 20년으로 줄이면? 절반도 안 된다. 시간이 짧으면 복리는 작동하지 않는다. 그래서 우리는 최소 10년 이상을 바라봐야 한다.

몇 개월, 일이 년의 단기 수익률이 아니라 장기 누적 수익률이 중요하다. 그게 진짜 부를 만든다.

마음의 평화가 최고의 수익률이다

투자의 목표는 돈을 버는 게 아니다. 불안으로부터의 거리를 확보하는 것이다.

밤에 잠을 설치며 주가를 확인하는 삶은 성공한 투자가 아니다. 설령 수익이 나도. 진짜 부는 '내가 시장을 신경 쓰지 않아도 되는 상태'에서 온다. 그래서 우리는 단순한 시스템을 만들고, 자동화하고, 멀리 떨어져 있어야 한다.

수면과 건강을 챙겨라. 잠을 줄여가며 투자하지 마라. 건강한 뇌와 몸이야말로 이성적 판단을 가능케 하는 최고의 투자 자산이다. 참 당연한 얘기인데, 사람들은 이걸 가장 먼저 포기한다.

복잡한 전략은 감정을 숨기지 못한다. 주가 예측 모델, 기술적 분석, 뉴스 추적. 이 모든 게 결국 '내가 시장을 이길 수 있다'라는 환상을 정당화하려는 시도다. 그런데 시장은 그렇게 만만하지 않다. 기관 투자자들의 알고리즘, 고빈도 매매 시스템이 우리보다 먼저 움직인다. 우리는 그들과 싸울 수 없다. 주식 유튜브 채널에서, "싸움의 기술을 가르쳐주겠다"라며 링으로 올라와 보라는 프로 투자자가 있다면 못 들은 척하는 편이 낫다.

그래서 우리는 싸우지 않는다. 그냥 시장 전체를 사고, 오래 들고 있는다. 단순하다. 그런데 이게 이긴다.

이제 뭘 할 것인가?

이 책을 덮은 후, 당신이 해야 할 일은 세 가지다.

첫째, 주식 앱을 지우거나 최소한 알림을 끈다. 매일 확인하지 않는다. 주말에 한 번, 아니 한 달에 한 번이면 충분하다.

둘째, 자동이체와 자동 적립식 매수를 설정한다. 매달 얼마를, 어느 날에, 무엇을 살지 정하고 엑셀에 기록한다. 그리고 매년 1월 초나 2월 초 기계적 리밸런싱을 하는 날까지 잊는다.

셋째, 10년 후를 상상한다. 그때 당신의 계좌에는 복리가 만든 마법이 쌓여있을 거다. 그런데 그건 당신이 아무것도 하지 않았기 때문이다.

투자는 삶의 중심이 아니다. 삶을 안정시키는 장치다

시장의 소음에서 벗어날 때, 비로소 시간이 나의 편이 된다. 예측하지 말고 대응하며, 시장을 믿지 말고 시간을 믿어라. 단순함이 복잡함을 이긴다. 투자뿐만 아니라 세상은 어떤 문제에도 늘 그래왔다.

이 책을 끝까지 읽었다면 이제 당신은 안다. 무엇을 버려야 하고, 무엇을 지켜야 하는지.

그럼, 이제 시작이다.

천천히. 꾸준히. 기계적으로. 감정 없이.

그리고 가족들과 식사하고, 운동을 하고, TV를 보고, 책을 읽고, 충분히 잠을 잔다. 본업에 집중하고, 여행을 계획하고, 친구를 만난다.

이렇게 시간을 보내다 보면 '당신이 주식하고 있다'라는 사실조차 잊어버린다. 그렇게, 부자가 된다.

투자의 본질은 복잡한 전략도 아니고,
타이밍도 아니고, 시간이다.
시장을 맞추려는 시도(Timing the market)보다
시장에 머무르는 것(Time in the market)이
훨씬 중요하다.

시가총액 TOP 10 + DCA로 만드는 AI 시대 성공 투자법

**절대 실패하지 않는
미국 주식 ETF 투자**

초판 1쇄 발행 | 2026년 2월 25일
초판 2쇄 발행 | 2026년 3월 9일

지은이　　　| 김성동
펴낸이　　　| 전준석
펴낸곳　　　| 시크릿하우스
주소　　　　| 서울시 마포구 월드컵북로 400 서울경제진흥원 5층 23호
대표전화　　| 02-3153-1355
팩스　　　　| 02-3153-1356
이메일　　　| secret@jstone.biz
블로그　　　| blog.naver.com/jstone2018
페이스북　　| @secrethouse2018
인스타그램　| @secrethouse_book
출판등록　　| 2018년 10월 1일 제2019-000001호

ⓒ 김성동, 2026

ISBN 979-11-94522-32-4　03320